组织心理与行为管理概论

刘燕华　刘萍　编著

经济管理出版社

图书在版编目（CIP）数据

组织心理与行为管理概论/刘燕华，刘萍编著. —北京：经济管理出版社，2009.3
ISBN 978-7-5096-0581-3

Ⅰ.组… Ⅱ.①刘…②刘… Ⅲ.①组织心理学②组织行为学：组织管理学 Ⅳ.C936

中国版本图书馆 CIP 数据核字（2009）第 027784 号

出版发行：经济管理出版社

北京市海淀区北蜂窝 8 号中雅大厦 11 层
电话:(010)51915602　　　邮编:100038

印刷：北京银祥印刷厂　　　　　　经销：新华书店

组稿编辑：王光艳　　　　　　　　责任编辑：王光艳
技术编辑：杨国强　　　　　　　　责任校对：陈　颖

720mm×1000mm/16　　　　20.75 印张　384 千字
2009 年 3 月第 1 版　　　　2009 年 3 月第 1 次印刷

定价：39.00 元

书号：ISBN 978-7-5096-0581-3

·版权所有　翻印必究·

凡购本社图书,如有印装错误,由本社读者服务部
负责调换。联系地址:北京阜外月坛北小街 2 号
电话:(010)68022974　　邮编:100836

前　言

　　组织在良性的快速发展和成长过程中，人是最宝贵的资源。个体独处时和在组织环境中的表现是有差异的，一个人从一进入组织的那一刻起，就要受到组织的影响，并帮助形成和改造着组织，同时组织也对他施加有效的影响。在与组织的互动过程中，个体在态度、价值观等方面尽可能地与组织保持一致，而组织也将规章制度、约束机制等灌输给员工。员工与组织双方只有在相互理解、谅解和互相满足期望中建立心理契约，实现双方的共赢和发展。因此，研究组织环境中的人的感知、动机、情感、需要、个性等对于促进员工个人主体性发展、个人价值的最大化发挥从而提升组织的持续创新性有着重要意义。

　　本书以工作环境中的员工为研究对象，从人是管理的核心入手，就个体、群体和组织三个层次对人及人与环境的互动中产生的心理与行为进行剖析和探讨。书中紧密结合了近几年管理心理学理论和管理学理论的新发展，力求将最新的知识呈献给读者。

　　本书系统全面地阐述了个体心理变化、发展的特征，遵循个体、群体、组织三层次心理与行为变化发展的特征，层层剥离、步步深入，适合知识学习的循序渐进性，使全书成为一个系统的连续体。本书有机地结合了管理学、心理学、人力资源管理的内容，与工商管理和公共事业管理教学的计划匹配度较高，具有适用性。

　　该书体系已经使用了 10 余年，在使用过程中，得到了教学实践的检验，也进行了不断的修正，可作为高等院校教材，也可作为对组织心理有浓厚兴趣的广大爱好者的参考书。

编　者

目　录

第一篇　绪论

第二篇　个体心理篇

第三篇　群体心理篇

第四篇 组织心理篇

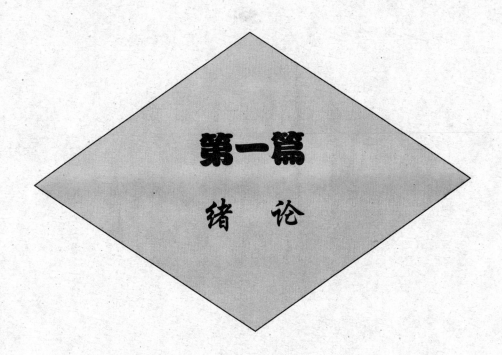

第一篇

绪　论

第一章 管理与用人

21世纪最主要的特征就是，人作为知识、信息、智力的载体和源泉，已经成为了最重要的生产要素。人才就是财富，谁拥有世界上最优秀的人才，谁就拥有了制胜的法宝。微软公司、海尔集团之所以能有今天的辉煌，与它们成功地锁定了一批拥有世界上睿智的头脑的人才密不可分。因此，管理所要达到的目标之一，就是需要通过人的努力把工作干得更好，一个有效的办法便是进行科学的人力资源管理。企业要了解每个员工在工作中的作用，了解现时用人观念的转变，了解管理中以人为本的管理文化，以及微观的人的心理和与他所属群体的互动。

第一节 用人是管理的核心

一、用人是永恒的管理课题

人类的历史就是管理的历史，只有人才能开掘、调集、分配各种资源，来达到既定的生产、生活和其他社会活动目标。因此，在人类管理实践的历史中，用人问题始终是贯穿各阶段、各方面的最基本的问题，用人之道是一切管理的核心，能成功的用人就基本实现了成功的管理。

然而，人的社会性、人的心理、人的知识技能、人的需求和人的其他所有方面，都处于不断变化的状态，犹如人所面对的世界一样。因此，用人是一个永恒的管理课题。

1. 现代管理的成功有赖于对用人理论的探索

从古代社会来看，中国几千年来，依靠儒家的用人之道来维护社会的长治久安。儒家之道产生于封建社会，其背景是社会生产力相对不发达、教育不普遍、社会文化水平不高，直接参与国家和社会管理的是少数社会精英，这些人能够顺应当时的时代背景，把握当时的脉搏，体察当时的民情，有一套治理天下的方略。一个封建帝王只要能得到这样的贤能，就能比较容易地夺取政权、治理天下。儒家的用人之道偏重于政治谋略、政治能力和社会管理能力，封建社会时期，所谓的法主要由人来掌控，是人大于法的社会，所以儒家的用人之道在其背景下可以成功。

现代社会与古代社会有着根本的区别，由自给自足的小生产变为了社会化大生产。荀子曰："法者，治之端也；君子者，法之原也。"科学技术的迅猛发展不仅改变了生产工具和劳动条件，同时也改变了人自身。人的主观能动性决定了人的劳动技能和对劳动的态度，而且人的需求层次也发生了复杂的变化。社会管理和经营管理要想获得成功，需要组织者的管理及法律制度的保障。同时，人在管理中的地位也发生了变化，从过去的被统治、被管理的客体被动地位，转换成管理的主体主动地位。因此，要调动全体人员的主动性、积极性，就必须激发个人的活力，这样会展现出巨大的人文资源和人文力。

那么，人的动力从哪里来呢？这就要满足人的需求，引导人的需求，解决需求与现实的矛盾。这样，既可以充分利用人力资源，又可以不断发现、培养、刺激人的新需求和对成功的追求等。另外，人的知识技能、情绪情感等都会对他的所有活动产生影响，这些都是人文力，即人与现实的活动规律。因此，要成功地用人，必须探索这种人文力。

2. 西方对用人理论的探索

西方对用人理论进行了以下几次探索：

19世纪初的泰勒制提高了生产效率（动作时间研究），但是不符合人性，束缚人的自由。

20世纪初，法约尔阐述了经营与管理的区别，认为管理者要善待下属并贯彻公平，人尽其才。

20世纪二三十年代，梅奥通过霍桑实验提出了"人是社会人"假设。

1943年，人本主义心理学家马斯洛提出了需求层次理论。

1957年，麦格雷戈提出了X理论和Y理论。

以上这些研究告诉人们，现代管理要研究人、用人，需要在用人的实践和理论上下工夫。

纵观古今，联系西方的管理观念，现代管理，就是要改变、塑造人的心理状态，满足他们的需求，使之形成一定的文化价值观念，并用这种文化价值观念去约束、规范人们的行为。这种文化价值观念从狭义上讲就是组织准则、文化，从广义上讲就是企业文化。因此，要塑造每个员工服从、认同、内化的文化，使之形成凝聚力，达到企业用人的目的。

二、用人的困境

　　成功用人是成功管理的基础和最主要的环节，但成功用人面临着两个需要解决的重大课题："用人"的对象——所用之人；关于"用人"的主体——用人之人。所以，用人不能纸上谈兵，而应将它提升到一个哲理的境界，一个认识的境界。纵观人类社会和管理的历史，用人之道变化万千，云谲波诡，这说明人性管理是一个极其复杂的课题，作为管理者需要考虑以下两方面。

　　1. 用人的人性起点何在

　　用人要讲人性，如同用物要认清物性一样。在用人活动中，管理的主、客体都是人，因此对人性的基础认识显得十分重要。但是自古以来对人性本质的界定众说纷纭，迄今为止尚无定论。例如：孔子重扬人善，荀子大谈人恶（认为人性天成，无论贤愚，本性皆一，饥而择食，寒而欲暖，劳而欲息，好利而恶害），而战国的告子则认为，人性好比水流，往东引则东流，往西引则西流，性无善无不善。这样看来，人性是复杂的，用人者在用人时需要考虑是用其善还是用其恶，从而比较容易陷入用人理论的矛盾中。

　　2. 用人之人要大度兼容、超越困惑

　　虽然出现了对人性的困惑，但前人在用人时却并不拘泥于这些结论，首先以国家管理目标为统摄，大度地对待人性的善恶，在用人中兼而统之。他们认为，用人是修己安人的过程，以"修己"为起点，以"安人"为目的，树立一种高尚的人格，使人们重视情操修养，变恶为善或扩大善端。《三国志》的作者陈寿认为，有行之士，未必能进取；进取之士，未必有行。所以，可以看出，人力资源的开发利用应超越困惑。美国管理学家麦格雷戈提出了 X 理论，他从享乐主义观点出发，认为人性本恶，天生懒惰，习惯逃避责任，主要的管理办法是利用人的趋利本性，激发其动力以完成组织目标。他的观点就是用人要"因恶用恶"，可以说是理性地看待恶，大度地对待恶。同时，麦格雷戈又提出了 Y 理论，他以人性善来看待人性的态度，认为人天生不是厌恶工作的，人有荣誉感、想象力、创造力，有精神追求，有遵守规范的自觉性，可以通过激发人的归属感、荣誉感、成就感使其自律。美国人莫尔斯、洛希提出了超 Y 理论，主张管理用人要由不同的工作性质、成员素质来决定，不可一概而论。这些思路使人们在用人实践中可以遵循大度兼容、超越困惑的原则，也就是因善恶、用善恶，通权达变，达于胜境。

第二节 人的心理与行为研究是管理的新课题

人的心理与行为研究是一门具有广阔前景的学科，它的研究范围广，应用价值大。但是，我国目前现有的管理心理学研究还没有系统化，许多问题还都有待解决。

一、心理学在管理中的重要性

1. 管理需要心理学

（1）管理的概念。人力资源是指组织内外具有劳动能力的人的总和。人力资源管理是指对组织中最重要的资源——人力资源的战略性和整合性管理。具体地说，就是吸收、保留、开发并激励组织所需要的人力资源，促成组织目标的达成，使组织得以生存和发展的过程。

管理的首要目的，就是要提供满足组织需要的、有技能的、忠诚的、有创造性的劳动者。对于个体来说，管理包括逐步满足员工的物质和精神需要，通过提供学习和持续发展的机会提高员工的工作能力（包括贡献度、潜力和就业能力）。对于组织来说，管理包括建立高效率的组织运转系统，建立以绩效为标准的奖罚系统和与组织、企业需要相关的管理发展计划，并进行培训活动。

（2）管理内容。管理内容包括选人、育人、用人和留人四方面。

1）选人。选人是人力资源开发与管理的第一步，也是十分重要的一步。选人的过程需要心理学测验等科学手段辅助进行。

2）育人。育人即培育人才，是人力资源开发与管理的主要工作之一。育人的过程需要心理学相关的学习理论辅助实施。

3）用人。用人是人力资源开发与管理的一个主要目标，如何用人要运用心理学技术与技巧。

4）留人。留不住人才是企业及人力资源开发与管理部门的失职。人才流失不仅是本企业的巨大损失，而且会使竞争对手更强大。留住人才的根本是要注重人的心理需求，调整人的心理预期，使其服从组织目标。

（3）人的心理与行为管理需要心理学。20世纪初，美国等资本主义国家的经济得到了较快发展，企业在当时的经济环境下必须大大提高劳动生产率。企业想要提高劳动生产率，又想要工人拼命为资本家干活且无任何休息时间和福利，势必会激起工人的愤慨和不满。为使企业能够生存下去，心理学家梅奥进行了有关"如何提高劳动生产率"的实验。他以霍桑工厂为研究对象，研究工作条件、社会因素与生产效率的关系。在实验中，他担任车间的领导，先为职工提供工间休息，并在休息时提供茶点、小吃等多种福利，但是，研究证明这些办法没有奏效。梅奥后来又号召职工把困难提出来一起解决，把利于企业发展的建议也提出来。这样，工人为有机会发表压抑在心里的意见而感到高兴，大大提高了工作的积极性，劳动效率大幅度提高。这说明工人的劳动生产率不是取决于工作条件、工资报酬，而是主要取决于工人的精神状态、和谐的人际关系、愉快的气氛及认识到的自我价值。这就是著名的霍桑效应。

由此可以联想到，一些企业能飞速发展，靠的也是这一效应，它们每逢员工生日、家中有事，厂领导都出面来温暖人心，激发工人的工作积极性。

现代人力资源管理需要心理学，特别是在生产进一步社会化信息量增加和知识爆炸的年代，心理学的重要性日益明显。社会是一个现代化的社会，其现代化首先就是人的现代化，人将成为对社会问题最敏感的一方，同时又是复杂的、变幻莫测的。如何提高人的积极性，调整好生产部门的群体心理气氛，处理好群体中的人际关系及改善企业管理，挑选领导人组成领导班子等问题都需要借助心理学。所以，要运用心理学知识去管理人，并且要会灵活运用它。这样，才能做好人事行政工作，管理好部下，正确领会上级领导的指示，协调好与下级的关系，对工作产生积极的影响。否则，就有可能成为不称职的管理人员。

案例：

蒙牛集团总裁牛根生：经营人心就是经营事业

宇宙飞船有两种命运，一种是摆脱不了地心引力，掉下来；另一种是飞出去。这取决于速度，不能高速成长，就只能高速灭亡，没有静止在半空中的状态，这就是飞船定律，也是决定企业生死的飞船定律。

企业如果没有高速度，到头来，每个市场的"蛋糕"都没有它的份。我们的军队之所以常胜不败，就是因为在与敌人抢夺制高点时，我们总是能首先成功。蒙牛是一个民营股份制企业，深知生死时速的含义，适者生存，羚羊如果跑不过最快的狮子，肯定会成为狮子的美餐，狮子如果跑不过最慢的羚羊，就会饿死。所以，什么都要抢先，竞争的核心理念是，一切竞争从速度开始。

因此，当确定一个目标以后，在变化的市场当中，我们不是修正目标，而是不停地修正手段，一切人力、物力、财力，包括人的思维和情感都向这个目标自动集中。如果不是这样，蒙牛的发展不会这么快。快者制胜，环境是变化的，变化的速度又是惊人的。只有与时俱进的企业才能生存壮大，而与时俱进的前提在于决策。

有关资料证明，1970年的全球500强企业，在12年后的1982年就消失了1/3，世界上破产倒闭的大企业，有85%是因为企业家的决策失误造成的。我们的决策方针是，任何人可以在任何时候提出任何意见，这样才能保证大小决策在正确的轨道上。经营人心就是经营事业。

有一次我的儿子对我说："爸爸，我的朋友不多，我同学的朋友比较多。"我说："你有朋友吗？"他说："有。"我说："有几个呢？"他说："有两个。"我说："这两个为什么成为你的朋友呢？"他说："这两个朋友对我特别好。"假设你对所有的人好，所有的人就是你的朋友。父子关系、母子关系，为什么能称其为父子关系、母子关系呢？主要是什么关系，大家都清楚要将感情投入到儿子身上，投入到女儿身上，因为确实是亲的，你不亲他，他肯定不认你。

因此，感情的培养和投入是非常必要的，我们非常善意地对待身边的人，包括我们企业里的人，社会里的人。只要有投入，肯定有产出，种瓜得瓜，种豆得豆。怎样进行企业文化和精神文明建设？我想，利用佛教思想也可以进行精神文明建设，我在食堂里写上"太阳之大，真理；君子量大，真理；小人气大，真理。"五六千人，说话的声音都非常低，都害怕做小人，精神文明就搞好了。

在用人上，我们是有德有才，破格录用；有才无德，限制录用；无德无才，坚决不用。至于德重要还是才重要，我认为，如果才气很大，德行不好，对企业的破坏性可能更大。一个人智力有问题，是次品；一个人的灵魂有问题，就是危险品，所以经营人心非常重要。

2. 人的心理与行为管理的研究对象

自从有人类社会以来，就存在管理问题。人们要从事集体劳动，需要组织、管理，这是劳动时的管理。人类具有群居性，需要交往，要在群体中寻求和别人的相处、交往之道，并由此产生各种各样的社会现象，产生各种各样的社会心理、社会行为，这些也都需要管理，否则就是杂乱无章的。人是管理的中心，如何根据人们个性的不同去管理人；人的需求、动机千差万别，如何进行组织引导；人的态度明暗不同，怎样去觉察；怎样组织好领导班子，使得人员的个性、需求等得到协调；这一切都需要心理学去解释和回答。

任何一门科学都有它的研究对象和研究过程中采用的方法。因此，人们有必要先了解心理与行为管理的发展、对象、任务和方法，才能深入学习对人的心理与行为管理的有关具体理论及应用。

心理与行为管理是研究人的管理过程中心理活动规律的科学，它是以人为主的研究。

（1）心理与行为管理着重以人为中心。传统的管理偏重于对物的管理，因而早先的管理主要是对工人进行严格的控制与监督，即使最早实行科学管理的"泰勒制"，也没能摆脱这种观念的束缚，仍然是重视物的管理。

现代管理则强调人的因素。它认为在生产过程的人、财、物等要素中，人是最重要的。其基本要点有以下三方面：

1）人是企业的主体，要依靠人来实现企业的目标。虽然机器可以代替人，电脑可以代替人脑，但是使用机器和电脑的仍然是人。

2）管理制度要以人为中心。管理办法要符合人的身心发展，工作时间由每周6天，每天8小时，改为每周5天，每天8小时。这就充分体现了人性化的特点。

3）管理过程中，要考虑人的社会因素与心理因素。只有充分了解人的心理活动规律，才能使管理工作取得最佳的效果。第一，要更新观念，社会主义制度下，职工是企业的主人，而不是奴隶，应该从本质上尊重职工，多进行一些感情投资，以情感人。第二，不断地进行职工心理测评，考虑不同阶段职工的不同需求。根据调查资料表明：在一个管理的卓有成效的企业里，职工一般有方向感、信任感、成就感、温暖感、舒适感和实惠感等感受。

方向感：对企业发展方向充满希望，并为此方向而奋斗。

信任感：职工对领导充分信任，领导对职工也充分信任，职工在无形中有成为企业主人的感觉。

成就感：每个职工都意识到了自己所从事的工作的价值，并为自己的工作成就感到骄傲。

温暖感：职工把企业当做自己的家，因为企业能为职工排忧解难。

舒适感：职工对工作条件、工作时间、工作量、工作保护等方面都感到比较舒适。

实惠感：领导切实解决职工在物质方面（衣、食、住、行）和报酬方面（奖金、福利、托儿所）的需求。

事实表明，运用心理测评，对人的管理很有意义。它可以为领导者提供一定的管理办法，改革旧的管理方法，可以使领导者从职工的心理变化、发展、活动的规律进行管理，从而使工作效率达到最优。

（2）心理与行为管理着重关注的是人群关系环境。人群关系环境也称人与人相互作用的环境。在环境中，人们相互影响、相互作用，彼此影响着对方，可以改变对方的兴趣、爱好和价值观，也可以形成和发展每个人的个性。

劳动生产率的高低是由技术来体现的，技术高、产品质量好、产品数量多，生产率就高。但是，要取得高生产率，还要由个体本身的认知、态度和心理活动等因素决定（霍桑效应就证明了这点），而个体又处于不同的人群关系中（班组—工厂），人与人之间互相产生影响。比如，有人想超标、多干，可能会遭到别人的非议、排斥；有人想不干，也不行，因为那会影响小组的整体绩效，这就是人群关系环境。此外，组织机构环境也会对劳动生产率产生影响，组织得好、决策得准、领导有方，职工积极性就高，劳动生产效率也高，如图 1-1 所示。

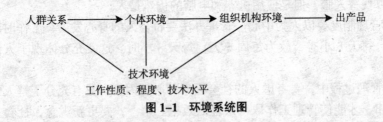

图 1-1 环境系统图

二、心理与行为管理的研究与邻近学科的关系

对人的管理，属于行为科学的范畴，它与心理学有一定的联系，是从心理学的角度出发，研究人的心理活动的规律。下面介绍心理与行为管理的研究，以及心理学和行为的关系。

1. 心理与行为管理的研究与心理学的关系

（1）从历史上看。心理与行为管理研究是在心理学的基础上发展起来的，属于心理学体系中的一个领域，是心理学的一个分支，同心理学是局部与整体的关系。

心理与行为管理的研究要运用心理学揭示人的心理活动的一般规律，并在管理过程中使之具体化。比如，在心理与行为管理的研究中经常提到决策问题，这实际上是人的思维过程，也与人的意志品质有关。人们收集情报资料，对它们进行去粗取精的加工处理，制定出几种可供选择的决策内容，并在这些方案中选出可行的方案，最后作出决策，这就是一个完整的思维过程。

（2）从事实上看。在心理与行为管理的研究中许多研究方法是从心理学中借用的，如观察法、测验法、调查法等。

（3）心理学和心理与行为管理的研究的具体对象不同。心理学重视个体心理活动、内部反应活动的过程和规律，而心理与行为管理的研究则侧重于研究各种组织系统中，人们彼此之间相互作用情况下所产生的心理现象的规律性。比如，摔倒这一现象，心理学研究痛觉及耐痛阈；心理与行为管理的研究侧重于对在不同场合、不同条件下的痛觉反应的研究，如在单位和在家的表现是不一样的。

2. 心理与行为管理的研究与行为科学的关系

（1）什么是行为科学。现代科学的发展，总是朝着两方面进行：一方面，由于研究课题的深入，不断分化出新的学科；另一方面，为了解决现实存在的重大问题，需要多种学科的配合，因此出现了一些综合性的学科。行为科学就属于后一种情况。

从广义上说，行为科学是由心理学、社会学、社会心理学、人类学及一切与研究行为有关的学科组成的学科群。它研究人的行为规律，从而预测并控制行为，为实现政治、经济、文化的目的服务。从狭义上说，它以人作为研究对象，探索人的行为规律，寻找调动其积极性的方法，以实现预测和控制人的行为的目的。

（2）心理与行为管理的研究与行为科学的关系。心理与行为管理的研究与行为科学具有以下异同点：

1）在研究对象上有重合，如人的行为规律，控制人、预测人。

2）在研究内容上有共同之处，如心理与行为管理的研究对群体、态度、个体心理的研究等方面行为科学有所涉及；而行为科学研究的有关挫折对人行为的影响，心理与行为管理的研究也有所涉及。

3）研究对象虽有重合，但并不相同。行为科学研究的对象是整个社会，而心理与行为管理的研究只侧重管理过程中人的行为及他们的相互影响。

4）研究范围不同。行为科学的研究范围广泛，包括社会生活的各个领域、各种各样的行为表现；而心理与行为管理的研究范围只是行为科学里的一个部分。

5）研究方法不同。组成行为科学的核心是心理学、社会学、社会心理学和人类学，所以它的研究方法一般是宏观、微观相统一，调查与实验相结合；而心理与行为管理的研究则偏重于微观分析。

心理与行为管理的研究不能与行为科学画等号，行为科学包括心理学等学科，以人作为主要研究对象。它根据人的活动规律调动人的积极性，从而达到预测、控制行为的目的，在研究组织中个体、群体、组织领导时偏重于行为方面的分析。心理与行为管理的研究是从心理学角度出发，研究组织中个体、群体、组织领导的具体心理活动的形成和规律，注重基础和方法的研究。对于一个完整的管理过程分析研究，它们是必不可少的两方面，行为科学为心理与行为管理的研究全面分析人的心理活动规律提供了影响心理因素的社会原因，心理与行为管理的研究则为行为科学全面分析人的行为提供了科学实验的心理依据。

同时，心理与行为管理的研究还与组织行为学、组织管理学等学科有一定关系。总之，一门科学的发展、完善都要借助于邻近学科的研究成果才能成熟起来。

第三节　心理与行为管理的应用原则与方法

任何学科的发展都需要有科学的研究方法，心理与行为管理的研究也不例外。社会生产力的迅速发展，使社会发展超过了现有的研究方法、技术，甚至现有理论。同时，社会生产要求心理与行为管理的研究必须弄清其研究的特点和现象的实质，为推进社会发展作出贡献。

正如第一章第二节所述，心理与行为管理的研究是一门应用科学，它研究人们彼此之间相互作用下产生的心理现象。然而，心理现象是人的一种内在体验，无法像研究自然科学那样，应用显微镜、催化剂等工具可直接进行定性或定量分析，只能从人的言论、表情、交往，以及产生的行为进行间接的测量和分析。实际上这样做是很不容易的，因为有时候人为了达到某种目的、适应某种环境，会有意识地控制自己的行为，使得其外部行为和心理活动不一致，也就是表里不一。同时，研究人员在研究过程中还容易夹杂自己的主观意识和体验经验。因此，在研究过程中必须遵循一定的原则。

一、心理与行为管理的研究应遵循的原则

1. 客观性原则

客观性原则要求实事求是，不能根据研究者的主观意愿或猜测来分析人的心理状况，不能加以主观臆测和歪曲，应该按照事物的本来面目去揭示心理现象。因为在研究过程中，必须经过研究者的主观活动，很难避免主观臆测，所

以研究者要依据和尊重事实，使主、客观尽量保持一致，通过研究获得符合客观事实的结果。

2. 发展性原则

世界上任何事物都处于发展变化之中，心理现象也不例外。因此，研究者在研究过程中必须遵循发展性原则，不仅要注意现时的特征，而且要考虑历史状况，预测发展前景。例如，要评价一种新的奖励制度对职工生产积极性的影响，需要查阅资料，了解前阶段的产量、质量、消耗和职工满意度，也需要计算新制度施行后，这些指标发生了什么变化，评估人们对新制度的态度，还需要记下观察与跟踪的具体途径和指标，从而获得人们刚刚产生或将要产生的各种新动向。

3. 系统性原则

前面讲过的内环境系统已经明确指出人们的研究应该本着系统性原则进行，从系统各因素的相互作用认识整体，对整个系统中各个系统之间的协调关系作出全面的分析。既要考虑组织结构与生产技术之间的关系，也要考虑组织结构与目标系统的关系，更要考虑组织结构变化所引起的人事变动，以及各类人员心理状况可能产生的变化。

4. 教育和伦理性原则

进行科学研究实验设计是一项复杂的工作，它要求研究者表现出巨大的匠心。在事实检验设计并付诸实行的过程中，不能忘记人，不论采用什么方法和技术手段来研究，都要考虑教育和伦理性问题。不能给被试带来严重的后果，不能做有损于被试自尊心和人格的事情，以免造成对人身的伤害。

社会心理学家，做了一个诚实实验。他给学生做了一个单元小测验，收了卷子后没有批改，只是将卷子哪儿对哪儿错记了下来，又发给他们，让他们自己看哪儿错了，然后再上交。结果发现，诚实的学生不会改错的地方，而不诚实的学生则会去改。这种以欺骗手法使学生上当，从而观察学生是否诚实的方法，在一定程度上违背了伦理道德原则，并不值得提倡。

二、心理与行为管理的研究应用的方法

心理与行为管理的研究所采用的方法，主要是根据行为科学的一些研究方法产生的，这里主要介绍六种方法。

1. 观察法

观察法通过研究者亲临现场，有目的、有计划地对动态的现象做长时间、深入细致的观察和了解。通过亲临现场，研究者可以观察人们在自然环境中或

实验条件下表现的各种各样的行为。比如,研究某群体成员相互作用情况时,可注意每个人的谈话、举止等,以此来了解这个群体成员的心理。这个研究无须特殊的方法,仅仅需要将被试的行为如实记录即可,可以借助视听器材(也称现场研究会)。这个观察分以下两种:

(1)参与观察。如果想了解、研究某群体的情况,研究者可设法使自己成为这个群体的成员,参加到这个群体中,与他们共同生活,借助这种方法进行多方面的观察了解。

(2)非参与观察。研究者在从事某项研究时,不是直接参与群体活动,而是以旁观者的身份进行观察和研究。例如,1934年,社会心理学家理查德·拉皮尔通过这个方法得出了"人的态度和行为是不一致的"这一结论。他跟随一对中国夫妇周游美国,充当导游的角色,几乎走遍了美国的大小饭店。每到一处,拉皮尔和这对中国夫妇都受到了礼貌的接待,这对夫妇往常到一些旅馆,也受到了很好的接待。过了一段时间后,拉皮尔给他们去过的所有饭店都发了一份问卷,要求回答是否愿意接待中国客人,结果有92%的饭店和旅馆回答"不愿意"。这说明他们表面上作出愿意接待的行为表现,可实际上却持不愿接待的态度。

在心理与行为的管理研究中,这种方法多用于对职员的考核上。例如,某公司办公室主任考核评价一位新调到办公室工作的职员的工作能力,他的做法如下。

1)观察这位新来职员的行为:看他与同事和上下级打交道的效果如何;除了观察他在办公室里的日常工作外,还要观察他怎样主持会议和掌握会议进度,怎样给上级领导打报告,怎样代表公司出席外界的各种会议;仔细研究这位新职员送审的所有报告,检查其内容是否全面,观点是否正确,文字是否通顺,所提出的建议是否合理,交卷是否及时等。

2)将上述观察过程中所记录的数据、资料与该公司招聘职员的标准进行对比和衡量,评价这位职员的表现及工作成效是否符合公司的标准等。然后恰当地安排他的工作,同时在以后的工作中继续评估这位职员的表现,进行适当的调整,以达到最大限度地发挥他的能力的目标。

2. 访问调查法

访问调查法是指通过谈话、座谈、回答问题、填写调查表来了解人们心理的方法,也被称为询问法。其主要特征之一是就某一问题和被调查者进行座谈,谈话要求被调查者回答个人想法。其目的不是研究个人行为,而是根据许多个人反应来分析、推测群体的心理趋向。一般说来,所调查的内容是广泛的。

例如,T.A.凯尔用调查法研究学生升学志向和父母期望,制定调查表让学生父母回答想升学的原因或不想升学的原因。统计结果表明，不希望孩子升学的父母认为：①得过且过（能过得去，升学与不升学无所谓）；②听天由命；③只顾眼前利益（目前还不错，不是太差劲，比上不足，比下有余）；④对大学概念模糊（上大学没什么了不起）。而希望孩子升学的父母则认为：①社会有等级之分，职业不同，分工不一致；②认为自己缺乏良好教育，成为自己这一生中取得成功的障碍，因此希望自己的孩子比自己强；③不断期待，督促孩子上学。

3. 现场实验法

现场实验法是在实际工作场所中进行的，是一个真实的环境，是通过设置一定情景所做的实验，目的在于发现和确定心理现象之间的因果关系及其联系。它要考虑以下几个因素：①操纵一个或几个变量；②控制、排除其他变量的影响；③依据所设定的指标对实验进行观察和记录。著名的霍桑实验就是运用这一方法进行的。

另一个研究也说明了这个方法，20世纪60年代，心理学家研究人的从众行为问题：让一个人走在路上对着高层建筑物上的窗口观望，而且也向路上回望，看看能使多少人也能跟着一起观望。研究者将引发者分成组，分别为1人一组，5人一组，15人一组，分别去观望。规定每组观望时间为1分钟，依次出现，看过路人的反应，而研究者在另外的地方对情景进行录像。结果发现：当有1人看时，行人中有40%的人边走边看；当有5人看时，诱使所有人边走边看，要想使所有人停步观看，则需更大的人群吸引；当有15人看时，行人中有40%的人停步观看。根据这一研究，专家得出了存在"从众行为"的结论。

4. 个案分析法

个案分析法是对某一个体、某一群体或某一组织在较长的时间内（几个月、几年甚至更长的时间）连续进行调查、了解，从而研究其心理发展变化的全过程，即根据一定目的，大量分析现存资料（以前或现在根据有关事件所做的文字记录，如档案材料、书籍、报刊等）。根据分析得出的资料，找出个人与管理中出现的心理现象的关系。

1972年，美国心理学家为了研究儿童读物对儿童性别角色社会化的影响，对美国几个杰出作家写给儿童的读物进行了抽样分析。结果发现：男主角与女主角之比为7：2，男性图形与女性图形之比为11：1，其中女性多扮演辅助、被救护、被帮助的角色，而男性则多以解围、救人的角色出现。男性多被描绘成莽撞、有进取心、事业心强的；而女性则被描绘成可爱的、易受伤害的和依赖性强的。有些学者的研究读物即便是以女性为故事的中心却常有男性在内，这样在学前儿童身上就形成了女不如男的社会化性别定性思维。

5. 实验室实验

实验室实验是在人为的条件下，运用一定的仪器，严格控制实验条件，从而研究人的心理活动和社会行为规律的方法。

例如，在实验中让一个人去呼救，旁观者的行为表现结果是：这个人呼喊了半个小时，却无人援救。因此，研究者写了一篇论文：《无责任的旁观者他为何不去援助》，提出了"责任扩散"的概念，就是说在场的人越多，越缺乏责任感，出现互相推诿的现象。

实验室实验一般研究得比较精密，得到的结果比较准确，但人的心理与行为的许多问题都无法在实验室这个小范围内进行。

6. 测验法

采用标准化的心理测验表或精密仪器来测量被试有关心理品质的方法称测验法。

例如，人格测验（墨迹测验，看看人在进行漫无目的的想象时会朝什么方向去想）和机械能力测验（两年时间，相反方向旋转，为何两种动作会受到相互干扰）。

这些测验方法已被广泛应用，但要求被测验者的紧密配合，特别是测验量表（MMPI 个性人格测验）的应用要注意效度、信度问题，否则测得的结果会不准确。

如果工作的性质与个人的特点、能力不相称，不仅会使人产生不满意和不愉快的情绪，而且会影响工作效率。为了有效地开发人才资源，做到人尽其才，企业在选择、安置人员时，适当地运用一些心理测验的方法，将有助于提高人事工作的质量。心理测验的特点和分类如下：

（1）心理测验的特点。心理测验是一种手段，是人们用来测量行为的样本。在管理中运用心理测验，要求具有标准化、常模化、可信性和效度等特点。

1）标准化：在进行心理测验时，测验的条件和测验的程度要始终保持一致，保证所有的人在完全相同的条件下接受测验。比如，给予所有被试相对的指导法，控制相同的测验时间，在相似情况下进行测验。

2）常模化：在分析心理测验结果时，用标准常模作为样本，确定被试的相对水平。测验常模是许多条件相似的被试在该项测验中所得的分数的分配，用这个分配来衡量其他被试的心理素质。例如，中学毕业生机械能力测验得 82 分，这个分数看不出其机械能力方面的水平，所以需要把他的分数和常模数比较，如果常模数为 80 分，标准差为 10 分，则知道该毕业生的机械能力属一般水平。

3）可信性：心理测验成绩的可信度要达到一定的标准，即信度系数要大于+0.80。

4）效度：效度指测验本身是否有效，是否确实能反映期望预测的程度。

（2）心理测验的分类。心理测验的分类如下：

1）个别测验和集体测验。个别测验只能对一个人进行，因此针对性较强，被测项目的结果分析比较深入细致，但因为这种方法费时费工，成本较高，一般情况下不运用。

集体测验一次就可以对许多人进行，测验人数可根据测验场所的具体条件而定，这种测验方法速度快、成本低，因此在选择人员时被广泛运用。

2）能力测验与个性测验（人格测验）。能力测验用于测量人的一般能力水平与特殊能力的倾向性。个性测验用于评定人的个性品质，如气质特点、成就动机、是否忠诚老实等。

①能力测验的原理：人的能力分为两类：一般与特殊。一般能力反映了人在基本活动中所表现出的智力水平；而特殊能力则反映了人的特长。能力测验一般分为心理能力测验与特殊性向测验两类。

a. 心理能力测验：用于测量人的一般智力水平（IQ）。

以韦克斯勒成人智力量表为例。

语词部分：

知识——发掘知识的一般广度的问题，如几个五分镍币可构成一角银币。

操作部分：

数字符号——把数目和不同形状的记号联系起来的一种计时的译码作业，是学习和写的速度的测验。

b. 特殊性向测验：预测求职者是否具有某种工作所要求的某种特殊的潜在能力。

例如，明尼苏达测验——测验人们对机械原理的理解以及判断空间形象的速度与准确性如图 1-2 所示，判断 A、B、C 三人中哪一个受到最小的颠簸？

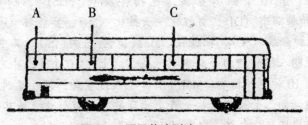

图 1-2　明尼苏达测验

②个性测验的原理：人的个性特点一般可以通过外表和言行表现出来，这些外部的信息为个性的评定提供了客观依据。

对人进行个性评定，目前有如下方法：

a. 观察评定法：通过观察，对人的个性特征按照预定等级进行评分，如图 1-3 所示。

5	4	3	2	1
常处领导地位	善于交际	交际有限	回避交际	不易与人交际

图1-3 评定等级

b. 个性记录表：测量适应性、气质、性格、职业兴趣、焦虑等。一般是问卷方法，采取自我报告的形式进行，如 MMPI 量表。

资料：

MMPI 量表

明尼苏达多相人格调查表（Minnesota-Multiphasic-Peronality Inuentory, MMPI）是20世纪40年代初由美国明尼苏达大学的心理学家哈撒韦和精神科医生麦金利编制的。世界上有许多国家和地区把它译成了本民族的文字，广泛应用于人类学及医学的研究。我国对 MMPI 进行了研究和修订，从20世纪70年代末开始，已形成了一个中国版本和常模。MMPI 法有 566 个自我报告形式的题目，其中 16 个为重复题目（主要用于检验被试反应的一致性，看作答是否认真），实际上只有 550 个题。题目的内容范围很广，包括身体各方面的情况，精神状态以及对家庭、婚姻、宗教、政治、法律、社会等问题的态度。

MMPI 有 10 个临床量表，包括：疑病（HS）、抑郁（D）、癔病（HY）、精神病态（Pd）、男性化—女性化（Mf）、妄想狂（Pa）、精神衰弱（Pt）、精神分裂（SC）、轻躁狂（Ma）、社会内向（Si）。其中，Mf 与 Si 量表只能说明人格的趋向，与疾病无关。从上述 10 个量表中可得到 10 个分数，代表 10 种个性物质。MMPI 有 4 个效度量表，用于鉴别不同的应试态度和反应倾向。如果在这些量表上出现异常分数，意味着其余量表分数的有效性值得怀疑，包括："L"、"F"、"K" 和 "?"。

说谎分数（L）：共 15 个题目，在此量表上分数较低，说明诚实、自信、富于自我批评精神。

诈病分数（F）：共64个题目，在此量表上得高分可能是蓄意装病。回答不认真或真的有病，如妄想、幻觉、思维障碍等。

校正分数（K）：由30个对装假敏感的题目组成，高K分可能表示有自我防御，低K分可表示过分坦率、自我批评或装坏的企图，K分数用于校正某些临床量表似可增加其效度。

疑问分数（?）：表示漏答，无法答或"是"、"否"均作回答的题目数，超过30题则答卷无效。MMPI适用于16岁以上的成人，被试应具有小学毕业以上的文化水平，被试可以根据测试指导语的要求完成测试，测试无时间限制，但应尽快完成。可个别施测也可团体施测。

题目举例：

（1）一个人应该去了解自己的梦，并从中得到指导和警告。

（2）我喜欢侦探小说或神秘小说。

（3）我总是在很紧张的情况下工作。

（4）我每个月至少有一两次拉肚子。

（5）偶尔我会想到一些坏得说不出口的话。

（6）我深信生活对我是残酷的。

（7）我的父亲是一个好人。

（8）我很少有大便不通的时候。

（9）当我干一件新的工作时，总喜欢别人告诉我，我应该接近谁。

（10）我的性生活是满意的。

应用MMPI的缺点：题目结构太死板，限制了个性的自由展现。

c.投射测验：给被试提供一种模棱两可的、多义的图片，要求被试在极短的时间内对事物作出反应。因为要求回答的时间短，所以他在回答中往往挖掘了个人的想象，把自己的思想、态度、愿望、情感或特性投射在反应中，研究者必须运用一定技术来分析这些想象的产物，从而可以了解该人的个性特征。

案例：

罗夏墨迹测验

罗夏墨迹测验是非常有代表性并在当今世界上广为使用的投射测验。它是由瑞士精神病学家罗夏于1921年编制的，主要通过观察被试对一些标准化的墨迹图形的自由反应，评估被试所投射出来的个性特征。该测验最初制作时，是先在一张纸的中央滴一些墨汁，然后将纸对折，用力挤压，使墨汁向四面八方流动，形成两边对称但形状不定的墨迹图形。按此方法，罗夏制作了多张墨迹图形。对精神病患者进行试验，发现不同类型的病人，对墨迹图形有不同的反应。然后，再和低能者、正常人和艺术家等的反应作比较，最后选定其中 10 张作为测验材料，逐步确定记分方法和解释被试反应。最后在 1921 年以《精神诊断》的书名发表。

罗夏墨迹测验基于知觉与人格之间有某种关系的基本假说，即个人对刺激的知觉反应投射出该人的人格。由于它采用非文字的墨迹图形刺激，因此适合不同国家和种族使用。当前，它主要用于临床诊断。

第四节　心理与行为管理的心理学基础

心理与行为是心理学研究的基本内容。在管理中，人的心理与行为需要与管理环境相连，在不同的管理环境中，人的心理与行为的表现是不同的。但是，心理学研究的个体心理与行为是管理环境中人的心理与行为的基础，了解了个体心理与行为的规律，就可以在管理环境中依据个体的表现推断人群环境下人的各种心理和各类行为。所以，心理学研究中人的心理现象活动的规律，必然会成为管理环境中人的心理与行为研究的基础。本节对心理学知识作简单介绍，为学习人的心理与行为管理提供借鉴。

一、心理学是研究心理现象的科学

就人类而言，心理现象是产生于人类自身的一种精神和意识现象，是人脑经由感官对客观事物的能动反应及结果。心理现象是心理活动的表现形式，各种心理现象总称为心理。

人在劳动、工作、学习、交往等活动中，每时每刻都要看、听、记和思考，都会有喜、怒、哀、乐，也都会表现出自己的人格特点，这一切都是心理现象。所以，心理现象并不如人们所想的那么神秘。

1. 心理现象的概念及分类

心理现象就是一个人心理活动的规律。心理现象包括两部分：心理过程和个性心理，如图 1-4 所示。

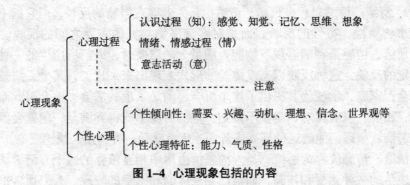

图1-4　心理现象包括的内容

（1）心理过程。心理过程包括认识过程，情绪、情感过程和意志活动，简称知、情、意。

1）认识过程：认识过程由下面几个环节组成。

感觉。人脑经由感官对客观事物个别属性的直接反应称感觉。例如，不同波长的光波作用于视网膜后引起大脑相应部位机能活动，产生不同颜色的印象，就是一种感觉现象。感觉有视觉、听觉、嗅觉、味觉、皮肤觉等多种，眼、耳、鼻、舌、身是这些感觉产生的外部感官。感觉是人对客观事物认识的起点。

知觉。人脑经由感官对客观事物整体的直接反应叫知觉。例如，人把一个有一定形状、颜色、大小，装茶水用的物品叫茶杯；把由一系列有着不同音调、音色的乐音组成的，富有节奏感的曲子听成为某首乐曲等，就是知觉。知觉是人脑把各种感觉加以联合的结果。知觉有空间知觉、时间知觉和运动知觉三类。实际上，正常人的感觉和知觉很难分开，心理学把它们统称为感知。

记忆。人对客观事物反复感知后，在头脑中形成较为巩固的印象，并在需要时把印象重现出来的心理活动称为记忆。记忆是一个识记—再认—再现的逐步深化的过程。记忆是联结感性认识和理性认识的桥梁，也是人进行知识经验积累的保障条件。

思维。人脑对经由感知得来的现象材料进行分析综合、抽象概括、揭示事物内在联系和本质特征的心理活动叫思维。对客观事物反映的间接性和概括性是思维的基本特点。所以，思维能使人摆脱感性经验的束缚，达到对事物的理性认识，并能对客观事物作出超前反应。

想象。想象是指人脑对从感知得来的事物表象（记忆中的事物形象）进行加工组合，形成现实生活中存在或不存在的新形象的心理活动。想象是一种特殊的思维。正是通过思维活动与想象活动的结合，人们才能把握过去、预见未来和创造发明。

2) 情绪、情感过程：情绪、情感也是人对客观事物的反映，但它们不是对客观事物属性、特性的反映，而是对客观事物与人的需要之间的反映。或者说，情绪、情感是判断客观事物能否满足人的需要时，人们所产生的一种肯定或否定的反映，这种反映以态度体验的形式表现出来。比如，某个人想要学习的机会，家庭、学校为其提供了这个机会，满足了他的需要，他会因此而感到高兴；相反，家庭反对、学校不接纳，他的需要不能得到满足，他就会因此而感到苦恼、焦虑。他的这种高兴或苦恼、焦虑就是一种情绪、情感现象。

情绪、情感统称为感情，是人的感情生活中相互依存的两个方面。情感是感情生活的一种感受和体验，而情绪则是体验和感受的表现。人们通常把道德感、美感和理智感看成是人的情感的基本方面，而把心境、激情和在特定条件下出现的应激状态看成是情绪存在的基本形式。情绪、情感是人的心理活动的重要组成部分。

3) 意志活动：人为达到预定目的而自觉组织行动、克服困难的心理活动叫做意志活动。意志活动的特点是：自觉确定行动目的，与克服困难、战胜挫折相联系，对行动起激励或克制作用。

人在意志活动中表现出来的个性特征，可以反映出一个人的意志品质的性质和水平。

另外，在以上三种心理活动的产生和进行中，还伴随有一种心理现象，称为注意。注意是指人的意识对一定对象的指向和集中。注意对上述各种心理活动起着维持、监督和调节作用。

（2）个性心理。人在需要、兴趣、动机、理想、信念、世界观等方面会有明显差异，它们使人的行为有着不同的倾向性，对人的心理活动起推动作用。这些心理现象统称为个性倾向性。

每个人在处理问题和待人接物时，会表现出与他人不同的特点。有的人观察问题仔细，有的人记忆力非凡，有的人分析问题头头是道，这就是人的能力差异。有的人快言快语、热情直爽，有的人沉默寡言、拘谨离群，这是人的气质类型的差异。有的人诚实、勤奋、公而忘私，有的人虚伪、懒惰、自私，这是人的性格差异。能力、气质、性格统称为个性心理特征。

个性倾向性、个性心理特征合称个性心理或个性。

2. 心理现象间的相互关系

心理活动的两大部分彼此间有着密切的、相互依存的关系。首先，三种心理过程之间的关系是：认识活动是情绪、情感活动和意志活动产生和进行的前提；情绪、情感和意志活动对认识活动起着促进或干扰作用；情绪、情感活动能推动或破坏意志活动；意志活动对情绪、情感有调节控制作用。

其次，心理过程和个性心理之间的关系是：个性心理经由心理过程形成，并在心理过程中表现出来；已经形成的个性心理对心理过程起制约作用。

总之，表现在人身上的各种心理现象都不是孤立存在的，而是相互依存、相互作用而形成的整体。由于这一特点，人们在研究心理现象时，如果想了解人的心理全貌，就应该从多角度、多侧面进行；如果想了解人的某一心理现象的特点与规律，则应以联系的、整体的观点作指导。只有这样做，才会有比较准确、科学的结论。三种心理过程之间的关系概括如图 1-5 所示。

图 1-5　认识、情感、意志三者的关系

二、心理的实质

从古至今，随着社会的发展、科技的进步，人们对心理实质问题的回答也经历了从不科学向科学的转变。这个转变过程大致为：从灵魂说到脏腑说，再到脑髓说。或者说，从认为心理是灵魂的活动，到认为心理是心脏功能的表现，再到认为心理是脑的机能活动。人们对心理实质问题的认识演变大体经历了 5000 年的时光。

当马克思主义诞生之后，人们在其辩证唯物主义观点和历史唯物主义观点的指导下，考察心物关系、探索心理实质，问题才得以科学和正确的解决。现在，科学的心理观认为，人的心理是脑的机能，是脑对客观现实的反映。

（1）脑是心理产生的器官。脑的机能活动是心理产生的物质前提。这一点已被生活实例、临床医学和高级神经活动研究所证实。下面将举例说明。

例 1：无脑儿没有正常婴儿的心理活动，而且很快就夭亡了。

例 2：饮酒过量者因大脑皮层受酒精麻醉，失去对皮层下中枢的控制功能，出现失语、哭笑无常、运动失调等现象。

例 3：临床医学发现，大脑左半球皮层额下回受损伤的病人会出现运动失语症；皮层颞上回受损伤会出现失听症；皮层顶叶的角回受损伤会出现失读症；皮层额中回受损伤会出现失写症。这些病人的感觉器官和运动器官均与正常人一样完好，只因脑损伤而造成心理失常。

从上述例子可以看出，心理是脑机能活动的产物，脑是心理产生的器官。

（2）心理产生借助于条件反射。反射是在中枢神经系统参与下，机体对内外环境刺激所作出的规律性反应。反射活动的结构基础是反射弧。高等动物和人的反射有两种：一种是在系统发育过程中形成并遗传下来，因而生来就有的先天性反射，称非条件反射。它是由于直接刺激感受器而引起的，通过大脑皮质下各中枢完成的反射。另一种是条件反射，是动物个体在生活过程中适应环境变化，在非条件反射基础上逐渐形成的后天性反射。它是由信号刺激引起、在大脑皮质的参与下形成的。根据结构基础的不同，又可以把反射分为简单和复杂的两种。最简单的反射是单突触反射。复杂的反射，是神经中枢分布较广，靠联络神经元组成的、复杂的链锁。反射是实现机能调节的基本方式。反射弧中任何一个部位被破坏，反射就不能实现。由于突触在结构与功能上的特点，决定了反射弧上冲动的传导只能由感受器传向效应器。条件反射使人产生了心理与行为。

（3）客观现实是心理的源泉。脑是产生心理的器官，但它不能单独产生心理，它只为心理的产生提供可能性条件；要变这种可能性为现实，还要有客观现实提供必要条件。脑就像是一部机器，客观现实就像是机器运转的动力和原材料。如果没有动力和原材料的保障，机器不可能生产出产品；没有客观现实的存在，人脑产生不了心理。

人的心理活动不论简单还是复杂，都可以从现实中找到其内容根据。现实中有山有海，人脑中才有"山"、"海"的印象。人有丰富的知识，因为人有与各种事物接触的经历。人之所以经常思考问题，是因为现实生活经常向人们提出问题；而问题之所以能得以解决，则是由于现实生活给人提供了解决问题的材料和经验。科学家、发明家之所以有创造发明的成果，是因为现实生活向人们提出了这种要求，并且为科学家、发明家提供了素材和原型。作家吴承恩能在《西游记》中创造出孙悟空、猪八戒等现实生活中未曾有过的人物形象，实际上是作家把现实中的猴、猪加以拟人化的结果。以上这些事例可以说明，心理来自现实，客观现实是心理的源泉。

心理学就是研究人的心理现象规律的科学。管理中，人的心理与行为是心理学研究领域的一个分支。所以，本书总是围绕着心理过程和个性心理来探讨管理中人的心理与行为规律，从而预测行为，达到在管理中有效控制行为的目的。

第二章 人的心理与行为研究

人类的任何行为都不是无理由发生的，是一种隐藏的心理活动给予指示而发生的人的心理活动，都会从你的行为得到解释和表现。人们对人心理的观察分析也正来自于人们表现在外部的行为。心理的表现和行为是密不可分的，只有通过仔细地观察、研究人的外部的行为，才可以更好地去规律化分析和揭示他人的内心活动。

第一节 行为与社会行为

一、社会行为的概念

什么样的行为是社会行为？有的人认为人是社会性动物，所以人的所有行为都是社会行为，即使是人用来满足自己的饥渴的行为，也打上社会的烙印，因而人的所有行为都是社会行为。但是如果人的行为都是社会行为，那么当人们的手碰到火而缩回，是社会行为吗？这只是一个生理反应（本能）。人的行为不一定全都是社会行为，社会行为仅仅是人的行为中的一部分。

人的有些行为属于社会行为，有些则不是，人还有一些引发别人的行为或对别人行为作出反应的行为。人的行为的本质是社会行为，这和动物行为有根本的区别，即使是人的某些腺体反应（呕吐、便秘）也可以由社会情景引起的紧张状态而发生。

从分析的角度看，后一种观点也有一定的道理，狗的行为刺激人，引起人的恐惧导致逃跑，人的行为刺激狗，狗逃跑或攻击，那么这个行为也不是社会行为，是由社会情景引起的紧张状态而发生的行为。

社会行为究竟是什么？它的标志、特征又是什么？社会行为是在社会交往中产生的，特别是在人际关系中产生的，由心理现象所支配的，并对社会生活产生影响的行为。可以明确地看到，人的社会行为的标志就是人与人的关系，即人际关系。小孩把玻璃杯打破了，他因害怕而哭，因为妈妈要打他、训他，他可以立即承认错误再收拾，可以撒谎说是猫打破的，也可以将碎片扫到茶几底下，从他的行为中可以明显看到人际关系。这种行为就是社会行为，他意识到了自己和妈妈的关系。

二、社会行为和社会心理的关系

有人认为社会行为就是社会心理，用社会行为就可以取代社会心理，实际上这是两个不同的概念，将这两个概念混淆同用，或用一个替代另一个都是错误的，对于科学来讲是不严谨的。那么社会行为和社会心理的关系如何呢？

首先，社会行为和社会心理是密不可分的，它们是同一现象的两个方面。社会行为是对客观现实的反映，是反映社会关系的心理，是反映人与人关系的心理表现，所以没有社会心理就不会有社会行为；同样，社会行为是社会心理的客观表现，没有社会行为就无从了解社会心理。但并不是说社会行为和社会心理是一对一的关系，同一种社会心理状态往往引起各种各样的社会行为，而相同的社会行为，可以由不同的心理所引起。比如，有的同学见到自己的老师会产生一种躲避行为，这种行为对于不同的人有不同的心理。甲、乙都躲开，但动机不同，甲可能对老师有意见，乙可能怕别人嘲笑自己讨好老师等。不论怎样，社会行为都是由社会心理引起的，而且任何社会行为、社会心理都是在人际关系中、人们的社会生活中、人们的交往过程中产生的。

其次，社会行为和社会心理又是相互区别的两种现象，表现在社会心理上是内隐的活动，是主观的、在头脑中的，而社会行为是外显的活动，客观存在的、物质的东西（社会行为是可以被人直接看到、觉察到的现象，而社会心理是看不到、觉察不到的，它往往通过人的社会行为这种外显的活动去观察和说明人的社会心理）。

不是产生一个心理，就产生一种行为，有时一个人可能有某种社会心理，却没表现出相应的行为。这种心理对人的生活、人际关系不可能产生什么影响，但是一旦某种心理转换成行为，那么这种行为就构成了社会物质生活的一部分，就构成了一定的社会责任，人们就必须去研究。

因此既要研究社会心理，也要研究社会行为，其目的之一就是为了深入了解社会行为产生的原因，以便使人们把对社会心理的研究所获得的事实和理论应用在调解、控制和预测社会行为方面，促进正确、有益的社会行为产生，避免错误、消极的行为产生，为解决社会生活的实际问题服务。

第二节　社会行为的各派理论研究

解释社会行为的各派理论产生于 20 世纪初，第二次世界大战后获得了很大的发展。它的派别很多，主要表现在对社会行为的解释上，他们以各自的理论对社会行为作出了不同的解释，也产生了分歧和争论。了解各派理论可以帮助人们深入理解各种具体研究及其性质，任何一种理论都不可能是完善的，只有通过对各家理论的了解，才能对其进行鉴别，吸取完善的理论，摒弃不正确的东西。了解各派理论还有助于人们进行科学研究，为研究提供目标和方向。因为理论具有指导性，能使人们找到和发现科学研究中需要填补的空白，同时理论具有概括性，可以使各种研究摆脱零散性和偶然性。

一、理论涉及的概念

（1）强化：经过反复学习某种行为使之成为自己熟悉的、习惯性的行为，也指奖励、社会肯定。

（2）刺激：与"反应"相对，凡作用于有机体并引起反应的因素都称"刺激物"。

（3）反应：与"刺激"相对，泛指一切有生命的物质在受到周围环境条件刺激时，所产生的变化状态。

（4）社会相互作用：两个或两个以上的人在一种社会环境中所发生的相互作用，可以是在个人之间进行，也可以是在团体之间进行。

（5）参照群体：也称榜样群体或标准群体，是指将某个群体的意识、目标和行为规范，作为自己行动的指导和评价社会现象的准则，以此作为参照，这个群体只是人们心目中想象的群体，并非真实存在的群体。例如，文学艺术中的榜样或典范，想象中的"英雄形象"。

（6）本能：它是动物遗传的，具有保证个体和种族生存的复杂的反射活动。人本身具有的一些活动不是经过后天学习的。

（7）人格：人格也就是个性，是指在个人的生理基础之上，受到家庭、伴侣、学校教育和社会环境等的影响，逐步形成的气质、能力、兴趣、爱好、习惯和性格等心理特征的总和。人格和个性所不同的是，人格显示个体之间行为的风格差异，人格也指人的尊严、自尊心。

二、解释社会行为的各派理论

1. S—R（刺激—反应）理论

这一理论认为人的行为的获得是 S—R 之间牢固连接的结果。这一理论运用到社会心理上指社会情况、现象不断刺激、影响人类，使人类不能再依靠常规和习惯来反应外界的刺激影响、适应社会的要求、解决社会的问题，而是要通过不断学习对变化着的外界作出适当的新行为、适应生存的新方式和扮演适合社会生活的新角色。下面介绍三种在社会心理学方面关于这一理论的运用。

（1）模仿论。创始人为米勒和多拉德。他们认为人类特别是儿童的社会行为基本是通过模仿得来的，而模仿本身也只能通过学习得到。他们认为人有两种行为：复制行为（指一个人忠实地按另一种方式去做）和依样匹配行为（指一种可按照"榜样—追随者"行为来做的行为。追随者依靠榜样的行为为自己追随的行为，以榜样的行为作为指导自己行为的线索，使自己得到报偿，如所追随的行为得到社会公认、好评。

（2）社会学习理论。创始人是班杜拉和沃尔特斯。这一理论的主要论点是，人的一切社会行为、道德行为、抗诱惑等都是通过学习获得的，也是可以改变的，决定人的社会行为是环境、社会文化、人际关系、客观条件、榜样强化等。社会学习理论认为人可以由观察他人行为而去学习，被观察的对象被称之为榜样。一个人的观察学习往往是看到他人的行为受到强化，就会去模仿，并作出同样的行为，这种模仿行为往往表现出延宕性。

延宕性是指如果儿童看到、学到了榜样的行为，那么他有时模仿这个榜样，有时不模仿。他模仿这个榜样是因为这个榜样受到奖励，如果这个榜样受到惩罚，他就不去模仿这个行为，但不能说他什么也没学到，只是没有立即表现出来，而是拖延表现，这就是模仿行为的延宕性。比如，小孩甲看到乙打人，被罚站。他学会了，但没有当时表现出来。因为这样做要受到惩罚，等到他与别的小孩发生冲突时，虽然明知道要受罚，也照学会的方式打人。

（3）社会交换论。这一理论是由社会学家乔奇·霍曼斯提出。他采用经济学的观点解释社会行为，认为社会行为不仅是物质商品交换，而且还是诸如赞许、声望等非物质的交换。这一理论认为人类的各种关系实际上是一种报酬和代价的关系。就是说，要是一个人在社会互动中给予别人多了，那么就要想办法从别人那里多取点儿作为报酬。所以，人们总是试图保持账目上的平衡，和别人打交道时从一种关系中得到的可能是报酬，而别人付出的可能是代价。在社会互动中个人总是千方百计地不让他人取得比自己大的报酬，如果我得到的少，他得到的多，那么这种互动就不会继续下去。除非双方都得利，否则任何交换都无法进行下去。但是，在社会互动中一个人的行为给另一个人带来了好处，迫使其作出互惠行为，使双方得益平衡（相互得益），形成一种公平关系，这样人与人的相互作用就会继续发展下去。因此有人将这一理论称为社会公平理论。

随后，许多社会心理学家又发展了霍曼斯的社会交换论。他们认为如果互动的双方都感到自己所得大于所失，那么两者的互动就能够维持。假如其中一方感到所得小于所失，那么两者的关系就不会继续维持下去。

2. 角色理论

这一理论出现较晚，但不够成熟，是行为科学中新的理论倾向，是从人类学、社会学、行为学中共同产生的。

（1）角色的含义。角色原来是戏剧方面的通俗名词，大约到20世纪30年代，社会学家米德、莫雷诺、人类学家林顿以及心理学家纽考姆在他们的学术讲演和著作中引用了角色这个词，才使其成为学术概念，而且被引进入社会学、人类学、心理学等领域。因为它跨入各学科领域，所以其意义显得十分含糊，随着学者所持的学科立场不同，含义也有所不同。台湾学者郭为藩对角色的定义归结为以下四点：

1）角色是由一套结构性的行为模式或一组行为模式所表现的。

2）角色涉及某一类人共同的行为特征，而不是个人的行为特征。通常角色代表具有某种社会地位和身份的人的共同的人格属性和行为特征。

3）角色是在社会互动中表现的。

4）角色所涉及的行为期待，代表社会结构的部分。

根据上面的定义，可以了解到角色是一个概念化的社会单位，是社会成员参与社会生活所不可避免的行为模式。这种行为模式是被社会群体所期望、许可的，而且与其他角色形成互补的、双向的关系（有老师，就有学生）。严格来说，人既然要从事社会生活，就不能离群索居，必须扮演各类角色去从事社会所赋予的任务。人生只是一连串的角色扮演（行人、顾客、学生、恋人……），每个人如果要想做一个符合社会要求的、合格的社会成员就必须学会角色的扮演。角色理论认为人类社会只有角色存在，没有人的存在，一个人注定要走向死亡，然而角色却亘古长存。

（2）角色理论的基本思想和假说。角色理论和其他理论相比，发展得不够成熟，因而只能看做是联系松散的假说网络和一套相当概括的理论。同时，角色理论和弗洛伊德所创立的精神分析理论形成了鲜明的对比。弗洛伊德强调个性，个体内部自身的决定因素，而角色理论不考虑社会个体化因素，只是企图按照角色（角色期待、角色需求、角色技能、角色冲突）在社会相互作用中参照群体的作用表示人的行为。

要扮演角色，就要学做角色，就要对所扮演角色的种种行为与标准有准确的概念和认识。

1）角色学习指两方面的学习：

①学习角色的责任和特权。学做角色，应尽什么义务，拥有什么权利。

②学习角色的态度和情感。比如，一个领导应该学习怎样做好工作，不断体验上级的意图，关心下级的需要，从而巩固被肯定的行为方式，摒弃被人讨厌的角色。

2）角色期待通常指在特殊的社会关系中，具有特殊身份地位的人所表现的行为模式和适当的行为指责。角色期待是下面的过程中形成的，并且在个人没有正式演出这个角色之前就已经规定好了。

一个人的社会行为是由他的社会身份和社会地位决定的。比如，某人在有什么样的地位、身份、扮演什么角色，别人就会期望他以这个地位的人应该有的行为方式来行动。被期待的行为是一种社会规范化的行为。角色期待就是他人对自己提出符合其身份的希望，同时本人也必须领会他人对自己提出的希望。如果一个人不知道别人对他的期待，那么就达不到角色期待的效果（学生这个角色，人们对他的期待就是上好课，德、智、体全面发展，如果他上课的时间在街上闲逛，那么他所扮演的学生这一角色期待就没有达到期待的效果）。所以，一个人为完成期待的角色，就必须知道自己所充当的角色应该有什么样的行为模式，这一点正是他根据周围人的期待而得到的。

3）角色冲突指某个角色在内心产生的冲突所发生的内在矛盾。

①角色间的冲突：当一个人同时兼有几个互不相同的角色，并且感到自己无法满足各方面的人们对自己的要求期望时，就导致了角色间的冲突（妻子期望丈夫爱惜身体，能干多少干多少，而领导期望她的丈夫多干些，丈夫要么服从妻子的劝告，要么服从领导的分配）。

②角色内的冲突：当一个人处在某个角色地位时，不同的人对这个角色会提出不同的期待和要求，这样就导致了角色内的冲突（对于学生这个角色来说，班主任要求其上课，而父亲身体不适，要求其回家）。

③角色人格和真实人格：一个人真实人格和所扮演的角色人格要求的人格会有不一致的情况（管理干部职业要求干部善言、头脑灵活、反应敏捷，如果真实人格不爱讲话、沉默、反应慢，就产生了角色人格和真实人格之间的冲突，导致管理干部没有能力完成其角色的任务）。

4）镜中自我：人们知道镜子给自己一种实际形象，通过镜子可以很实在地看到自己的样子和所作所为。从某种意义上说，你代表着其他人看着你自己的形象，镜子中的"我"也就是通过镜子引起的自我意识。这里的镜子指他人，并非是指自我感觉。

进一步说，一个人如果不能适当地认识本身的角色，那么他的行为就偏离了别人对他的角色期待，这时就会引起别人对他的异议和反对。因此，这个人往往会从参照群体中、从他人对自己的态度中看到自己，从而出现镜中自我。这个观点是由美国社会学家库利提出来的。他指出儿童是通过观察别人的脸色来了解自己的，一个人对自己所形成的观念是从别人对自己的态度中形成对自己的看法。一个人周围的参照群体就像一面镜子，反映出他所表现过的事情。通过别人的反映和态度形成的自我观念就是镜中自我。他人的态度行为给另一个人带来相应的活动。镜中自我有三个因素：想象他人心目中的自身形象、想象他人对这个形象的评价和由这个形象而产生的自我感（骄傲、得意、惭愧、自卑）。

3. 精神分析理论

这一理论是奥地利的精神病学家弗洛伊德及其追随者创立的，是作为探讨精神治疗的一部分发展起来的，在对社会的适用性上有很大价值，猛烈地冲击了西方社会的价值观。如同哥白尼发现地球并不是宇宙的中心、达尔文提出进化论一样，弗洛伊德的发现使我们知道，人竟然和潜意识及不能控制的性本能生活在一起，这个冲击使人们对人的看法发生了巨大的改变。

（1）对人和社会的看法。这一理论对人和社会的看法如下：

1）它把人看做是一个能量系统。好比人是一个水利系统，人的能量可以从系统中流出来，也可以从系统中转移出来，同样也可以用堤把能量阻拦起来，人用于文化、科技等方面的能量是从用以性本能的能量上抽出来的。如果能量在某个通道上受阻，就要寻找另一个途径来释放能量。人类所有的行为目的在于享乐，在于能量的释放。

2）人和动物一样，行为受本能策动，而本能的本质就是性和攻击。性的本质和攻击本能不能时刻表现出来，如果表现出来，就会与社会发生冲突，这是不允许的。它的表现要符合社会伦理道德规范，不能随便去寻找各种欲望的满足。弗洛伊德认为本能和社会冲突的一种结果导致社会的科学活动，全部文化都是性和冲动本能的表现和升华。另一种结果导致痛苦和神经官能症，这是由于本能得不到释放、受到限制的原因。

（2）弗洛伊德的人格理论。弗洛伊德的人格理论如下：

1）他认为人格的发展主要有两方面：个人以生理的发展为基础，经历着人格发展的不同阶段；强调早期经验对于成年后的一切行为的重要性，即童年时期的经验对成人的人格有十分重要的影响。他认为5~6岁是人发展最重要阶段，决定人一生的人格发展。总之，他指出童年时期对今后人格发展起决定作用。

2）人格的组成部分及其协调。弗洛伊德认为人格是由本我、自我、超我三部分组成的，这三个部分代表了不同的层次。

本我：（本能）代表人的生物本体，是一切行为能量的来源。人们为了寻求兴奋、紧张而产生能量释放，依据快乐原则来活动。本我就好像是一个被宠坏了的孩子，想要什么就必须得到什么，无法忍受挫折，不顾现实去寻求本能欲望的满足。本我是不讲道理的、冲动的、盲目的、自私的、非理性的，怎样快乐就怎样去活动。

自我：自我是人格活动中枢部分，是本能得到满足的手段。自我的功能是根据现实的原则和超我的要求来表现和满足本我的欲望的。自我是理智的，可以寻求适当的方式来满足本我，又为社会所接受，使得本我需要的冲动在社会规范下进行。

超我：超我是人格结构中的文化、道德部分，代表着社会行为。它一部分是良心，另一部分是自我理想，超我的功能在于控制行为，使行为符合社会规范，而且对好的行为进行奖励，使人产生骄傲感；对不好的行为进行惩罚，使人产生罪恶感、自卑感。

本我、自我、超我之间是互相协调的。如果本我想随便活动、与社会产生冲突，那么自我就对冲突加以适当的处理、调查，使冲突中的紧张、不愉快得到缓解。一般它的处理和调整采用自欺欺人的方法蒙骗自己，或以篡改事实、歪曲事实的手段欺骗和安慰自己。也就是说，自我相当于一个自我防御机制，当本我与社会冲突时，就以掩饰、压抑、补偿、宣泄等方法调节冲突，使之不至于造成心理变态、焦虑和紧张。

3）人格理论和心理学。社会化过程、家庭结构、社团心理等都受人格理论的影响。规范、服从、参照结构等也是以人格理论中的超我为依据的。人格理论对于心理学的作用在于它指出了个体的欲求及能够意识到的社会文明的冲突，这个冲突影响着个体和社会团体之间的关系；也在于它指出了家庭、社会、教育在儿童人格发展中的作用及防止变态心理、变态行为产生的可能性。

（3）新精神分析学派的若干理论。随着心理学的不断完善和发展，许多学者对弗洛伊德的理论提出了质疑，甚至认为他所谓的本能引起行为，倒不如说是社会制约的结果。因此，一些学者开始背离他的理论，而建立新的精神分析理论。

1）向上意志和补偿说：这一学说是由弗洛伊德的弟子阿德勒提出的。他认为人的一切行为受向上意志支配。一个人生来就有一种内驱力,它不都是性的驱力,而主要是向上的驱力。这一驱力把人的各方面汇合成总的目标,即优越感,要求高人一等,而且人的一切目的都是朝着一个方面——追求舒服、追求优越、追求成就和自我实现。伴随这种向上意志而产生的就是自卑感,他认为自卑感是人的行为的原始决定力量或基本驱力。这种自卑感一般与身体缺陷相一致,身残的人感到受别人歧视,那么他就努力去补偿自己的缺陷,越是意识到缺点、软弱,越是奋斗,使其他方面得到发展,得到补偿。这个向上意志不允许人心理自卑,而且时常使人被一种追求优越的精神所支配,去满足一种需要,为战胜自卑和不安全感而进行补偿活动。这个活动永不停止,因此也就促使了人格的不断发展。

2)文化因素说:它是由社会学家霍妮提出的,她不同意弗洛伊德的泛性论和本能的动力说,而是强调文化因素和社会行为对人的影响。她认为儿童的焦虑基本来源于家庭中父母对待儿童的态度和行为(比如,父母管教太严或行为脾气古怪、动手打骂都可能导致儿童焦虑)。如果儿童生长在缺乏父爱、母爱的家庭中,那么这个儿童就会变得不近人情,不会体谅人,非常怀疑别人对他有敌意,容易发展成精神病型焦虑,但独立性较强。她认为妇女有一种自卑感,认为女不如男也是由社会文化背景造成的。

3)人格发展的八阶段理论:它是由社会心理学家埃里克森提出的。他认为人的本性最初既不好也不坏,有向任何一个方面发展的可能性。人格的发展是一个阶段发展的过程,一个阶段有一个阶段的任务,每个阶段要完成特定的任务都要受文化发展的影响。这个任务包括要解决这一阶段的矛盾,解决得好,会产生积极发展,人格就发展到下一个阶段;解决不好,就会产生心理社会危机,就不能顺利进入下一个阶段,人格也就得不到很好的发展。这八个阶段是:学习信任阶段、成为自主者阶段、自我对羞耻的怀疑阶段、主动性对内疚阶段、勤奋感对自卑感阶段、承担社会义务阶段、显示创造反感的阶段和达到完善阶段。

4. 格式塔理论和认知理论

格式塔理论是与S—R理论完全对立的。它的基本假设是整体大于部分之和,S—R理论将人的行为分析成具体的S—R联结,失去了对行为本质的了解,也忽视了人的经验的整体性,而格式塔理论强调从整体的角度、关系的角度研究人的行为问题。它开始侧重于知觉的研究,后来又观察了动物的顿悟学习和人的创造性思维,提出了心理物理场概念,并且成为了当代认知心理学的来源之一。

认知理论:从广义上讲,它是研究高级心理过程(思维、语言等)特别是认识过程的新兴学科。从狭义上讲，相当于信息加工的心理学，即把人的认识看做是信息的载入、变换、减缩、存储和使用的过程，相当于计算机系统。

值得一提的是，近期西方出现的一些人格理论、认知协调理论、归因理论等都是从早期的认知理论、格式塔理论中繁衍出来的。

以下是近期的几种理论：

（1）内隐人格理论。它认为每个普通人都心照不宣地认为别人所具有的一些特点、品格和行为表现之间是相互联系的。如果掌握了一个人的一种品质和行为表现，也可以推知他的另一种行为表现。其经典实验研究是所罗门·阿希的关于社会知觉的研究。他给两组被试提供两张描述一个人品格特性的表格，甲组包括聪明、灵巧、谨慎、勤奋、热情等，乙组以上描述没变，只是将热情转换成冷淡。他让两组被试拿到表格后据表格上的描述来想象一个人的品格特征。

结果两组被试形成了对一个人的不同印象。甲组想象这个人慷慨、大方、快活；而乙组想象这个人斤斤计较、势利眼、无同情心。

这说明人们对别人的印象的形成，取决于最重要、最核心的品格特征。它表明人格当中的许多品格是相互关联的（知道这个人勤奋，推断他学习好），而且在一个人的许多品格中，有一个品格起重要作用（中心品格——热情、冷淡就属于此）。人总是从中心品格推断其他品格，因而形成对这个人的印象。这也就是在人力资源管理中研究的晕轮效应。

（2）认知不协调理论。它是由社会心理学家费斯廷格提出的。他认为人的认知系统（或称认知结构）中所具有的各个认知元素之间有着一定的关系：不相关关系、协调关系和不协调关系。正因为出现了不协调关系，人处在认知矛盾中才出现了不舒服、紧张、压迫、不愉快的感觉。

1）认知不协调产生的原因有以下三种：

①由一个认知推断出另一个对立的认知：当两个以上有关系的认知元素之间存在着矛盾时，就产生了不协调。

②认知元素对个人的重要性：有两个对个人都十分重要的认知元素，而它们又存在着不一致的矛盾时，认知不协调程度很大。

③不协调的程度大小还随着处于不协调关系中的认知元素数量的增加而增加。

人类心理产生了不协调，就感到紧张、不愉快，压力越来越大，大到不能承受的时候，人就要努力排除矛盾的因素，来解除、减轻压力，避免紧张、不愉快，从而趋向于一种轻松愉快、舒服的状态。

2）减轻不协调的程度有以下三种方法：

①改变某种认知元素，使它与其他元素之间不协调的关系逐渐协调。

②增加新的认知元素，加强协调关系的认知系统。

③强调某种元素的重要性。

（3）归因理论。社会心理学家对一些社会现象提出了疑问，如为什么要做这件事？为什么他比我得到领导更多的宠爱？他为什么在这种场合发笑？等等。他们就要对这些问题寻找原因，探究到底是为什么。归因理论就是对于人们如何理解、解释造成这样一种行为结果的原因的探讨，就是寻求某些行为结果的原因。这个理论最早由社会心理学家海德提出，近年来得到发展，成为众多外国心理学家研究的重要课题。

1）归因。一个人总是要对其他人的行为和自己的行为寻求理解。归因指人们对他人或对自己的所作所为（行为）进行分析，提出这种行为的性质，推论这种行为的原因的过程。

归因理论假设：人们强烈地要理解为什么在自己的生活中会发生某些事情，从而对自己的行为和环境之间的因果关系、对他人的活动和环境的因果关系作出解释和推断。归因现象时刻都在发生，一个人作出某种行为，认知者就对这种行为加以分析。为什么会发生这种行为？它出于什么目的、动机？有什么情境压力才作出这种行为？

2）归因理论中的若干主要研究。一个人的行为必有原因，其原因或者决定于外界环境或者决定于主观条件。如果推断一个人的行为的根本原因来自外部力量，那么就称为情境归因。如果推断一个人的行为的根本原因是个人本质的特点，那么就称为本性归因。

什么条件下进行情境归因，什么条件下进行本性归因？社会心理学家认为，当一个人的行为有成功的希望时，行动者一般把成功的原因归属于自己，作本性归因；而失败时则是把原因归属于他人，作情境归因。当旁观者看到别人取得成功时，往往把功劳归于外部因素和情境特征，而当看到别人失败时则把原因归属于内部因素和本性特征。

3）凯利的三度理论。他是美国的一个社会心理学家，认为在对人的行为进行归因时，首先，可以从环境来寻找解释；其次，从客观刺激物来寻找解释；最后，可以从行动者和周围情景的关系中来寻找解释。从这三个独立的方面来检验、寻找、解释因果关系，叫做三度理论。要从这三方面进行因果归因，还必须符合下面三个标准。

①特殊性：这个人的行为是否是特殊的，在这种情况下作出这种反应，在另外一种情况下是否以同样的方式作出这种反应。

②连续性：一个人做某件事是一贯的还是偶然的，不同时间、地点是否表现出同样的行为。

③一致性：一个人的行为表现是否和其他人一致，其他人在同样情况下也会表现出同样的行为方式吗，有没有普遍性。

4）对成功与失败的归因倾向。美国心理学家韦纳通过研究提出了成功与失败归因倾向的三维度模式。他认为应当从能力、心境、任务困难、运气四方面来衡量一个人行为的成败是内部因素造成的，还是外部因素造成的。这四方面可以按内外因素、稳定性、可控制性三个程度来划分，如表2-1所示。

表 2-1　对成功与失败的归因倾向

一 维 二 维 三 维	内　　部		外　　部	
	稳定	不稳定	稳定	不稳定
不可控制的	能力	心境	任务困难	运气
可控制的	持久努力	一时努力	教师偏见	求助他人帮忙

从内外因素上看，能力、努力属于内因；任务难易，运气属于外因。能力、任务属于稳定因素；努力、机遇属于不稳定因素。努力的程度是可以控制的，而能力、任务难易、机遇是不可控制的。这个模式说明，对成功和失败的归因可以是内部的或外部的，可以是稳定的或不稳定的，也可以是可控制的或不可控制的。

总之，对成功与失败的归因表明，人们总是愿意获得胜利、满足和荣誉，从而将成功归为自身因素，将失败归为外在因素。

（4）"控制点"的理论。由社会学家罗特提出的控制点，就是个体在和周围的环境相互作用中认识到自己生活的心理力量，即每个人对自己的行为方式和行为结果的责任的认知和定向（行为结果是由什么导致的，行为是由什么决定的）。

1）控制点的类型分为外控型和内控型两种。

外控型：个体通常认为自己行为的结果常常是由外部力量控制的，它可以是运气、机会、命运、权威人士的摆布及周围其他复杂而无法预料的力量。其表现是缺乏自信心。

内控型：个体认为自己所从事的活动的结果是由本身所具有的内部因素决定的，这种人有强烈的自我信念，认识到控制自己成功和失败的原因是自己的努力、能力、技能，而不是外界的神秘力量，其表现是充满自信。

2）研究"控制点"及其理论目的在于使人们认识到自己控制点的类型，以及两种不同控制点的意义和价值。

外控程度高的人不仅缺乏自信心，而且焦虑、多疑、独断，有更多的攻击性，对社会交往的需求少，对有关的成就活动缺乏兴趣；内控程度高的人能积极探索影响自己生活的各种信息，喜欢向有困难的任务挑战，在失败面前仍然能够坚持，还趋向于有更高的目标和成就。了解控制点的类型可以改变不利的因素，使其向好的方面发展。比如，把外控型转变为内控型能增加自豪感和对未来的期望。了解控制点的意义和价值在于改变不利的控制点类型，知道内控、外控对自己和社会所带来的消极的和积极的影响及作用。

一个人的控制点的类型并不是一成不变的，而是随着年龄增长和环境改变的。

5. 各派理论在分析单位上的不同

刺激—反应理论：只要分别观察行为的具体反应和习惯性表现，就可以了解和解释社会和教育界了。

角色理论：通过观察角色所代表的个人的职能、身份、地位以及角色与角色之间的互动，来考察分析、解释社会行为。

格式塔理论强调人的认知结构和经验，注重从整体和直观的综合来考察、解释社会行为，认为只有这样才能理解人的行为的本质。

精神分析理论：从人格的三个组成部分来作深层分析。

6. 各派理论关于人性的设想

刺激—反应理论：认为人的行为只是按强化原则作出一定的反应而已，通过强化人可以形成各种行为。

角色理论：认为人的行为由外在的职业、地位决定，扮演的角色不是由个人决定的，而是由外在社会的环境决定的。

格式塔理论：认为人性是积极的、主动的，人的行为是有目的的、独创性的，强调人的主观能动性。

精神分析理论：把人性看做是被本能所控制的，是本能在社会生活变化中的发展和压抑，强调本能和自我，不重视理性。

第三章　人性的假设与管理

　　人是管理中最为敏感的因素，如何看待人及人性，对于决定管理人员的工作方式、管理措施等有十分重要的意义。因此，西方管理中各种管理人员以他们对人的性质的假设为依据，用不同的领导方式去组织、领导、控制、激励职工，从而达到最佳管理目标。当然，相信人性的一种假设的管理人员会用一种方法去管理，相信人性的另一种假设的管理人员会趋向于用另一种方式进行管理。对人性的假设表明了西方管理界对于人性看法的发展进程。

第一节　"经济人"的假设与管理

一、"经济人"的概念

　　"经济人"假设以英国经济学家亚当·斯密为代表人物，这一假设是从一种享乐主义的观点出发，认为人的一切行为都是为了最大限度地满足自己的私利，每个人都要争取最大的经济利益，以获得经济报酬，因此"经济人"又名"实利人"。

　　为什么将人划分为"经济人"？美国工业心理学家麦格雷戈在他的《企业中的人性方面》（1960年）一书中，提出了两种对立的理论，X理论和Y理论，将他的X理论基本观点展开，就得到了关于"经济人"的假设。

　　1）多数人是懒惰的，他们会尽可能地逃避工作。

　　2）多数人胸无大志，不愿负任何责任，心甘情愿受别人领导。

　　3）个人目标与组织目标相矛盾，必须用强制、惩罚的办法才能达到组织目标。

　　4）多数人干工作都是为了满足基本的生活需要、安全需要，只有用金钱才能鼓励他们工作。

5）还有另一类人，他们能够鼓励自己、克制感情，这些人应担当得起管理职责。

有了关于"经济人"的假设，就必然会有相应的管理措施。泰勒是"经济人"管理的典型代表，他认为人的行为是由刺激引起的，人是没有思想和内部世界的人，是机器的附属品，因此他将人定为"经济人"。他认为不论是资本家还是工人都是为了挣钱，不过多少不同而已，主张在管理中充分运用金钱这个武器，提高工人的劳动积极性和学习文化技术的自觉性，所以制定了计件工资制和超额的以高价计算的差别计件制，单纯地以物质刺激、奖励工人。他认为只要给予一定的刺激，工人就会有相应的反应。

泰勒将人看做一架自动反应的机器，没有意识，他把工人的工作进行了时间—动作分析（每一动作需要多少时间完成），其出发点在于考虑如何提高生产率，而对工人的思想感情漠不关心。在管理中，使他最头疼的是工人不能俯首帖耳地按照他设计的标准动作去进行工作，不然，工作效率还会更高。泰勒主张把管理者与工人严格分开，反对工人参加管理，管理者就是在办公桌旁工作的，而工人则只能在机器旁劳动。

他提倡实行"计件工资制"，多劳多得、少劳少得、不劳动者不得食。这样有些人因干得多而挣得多，所以拼命干，可见他是使用金钱来调动工人的积极性的。在这样严格的工作制度下，工人的愤怒情绪很强烈，为此他明文规定不准许四个以上的工人聚在一起，以防工人联合起来。针对"经济人"的假设，可归纳出以下几点管理措施。

二、相应的管理措施

1）管理工作的重点是在提高生产率、完成生产任务方面，至于人的感情和道义，则完全无关紧要。简单地说，就是重视完成任务，而不考虑人的感情。这样来看，管理就是计划、组织、经营、指导和监督，这种管理方式被称为任务管理。

2）管理工作只是少数人的事情，与工人无关，工人的主要任务是听从管理者的指挥。

3）在奖励制度方面，主要用金钱来刺激工人的生产积极性，多劳动有奖金，而对消极怠工者则采用严厉的惩罚措施。

三、简评

这是"实用主义"的观点。"经济人"假设的理论，认为人生来就是被管理的或生来就是管理者，属于遗传决定论的人性观，没有用发展、变化的眼光去看待人性问题，这是这一理论主要的缺陷之一。这一管理制度在人的管理中也运用，如现在的各种工作都与金钱挂钩，打破平均主义，用奖励来调动人们学习的积极性、工作的积极性。它起到了一定的作用，确实生产效率比"吃大锅饭"时提高了，人的因素调动起来了。但是，奖金制度用了一段时间后，还存在一些问题，人们对此麻木了，如果少一点，他们就不干了或者只拿奖金不干活。所以，这种人性假设在管理实践中有一定的局限性。

第二节 "社会人"的假设与管理

一、"社会人"的概念

这种人最重视在工作中与周围人的友好相处，良好的人际关系对于调动人的生产积极性是决定性的因素。在工作中得到的物质利益只起次要的作用，这种人也称"社会人"。

这一假设是由美国哈佛大学教授梅奥提出的，其典型实验是霍桑实验，得出的结论是霍桑效应。他认为生产效率的提高取决于工人融洽的人际关系，取决于社会因素、心理因素。

例如，群体实验：选择 14 名男工人在单独的房间里从事绕线、焊接和检验工作，对这个班组实行特殊的个人计件工资制度。原来设想，这个办法可以使工人更加努力工作，以便获得更多的报酬。但结果却相反：小组产量保持在中等水平上，每个人差不多，而且工人们并不如实报告产量。深入的调查发现，这个班组为了保护群体的利益，自发地形成了一些规范。他们约定，谁也不能干得太多，突出自己，谁也不能干得太少，影响全组的产量，并且约法三章，不准向管理者告密。为什么会这样？进一步调查发现：人们之所以维持中等水平，是担心产量高，管理者会改变现行奖励制度，裁减人员，使部分人失业，或者使干得慢的伙伴受惩罚。

研究表明：人们为了维护班组内的人际关系，可以放弃物质利益的吸引。调动人的积极性的因素是人与人之间的关系，它否定了"经济人"的假设。基于这种人，在管理中应采取相应的管理办法。

二、相应的管理措施

1）管理人员不应只注意完成生产任务，而应把注意的重点放在关心人，满足人的需要上。

2）管理人员除了注意指挥、监督、计划、控制和组织外，还应该重视职工之间的关系，培养和形成职工的归属感。

3）奖励要进行集体奖励，而非个人奖励。

4）管理人员不能只懂"胡萝卜加大棒"的政策，还应起沟通作用，沟通职工与上级之间意见、感情，要不断体会上级的思想，关心下级的生活。

这种管理办法为许多公司所实行，美国的一些公司（钢铁公司、派克笔厂）进行了这样的改革。他们让工人们参与决策和管理，使工人与管理人员处于较平等的地位，改善了双方的关系。工人们普遍认为自己是组织里的一部分，是为了共同的目的而工作，从而形成了归属感，减少了对立情绪，这些一度濒于破产的企业，又起死回生了。

三、简评

从"经济人"假设到"社会人"假设使得管理进了一步，对人性的看法也发生了转化。人们不再认为人只是单纯的、无感情的了。即便如此，但它还是为了缓解企业之间的竞争，及企业主与工人的关系而制定的提高劳动生产率的办法。

在日本，这一制度应用得很好。丰田汽车公司成立了工人俱乐部，鼓励工人提出合理化建议，即使不采用这些建议，也给予象征性奖励。

这些也是许多企业应该借鉴的，目前有些企业存在工人在台下当家，领导在台上做主的情况。如何协调、理顺这些关系，使办事效率提高；如何使奖励制度克服平均主义，又能增强职工之间的团结，这些问题已经被提到日程上来了。

第三节 "自我实现的人"的假设与管理

一、"自我实现的人"的概念

这一理论是美国人本主义心理学家马斯洛提出来的，他认为人的需要按从低到高的趋势分为五层，其中最高层次的需要就是自我实现的需要。所谓自我实现，指的是人都需要发挥自己的潜力，表现自己的才能，只有潜力充分发挥出来，才能充分表现出来，人才会有最大的满足感。用马斯洛的话说："每个人都必须成为自己所希望的那种人，能力要求被运用，只有发挥出来，他才会停止吵闹。"

马斯洛认为"自我实现的人"应该具有 15 种特征。概括地说，这种人具有敏锐的观察力，思想高度集中，有创造性，不受环境偶然因素的影响，只限与少数志趣相投的人来往和喜欢独处等。现实生活中，这种是极少的，多数人之所以不能达到"自我实现的人"的水平，是因为受到社会环境的束缚。社会没有为人的自我实现创造适当的环境。什么是"自我实现的人"？在"经济人"的假设中麦格雷戈提出了 X 理论和 Y 理论，其中 X 理论是关于"经济人"假设的论断，而 Y 理论则是对"自我实现的人"假设的总结。

1）人都是勤奋的，如果环境条件有利，工作就如同游戏或作息一样自然。

2）控制和惩罚不是实现组织目标的唯一方法，人们在工作中能够自我指导和自我控制。

3）正常情况下，一般人不仅会接受责任，而且会主动承担责任。

4）人们具有高度的想象力、智谋和解决组织中问题的创造性。

这样的人，就是"自我实现的人"。

二、相应的管理措施

根据 Y 理论对"自我实现的人"假设的概括，主要有下列一些管理措施。

1）管理的重点在于创造一种适宜的工作环境、工作条件，使人们能在这种条件下充分挖掘自己的潜力，充分发挥自己的才能，即能够充分地自我实现。

2）管理人员的职能从指导者转变为采访者，主要在于发挥人的才智，减少在自我实现过程中遇到的障碍。

3）奖励除了外在奖励以外，还要鼓励和允许每位职工在工作中得到"内在奖励"。"内在奖励"是指人们在工作中能获得知识增长，充分发挥自己的潜力，只有内在奖励才能满足人的自尊和自我实现的需要。

4）管理制度有所改变，不是强制、协调，而是要能最充分地实现自己，保证每个职工能充分地表露自己的才能，从而达到自己所希望的成就。

三、简评

这一理论的优点在于，"自我实现的人"的假设避免了把人当做机器来看、使用简单的生产方式，而是在不违反集体利益的原则下为职工、技术人员创造较好的客观条件，以利于充分发挥每个人的才能，达到自我实现。它对于发展人的独立性、创造性也有一定的意义。这一理论的缺点在于，"自我实现的人"的假设与"经济人"假设的人性观一样，是遗传决定论的观点，是片面的，而且"自我实现的人"正像马斯洛承认的那样，只是极少数的，并非每个人都能达到自我的完善和发展。

第四节 "复杂人"的假设与管理

一、"复杂人"的概念

"复杂人"的概念是 20 世纪 60 年代末 70 年代初由美国组织心理学家埃德加·沙因提出的假设。因为人是复杂的。不仅因人而异，而且一个人本身在不同的年龄、不同的时间和不同的地点会有不同的表现，人的需要和潜力随着年龄的增长、知识的增加、地位的改变，以及人与人之间关系的变化而各不相同，超 Y 理论就说明了"复杂人"的假设。

1）人的需要多种多样，而且这些需要随着人的发展和生活条件的变化而发展改变，每个人的需要都各不相同，需要的层次也因人而异。

2）人的工作、生活条件不断变化，需要的动机也不断变化。

3）甚至是在一个单位的不同部门里，需要也不同，在单位可能落落寡合，而在业余活动中却使交往的需要得到满足。

4）由于人的需要、能力各异，对于不同管理方式有不同的反应，因此基于前三种人的管理措施，已不适合对人进行管理。

这样"复杂人"的假设就应运而生了。

二、相应的管理措施

基于"复杂人"的假设，其管理就是要根据人的不同情况，灵活地采取不同的管理措施，要因人而异、因事而异。

这一管理措施在西方管理中已被运用。比如，有些地方需要采用固定工制，有些则需要采用合同制或聘用制，有些企业需要严格的管理制度，有些则采取授权形式，使下级可以充分发挥自己的能动性（工作 6 小时就完成了任务，可以回家），关键就在于管理者是否能观察职工的个别差异，根据个别差异采取灵活多变的管理方法。

三、简评

提出根据具体情况，针对不同人采取灵活机动的管理措施，对于提高劳动效率很有好处。这是人性理论发展过程中的一个必然趋势，透过这一趋势表现出的是人性的多样性、层次性和复杂性。但是，这一理论过于强调人与人的差异性，未能就人与人的共性作出明确的界定，表现出了一定的不足。

第二篇

个体心理篇

第四章　人的价值观的管理

　　员工的价值观不同导致对组织的文化遵从不同。个人价值观在不同的时代也有不同的表现，组织管理中要考虑员工价值体系，根据员工的不同年龄、性别、来源等对员工进行管理，人们价值观念的变化昭示着管理要实施动态的、适时的改变，适应不断变化着的市场的需要，将员工的个人利益与组织利益紧密结合，实现管理的共赢。

第一节　价值观的概念及作用

一、价值观的概念与形成

1. 价值观的概念

价值观是指一个人对周围的客观事物（人、物、事）的意义、重要性的总评价和总看法。

对一个人来说，认为最有意义、最重要的客观事物就是最有价值的东西。例如，人们对金钱、友谊、权力、自尊心、工作成就和对国家的贡献的总评价、总看法不尽相同，有的人把金钱看得最重要，有的人则把对国家的贡献看得最有价值，还有的人认为自尊是第一位的。这种对各种事物的看法和评价在人们心目中的主次、轻重的排列次序，就是价值观体系。

人的价值观和价值观体系决定着一个人的行为，这里的价值观同马克思主义有关劳动所创造的客观价值是两个不同的问题。

2. 价值观的形成

价值观的形成取决于人生观、世界观，一个人的价值观是从出生开始，在家庭、社会的影响下逐步形成的。人生来没有价值观，没有对事物的看法，都是后天形成的。因此，人所处的社会环境、家庭不同，社会背景、经济地位不同，价值观就不一样。此外，通信媒体、刊物也对一个人的价值观的形成起着一定的作用。

人从呱呱坠地开始，便落入一个环境之中，这个环境是他价值观形成的第一任教师。父母对他起到潜移默化的影响，上学后老师、同学又在影响着他的行为和心理，形成一种近朱者赤、近墨者黑的行为，这个价值观从根本上说是相对稳定的，但是随着时间的推移、环境的改变，价值观念也会发生变化。

生产力发展水平和人民生活水平的提高，也会影响到价值观的改变。例如，"商品越经久耐用越好"是过去我国人民长期存在的一种价值观。它在人们心中之所以能起较长时间的作用，主要是因为我国有其发挥作用的主、客观条件。第一，过去我国的生产力水平较低，经济不够发达，存在着消费品供不应求的情况。第二，我国几千年的历史，使家庭财产父传子、子传孙的意识根深蒂固。第三，勤俭节约是中华民族的传统美德，很多人以商品的使用寿命作为评价其好坏的主要标准。所以，人们会不可避免地产生这种价值观。

现在，科学技术有了进步，生产力和人民生活水平有了提高，商品经济也有很大的发展。人们对商品好坏的评价观点也发生了相应的改变，出现了对商品要求越来越高的趋势，提出了"一新、二美、三优、四廉"的要求，改变了"商品越经久耐用越好"的传统价值观。

改革开放30年使人们的生活走过了温饱阶段，正在迈向小康和富裕阶段，随着人们收入的提高，生活质量意识也逐渐增强，这些引起了人们消费观念的变化，消费方式正在由节俭型转向享受型，越来越多的人购买了汽车、住房等高档耐用品，出境旅游的人数也在逐年上升。但是，在这个过程中，消费心理也呈现出了某些畸形特征。比如，出于面子需要和攀比心理所导致的炫耀性消费、超前消费、过度消费等，都是最鲜明的表现形式。这些意在用消费活动作为社会地位或精神品味标签的消费方式，一定程度上是从物质匮乏向富裕过渡的一种社会特定转型时期的独特产物。由于人生的大部分时间处在短缺经济时代，当小康生活来临时，各种形式的补偿心理自然会从消费领域表现出来[1]。

3. 当今社会人们价值观的表现[2]

（1）轴心价值观：在两极之间寻求兼顾。在具有轴心地位的价值观，如集体与个人、奉献与索取、自我与他人之间的关系方面，当今社会心理表现出怎样一种态势？集体与个人之间的关系是一个人在社会生活中必须面对的、最基本的问题。只强调集体的利益而忽视个人的合理利益，曾是过去一段时期里社会主导价值观的一个重要特征。改革开放以来，尤其是随着市场经济进程的深

①② 沈杰：《中国社会心理十年嬗变：1992—2002》。

人，由于人们自我意识的觉醒，其利益动机也呈现出了增强的态势。一项调查表明，在今天"当集体利益与个人利益相矛盾时"，29.8%的人选择了"个人利益无条件服从集体利益"；57.7%的人选择了"集体利益为主，兼顾个人利益"。可见，在个体取向的价值观呈现出一定增强之势的同时，集体取向的价值观仍得到了大多数人的认同与肯定。

对于应该如何处理奉献与索取的关系，调查表明："只讲奉献，不讲索取"这种以往倡导的价值观，只得到了极少数人的认可；而"少奉献、多索取"，"不奉献也索取"这些在任何社会中都不会受到鼓励的价值观只在极少数人身上有所反映；绝大多数人表现出了一种力图在奉献与索取之间寻求尽可能兼顾的倾向性，占比例最大的人所选择的"多奉献、多索取"表现出了人们希望通过为社会工作而使个人价值最大限度地得以实现的、鲜明务实的价值取向。

在面对自我与他人的利益关系时，绝大多数人能够认识到合理利己并不以损人为前提，"损人利己"没有成为绝大多数人的选择，"先人后己"这种以往一直提倡的价值观至今仍得到不少人的肯定。一个重要的变化则在于，相当一部分人表现出了寻求在利他与利己之间进行兼顾的倾向。

（2）人生理想：精神偶像与现实榜样的非同一性。2000年初，根据世界名著改编的电视连续剧《钢铁是怎样炼成的》，经中央电视台播出以后，在全国引起了巨大反响。多家媒体就曾经作为我国以往数代人精神偶像的保尔精神展开了讨论，并且通过将保尔与微软缔造者比尔·盖茨进行比较，来观察当代人的价值观，尤其是人生理想的变迁与现状。

人们对保尔和盖茨作出了不少独到而深刻的评说，尽管这些评说不会完全一致，但有一点却是共同的，那就是人们都把保尔和盖茨推崇为英雄。

同年进行的一项对北京高校大学生的问卷调查显示，他们一般都把保尔和盖茨视为英雄。然而，他们更倾向于将保尔视为精神世界的偶像，将盖茨当做现实世界的榜样。这种选择有现实的社会、经济、文化发展和青年自身发展等多方面原因。同时，保尔精神在现在依然给人们以启迪和引导，则与这种精神本身具有某种长久不衰的深刻内涵有关。

当今青年在人生理想方面表现出的主要特征是：既注重精神的价值，也注重物质的价值。一项调查结果显示，在对作为人生道路的具体职业类型的选择上，青少年所崇拜的职业与所选择的职业之间存在着差异。换言之，他们最崇拜的职业并不是最想从事的职业。这一情况反映出，在他们的择业观念中，理想价值与现实价值之间在一定程度上存在分离状态，他们最崇拜的是科学家，而最愿意成为的是企业家，这一点鲜明地表现出了他们人生理想中更多的务实取向。

（3）道德心理：新质与问题的交织。进入 20 世纪 90 年代，在社会急剧变迁中道德观念的嬗变以及道德素质的现状，曾一度成为社会讨论的焦点问题。面对诸多令人关注却一时难以达成共识的现象，学术界出现了"道德滑坡论"与"道德进步论"之争。在物质利益表现出其特有的巨大驱力的状况下，在商品生产与交换规律正逐渐渗透到社会生活中的今天，是否还有必要重视以及如何彰显道德的作用，应该如何看待现今道德的地位与状况？

据 2001 年一项对农村地区的调查显示，重视道德在社会生活中的重要性仍是大多数人的基本立场。大多数人对于道德所具有的特殊社会意义和规范作用给予了极大的强调。

对全国范围内高中学生的调查显示，对于"你最欣赏（或崇拜）的人是谁？"在没有具体列出人名而是让自己填写的情况下，选择"周恩来"的人占24.4%，并以绝对优势排在第一位。对于所有歌星、影星的选择率加起来不到20%。这说明具有强烈的自我意识、判断能力的当代青少年，在偶像崇拜方面更深刻地认同的是道德人格榜样。

值得注意的是，在这个道德更新与重建的时代，一些中国的传统道德规范在当今年青一代身上依然普遍存在，最典型的例子就是，孝敬父母仍是绝大多数青年人所遵从的行为准则。另外，节俭观念仍然得到较大比例的青年的认同。现代化并非要放弃一切传统，吸收传统中的优秀成分并在新的时代条件下加以继承发扬，成为了现代化建设的一种重要支持因素。青年们以自己的行动体现着这一点。

应该说，当今的道德观念中的确隐含某种矛盾与张力，难免存在某些空白或无序，而道德新质的生长则是社会发展的历史性和逻辑性的必然要求。因此，不论是"道德滑坡论"，还是"道德进步论"，都不可能是对当今整体道德现状的准确判断和客观描述。处在一个巨变的时代，评判道德的标准应该符合与时俱进的要求，对于一些进行道德评判的人而言，基于过去或怀旧取向和基于未来或前瞻取向，所得出的结论不会一致。"道德滑坡论"的观点过于悲观，"道德进步论"的观点过于乐观，都会影响人们对道德重建上付出的努力。当今时代，人们应该更多地从道德转型论来正视道德的新质与问题。

（4）生活满意度：感受国家强于感受个人。生活满意度是人们对于社会提供的物质和文化条件所满足其自身需要的程度而表达出的主观评价或心理感受，它构成了社会情绪状况和人们活动动力的基本检测尺度。从现实来看，在一个维度上，改革开放以来，人们对生活满意度的普遍提高，是整个国家发展成就在人们主观世界中的一种直接呈现。在另一个维度上，人们对国家发展的满意度比他们对自身生活的满意度更高。换言之，人们对国家经济、科技、教育、体育等宏观方面的发展评价比较高，但具体涉及自身生活方面满意度略显偏低。从这种结果可以认为：人们对国家发展的评价不仅是基于一种综合或整体的角度，而且蕴涵着强烈的纵向比较，但是人们对自身生活的评价在从具体或个别的角度出发的同时，具有明显的横向比较，既存在着不同个体之间的比较，又存在着不同群体之间的比较。因此，尽管用客观指标进行纵向比较的结果说明了不同群体的生活水平都比原来有了较大程度的提高，但是人们对生活质量要求的提高速度呈现出了一种更快速的增长态势。所以这里可能隐含着两个必须密切关注的问题：一是由于实际存在的差距会使获利较少的群体在进行比较时产生相对剥夺感，二是不同群体在特定方面的需求上升速度超过了社会相关方面供给能力的增长速度。

（5）信心与乐观：对社会发展的高预期。在世界范围内的现代化历史进程中，与最早开始进行现代化发展的国家相比，我国属于第三批着手现代化发展的国家，所以被称做晚发型现代化。在晚发型现代化国家的国民心态中有一个重要特点，就是有着由落后引发的强烈的危机意识和赶超愿望，以及跨越式发展的构想。应该说，这是一种常态现象。

对于曾有着灿烂文明史的中国人来说，要使近代以来处于相对落后状态的民族在当代得以复兴，是数代人的远大理想和奋斗目标。这种心理在今天的青年人身上同样鲜明地表现了出来。据一项在 2000 年对于中国、日本、韩国三国青年社会意识的调查显示，中国青年比其他两国青年不仅具有高度的民族认同感，而且还具有较强烈的为国家富强做贡献的愿望。

二、价值观的作用

价值观不仅影响个人行为，还影响群体行为和整个组织的行为，进而影响到企业的经济效益。

在同一客观条件下，对于同一事物，由于人们的价值观不同，就会产生出不同的行为。在同一个企业中，有人注重工作成就，有人看重金钱报酬，也有人重视地位权力，这就是因为他们的价值观不同。因此，对同一项规章制度，如果两个人的价值观相反，将会有完全相反的行为，认为这个规章制度是合理的人将会认真贯彻执行，认为这个规章制度不合理的人将会拒不执行，这种行为将会对组织目标的实现起阻碍作用。作为企业领导人，特别是现代企业的领导者，必须考虑到各种人员的群体价值观，既能满足个人，又能顾全大局，让每个人为企业效力，经常测评职工的心理状况，不断进行激励，进行物质与精神奖励，使人们离散的思想、消极的价值观，在工作中得到补偿，同时也要保证企业有更多的财政收入，这就需要运用"复杂人"的假设进行管理。

例如，日本的松下电器公司就提出要为顾客提供世界上任何公司都比不上的最佳服务，以及对公司职工的尊重。正是由于该公司始终严守这个信念，所以它在同行业的竞争中获得了最大的市场。

案例：

松下：经营之神的精髓

松下电器公司（以下简称：松下）是全世界有名的电器公司，松下幸之助是该公司的创办人和领导人。松下是日本第一家用文字明确表达企业精神或精神价值观的企业。松下精神是松下及其公司获得成功的重要因素。

一、松下精神的形成和内容

松下精神并不是在公司创办之日一下子产生的，它的形成有一个过程。松下有两个纪念日：一个是1918年3月7日，这天松下幸之助和他的夫人与内弟一起，开始制造电器双插座；另一个是1932年5月，他开始理解到自己的创业使命，所以把这一年称为"创业使命第一年"，并定为正式的"创业纪念日"。两个纪念日表明，松下公司的经营观、思想方法是在创办企业后的一段时间才形成的。直到1932年5月，在第一次创业纪念仪式上，松下电器公司确认了自己的使命与目标，并以此激发职工奋斗的热情与干劲。

松下幸之助认为，人在思想意志方面有容易动摇的弱点。为了使松下人为公司的使命和目标而奋斗的热情与干劲能持续下去，公司应制定一些戒条，以时时提醒和警诫自己。于是，松下电器公司首先于1933年7月，制定并颁布了"五条精神"，其后在1937年又议定附加了两条，形成了松下的七条精神：产业报国、光明正大、团结一致、奋斗向上、礼仪谦让、适应形势、感恩报德。

二、松下精神的教育训练

松下电器公司非常重视对员工进行精神价值观即松下精神的教育训练，教育训练的方式可以做如下的概括。

（1）反复诵读和领会。松下幸之助相信，把公司的目标、使命、精神和文化，让职工反复诵读和领会，是把它铭记在心的有效方法。所以，每天上午8时，松下遍布日本的87000名员工会同时诵读松下的七条精神，一起唱公司歌。其用意在于让全体职工时刻牢记公司的目标和使命，时时鞭策自己，使松下精神持久地发扬下去。

（2）所有工作团体成员，每个人每隔1个月至少要在他所属的团体中，进行10分钟的演讲，说明公司的精神和公司与社会的关系。松下认为，说服别人是说服自己最有效的办法。在解释松下精神时，松下有一条名言：如果你犯了一个诚实的错误，公司非常宽大，把错误当做训练费用，从中学习。但是如果你违反了公司的基本原则，就会受到严重的处罚——解雇。

（3）隆重举行新产品的出厂仪式。松下认为，当某个集团完成一项重大任务的时候，每个集团成员都会感到兴奋不已，因为从中他们可以看到自身存在的价值，而这时便是对他们进行团结一致教育的良好时机。所以每年正月，松下电器公司都要隆重举行新产品的出厂庆祝仪式。这一天，职工身着印有公司名称字样的衣服大清早来到集合地点，作为公司领导人的松下幸之助，常常即兴挥毫书写清晰而明快的文告，如"新年伊始举行隆重而意义深远的庆祝活动，是本年度我们事业蒸蒸日上、兴旺发达的象征"。在松下向全体职工发表热情的演讲后，职工分乘各自分派的卡车，满载着新出厂的产品，分赴各地有交易关系的商店。商店热情地欢迎和接收公司新产品，公司职工拱手祝愿该店繁荣。最后，职工返回公司，举杯庆祝新产品出厂活动的结束。松下相信，这样的活动有利于发扬松下精神，统一职工的意志和步伐。

（4）"入社"教育。进入松下公司的人都要经过严格的筛选，然后由人事部门掌握开始进行公司的"入社"教育。首先要郑重其事地诵读、背诵松下宗旨、松下精神，学习公司创办人松下幸之助的"语录"，学唱松下公司之歌，参加公司创业史"展览"。为了增强员工的适应性，也为了使他们在实际工作中体验松下精神，新员工往往被轮换分派到许多不同性质的岗位上工作，所有专业人员，都要从基层做起，每个人至少用3~6个月的时间在装配线或零售店工作。

（5）管理人员的教育指导。松下幸之助常说："领导者应当给自己的部下以指导和教诲，这是每个领导者不可推卸的职责和义务，也是在培养人才方面的重要工作之一。"与众不同的是，松下有自己的"哲学"并且十分重视这种"哲学"的作用。松下哲学既为松下精神奠定了思想基础，又不断丰富了松下精神的内容。按照松下的哲学，企业经营的问题归根结底是人的问题。人是最为尊贵的，人如同宝石的原矿石一样，经过磨制，一定会成为发光的宝石，每个人都具有优秀的素质，要从平凡人身上发掘不平凡的品质。

　　松下公司实行终身雇佣制度，认为这样可以为公司提供一批经过二三十年锻炼的管理人员，这是发扬公司传统的可靠力量。为了用松下精神培养这支骨干力量，公司每月举行一次干部学习会，互相交流、互相激励，勤勉律己。松下公司以总裁与部门经理通话或面谈而闻名，总裁随时会接触到部门的重大难题，但并不代替部门作决定，也不会压制部门管理的积极性。

　　（6）自我教育。松下公司强调，为了充分调动人的积极性，经营者要具备对他人的信赖之心。公司应该做的事情很多，然而首要一条，则是经营者要给职工以信赖，人在被充分信任的情况下，才能勤奋地工作。从这样的认识出发，公司把在职工中培育松下精神的基点放在自我教育上，认为教育只有通过受教育者的主动努力才能取得成效。上司要求下属要根据松下精神自我剖析，确定目标。每个松下人必须提出并回答这样的问题："我有什么缺点？""我在学习什么？""我真正想做什么？"等，从而设置自己的目标，拟订自我发展计划。有了自我教育的强烈愿望和具体计划，职工就能在工作中自我激励，思考如何创新，在空余时间自我反省，自觉学习。为了便于互相启发，互相学习，公司成立了研究俱乐部、学习俱乐部、读书会、领导会等业余学习组织。在这些组织中，人们可以无拘无束地交流学习体会和工作经验，互相启发、互相激励奋发向上的松下精神。

三、松下精神——公司的内在力量

　　日本1984年的经济白皮书写道："在当前政府为建立日本产业所做的努力中，应该把哪些条件列为首要的呢？可能既不是资本，也不是法律和规章，因为这两者本身都是死的东西，是完全无效的。使资本和法规运转起来的是精神……因此，如果就有效性来确定这三个因素的比例，则精神应占十分之五，法规占十分之四，而资本只占十分之一。"

　　松下精神，作为使设备、技术、结构和制度运转起来的科学研究的因素，在松下公司的成长中形成，并不断得到培育和强化。它是一种内在的力量，是松下公司的精神支柱。它具有强大的凝聚力、导向力、感染力和影响力，是松下公司成功的重要因素。这种内在的精神力量可以激发与强化公司成员为社会服务的意识、企业的整体精神和热爱企业的情感，可以强化和再生公司成员各种有利于企业发展的行为，如积极提出合理化建议，主动组织和参加各种形式的改善企业经营管理的小组活动；工作中互相帮助，互谅互让；礼貌待人，对顾客热情服务；干部早上班或晚下班，为下属做好工作前的准备工作或处理好善后事项等。

第二节 价值观的分类

一、按价值观表现形态不同分类

价值观按表现形态不同可以分为以下七类：

（1）反应型。这类人并没有意识到自己和周围的人是作为人类存在的，他们只是对自己的基本生理需要作出反应，而不考虑其他条件，类似于婴儿或脑神经受损伤的人，这类人在企业中很少见。

（2）忠诚型。这是从父母或上级学到的价值观，其忠诚带有完全服从的色彩。这类人喜欢按部就班地看问题、做工作，依赖成性，服从习惯与权势，喜欢有一个友好而专制的监督和家庭似的和睦集体。

（3）自我中心型。这类人性格粗犷，富有闯劲，为了取得自己所希望的报酬，愿意做任何工作，尊敬要求严格的上级领导。

（4）顺从型。这类人具有传统的忠诚努力和尽职的性格，勤勤恳恳、谨小慎微，喜欢任务明确的工作，重视安全和公平的监督公式。

（5）权术型。这类人重视现实，好活动，有目标，喜欢成就和进展，喜欢玩弄权术，乐于奉承"有奔头"的上级，常通过摆弄别人、篡改事实达到个人目的。

（6）社会中心型。这类人重视工作集体的和谐，喜欢友好的监督和人与人之间的平等关系，把善于与人相处和被人喜爱看得重于自己的发展。

（7）存在主义型。这类人喜欢自由和创造性的工作以及灵活的职务，重视挑战性的工作和学习成长的机会，认为金钱和晋升是次要的，能高度容忍模糊不清的意见和不同观点的人，对制度和方针的僵化执行和职位、权力的强制使用直言不讳。

1974 年，在美国企业的调查研究中，用上述七个等级来分析研究组织中的不同价值观，得出以下看法：企业职工的价值观分布在第 2~7 级之间。就管理人员来说，过去组织是由属于第四、五级价值观的管理人员经营，虽然目前属于第六、七级的人数还是少数，但从发展趋势看，这两级管理人员会越来越多。

二、按经营管理价值观所追求的目标分类

经营管理价值观是对经营管理好坏的总看法和总评价，西方组织行为学家认为，它主要包括最大利润价值观、企业价值最大化价值观、企业价值—社会效益最优价值观。

1. 最大利润价值观

这是一种最古老的、最简单的、局限性最大的价值观。这种观念认为利润代表了企业新创造的财富，利润的增加就是企业财富的增加。因此，企业的经营管理决策和行为都必须服从最大利润，以此作为评价企业经营管理好坏的唯一标准。这种观念的局限性在于以下几方面：

1）没有考虑货币的时间价值对利润的影响，即没有考虑利润的获取时间。

2）没有考虑利润和投入资本额之间的关系，会影响企业经营管理决策时优先选择高投入的项目，不利于企业提高经济效率。

3）没有考虑所获利润与所承担风险之间的关系，会使企业经营管理决策时优先选择高风险的项目，一旦不确定因素导致不利后果，企业将陷入困境，有可能被市场竞争淘汰，甚至破产倒闭。

这种观念在 18 世纪、19 世纪和 20 世纪初工业发达国家普遍盛行，甚至现在在美国等其他国家仍有不少企业信仰和坚守这个观念。

2. 企业价值最大化价值观（委托管理价值观）

从 20 世纪 20 年代开始，企业价值最大化或股东财富最大化的价值观进一步修正和补充了最大利润价值观的不足之处。在企业规模不断扩大、组织复杂、投资数额巨大而投资者分散的条件下，企业财产的所有权和经营管理权逐渐分离，财产所有者与经营管理者之间形成了一种新型的委托代理关系。众多分散的投资者一般只考虑取得满意的利润。例如，对股东来说，把能否取得相当于投资额的 20%的利润作为判断经营决策好坏的标准，而不会真正考虑企业未来的发展；对职工来说要取得满意的工资福利和工作环境；对消费者来说要得到价廉物美的商品；对政府来说要取得应得的税收。经营管理者却是在企业中直接从事生产经营管理工作的，他们必须综合考虑到各方面的利益关系并进行协调，以企业资产的保值、增值作为企业发展的基础，以企业价值最大化作为企业发展的最终目的。

3. 企业价值—社会效益最优价值观（生活—质量价值观）

这是 20 世纪 70 年代兴起的新的价值观。企业生产经营的目标与社会利益在许多方面是相同的。在市场经济中，企业为了生存必须面向市场，生产符合

消费者需要的产品，满足社会需求。企业在进行简单再生产和扩大再生产过程中，会增加员工人数量，对其员工进行教育和培训，从而解决了社会就业并提高了人口素质。企业为了在市场竞争中处于不败地位，必须改进产品质量和服务，提高生产技术，开发新产品，从而促进社会生产效率和公众生活质量的提高。

但是，企业从其自身的获得动机出发，可能会生产伪劣产品，可能会不顾工人的健康和利益，不改善劳动场所的安全设施和卫生条件，也可能在生产过程中造成水源污染、大气污染及土壤污染等其他对人类生存环境的危害。

因此，企业必须在国家法律和商业道德的约束下，在政府有关部门的行政监督及社会公众的舆论监督下，充分兼顾企业价值和社会效益，从而实现两者的最优化。

组织行为学把以上三种价值观的模型进行了概括，如表 4-1 所示。

表 4-1　三种经营管理价值观的比较

比较方面	最大利润	企业价值最大化	企业价值—社会效益最优
一般目标	最大利润	令人满意的利润水平加上其他集团的满意	利润只是一种手段，只有第二位的重要性
指导思想	个人主义、竞争、野心勃勃	混合的，既有个人主义，又有合作	合作
政府的作用	越少越好	虽然不好，但不可避免，有时是必要的	企业的合作者
对职工的看法	只是一种手段，只有经济的需要	既是手段，也是目的	本身就是目的
领导方式	专权方式	开明专制、专制和民主混合	民主、高度的参与方式
股东的作用	头等重要	主要的，但其他集团也要考虑	并不比其他集团更重要

决定企业核心竞争力的关键是企业的核心价值观，企业的技术或者高科技，别的企业是可以学习与移植的，制度也可以学习与移植，但是企业核心价值观却是别的企业难以模仿与移植的。企业的核心价值观是企业的第一核心竞争力。美国哥伦比亚大学商学院"跨国公司竞争力"课题组在对世界 500 强企业进行研究后，得出的结论表明：世界 500 强企业树立的企业核心理念几乎很少与商业利润有关。惠普公司在其 1999 年度报告中提出的核心价值观是："我们对人充分信任，我们追求高标准的贡献，我们将始终如一的情操与我们的事业融为一体，我们通过团队和通过鼓励灵活创新致力于科技的发展是为了人类的福利。"

第五章 人的社会知觉和印象管理

人生活于社会中会接受两种刺激：一种是物质方面的刺激，指个人对物质方面的感觉资料给予解释、组织的心理过程（普通心理学讲的认知、感觉等）；另一种是人的刺激，指个人对别人的感觉资料（性格特质、印象等）进行组织并给予解释的心理过程，即这里要讲的社会知觉过程。

第一节 对社会知觉的理解

一、社会知觉的概念

社会知觉指在社会生活环境中，对某人、某一社会群体的社会特性，以及各种社会现象最直接的判断和初步的认识。

社会知觉最初由美国心理学家布鲁纳研究提出，他研究普通心理学时认为社会知觉受各种社会因素的制约。之后，这一概念得到了发展，认为社会知觉是对社会对象（不是对自然界物体）的知觉，社会对象包括所知觉的个人、群体及与人和群体有关的社会事物。社会心理学正是在这种意义上使用了社会知觉这个概念。它也称社会认知，表示对社会事物、对人及人所存在的群体的认识。

人们对任何群体、任何事物都会有一定的看法或印象，它们可能正确，也可能不正确，这些社会知觉在一定程度上左右个人对某人、某群体的态度和行为方式。一个人要想适应复杂的社会生活、从事正常的人际交往，首先要对自己、他人、群体和各种各样的社会事物进行知觉。人际行为是建立在这个基础之上的，社会知觉不仅表现个人对他人和社会事物的态度，而且也影响个人同他人交往的进程。

二、社会知觉的种类

1. 人知觉（人品知觉）

人知觉是依据一个人的言行、表情、仪态、风度等外部特征对其动机、意向、品德等内在品质所做的认识。也就是说，从一个人的外显行为来推知他的内心活动、内在状态，或从一个人的某种品质来推知他的其他品质。对人的知觉与对物的知觉还不一样，知觉人时是根据人的言语、表情、声势、动作和行为等外在表现来推知人的内在状态；知觉物时，物无外在表现从而无法推知它。

对人推理时，如果对这个人的印象是热情、大方，就推断他平易近人、诚实；如果对这个人的印象是冷漠、打官腔，就推断他自私、虚伪、傲慢。对人的知觉依赖许多因素，概括起来包括两方面：知觉对象外部特征和知觉者个人的特点。

从知觉对象的外部特征看，外部特征包括人的仪表、风度、言语、举止等，举止文雅的人会给人们留下好印象，而举止粗俗的人会给人们留下不好的印象。

从知觉者个人特点看，一个人在知觉别人时，要受到知觉者本人的观点、态度、价值观及爱好、兴趣的影响。依据知觉者本人特点不同，把他所知觉的人归入某一类人中。

2. 角色知觉

角色知觉指根据一个人的行为和教育表现来推断他的身份、地位、职业，推断他在社会上、家庭中所扮演的角色。

3. 群体归属知觉

群体归属知觉是指根据一个人所依属的群体及这个群体所具有的特性来推断这个人有什么样的特点和品质。由于每个人对每个群体都有一个大致的或概括的看法，因此当你知道某个人是教师时，就可能认为他是一个严肃、俭朴的人，甚至是个书呆子；当你知道某人是抽象派艺术团体的人时，就可能认为他是不修边幅的、自由的，而且是有风度的。

日常生活中，群体归属知觉常被扩大，运用在对某地、某省、某国、某民族的成员的知觉之上，由此形成了人们所说的"刻板印象"。群体归属知觉是对每个成员所做的简单、概括的知觉，实际上群体中的每个人都是有差别的，属于某群体的个人不一定具有这个群体的个性，因此，这种群体归属知觉可能只是一种错误的知觉或者一种偏见，会影响到人与人的交往或人际关系。

4. 人际知觉

人际知觉是对人与人之间的关系的知觉，这种知觉包括认识自己和别人的关系、认识别人和别人的关系。

其主要特点在于：有明显的情感因素，参与到知觉过程中的人们不仅相互感知，还会彼此形成一定的态度（认识、情感、行为）。在社会生活中，由于交往是人的行为和生活的中心现象，伴随人际交往，也就产生了人际关系——一种知觉。同时，由于各种关系带有一定的感情因素（相互接纳、相互排斥、相互冲突、相互吸引），所以人们在社会生活、社会交往中常会琢磨、推敲人们之间的各种关系，人们往往通过人际知觉，了解人与人之间的关系，处理和他人的关系。了解人与人之间的关系，对于分析和解决社会生活中人的问题，对于组织、协调集体组织中人的各种人际关系或组织活动，对于更好地完成集体任务都是必要的，也是非常重要的。特别是对于管理人员更重要。因为作为管理人员应该多关心人际关系，针对情况作出必要的协调工作，如果不能很好地领导一个集体，以及集体中的领导成员，造成成员之间的关系不协调，就无法进行工作。

5. 社会因果关系的知觉

社会因果关系的知觉指对社会现象、社会事件所做的归因认知。日常生活中往往通过对这样的因果关系的知觉来对人，对社会现象、社会事件进行因果联系上的深入分析和深入知觉。

6. 自我知觉

自我知觉指一个人对自己作为一个角色所具有的品质、为人、言行、举止的觉察，而对自己的品质和心理状态进行认识（如每个年青人都常自问：我是个什么人，我做了什么，我能做什么，我有什么优、缺点，在别人的眼中我是怎样的形象）。一般在青年期后人就有了自我知觉，青年期也是形成自我概念的重要时期。所以，人不仅在知觉别人而且在知觉自己，有了自我知觉就可以了解自己、认知自己、增强信心，进行良好的生活、学习和工作。

以上六种知觉包括对社会事物的知觉，都是围绕人知觉进行的，任何知觉都离不开人及人的行为。

第二节 影响社会知觉的因素

一、影响社会知觉的客观因素

1. 知觉对象的特点

人们对外界事物的认知是有组织的，不是杂乱无章的，人们总是以外界事物的有秩序的、有规律的和系统的排列来认知它。尽管它的排列是无规律的，但人们总是倾向于按距离的远近、异同、开闭、连续、简单化等规律去完整地认知外界事物。所以，知觉对象的排列特点影响人们的认知，同时，知觉对象的和谐、对比度、反复出现的次数也影响人们的认知。比如，在人群中，忽然有人大喊一声，人们会去注意他；如果是吊孝的队伍，有人却穿一身红衣服，就会引起人们的注意；楼底下偶然走过的人人们不会注意到他，假如这个人走了很多遍，便会引起人们的注意。

2. 知觉对象的社会意义及其价值

知觉的对象可以是某个人、某个团体或者是有某个社会意义的事物，由于这个知觉对象本身的特点决定了他们各自的社会意义和价值，因此人们的对他们知觉的结果也是有所不同的。

心理学家布鲁纳做了有关这方面的货币实验，实验材料是一套分别为 1 分、5 分、10 分、25 分、50 分大小不等的圆形硬币，还有一些与硬币大小相等的硬纸片。实验对象是 30 名儿童。他将这些真硬币和硬纸片投影在屏幕上让儿童看，之后让被试画出。由于两者的社会价值不同，所以儿童画的纸片圆形比实际圆形小，而硬币圆形比实际要大。

可以看出，知觉对象的社会意义可以影响知觉。

3. 社会条件和社会情景

具有不同社会条件的人可能对事物作出不同的判断。不同社会阶层有不同的价值体系，它与个人的经济背景、地位、受教育程度有直接关系，这在日常生活中很明显，乞丐和百万富翁对事物的知觉不同，有文化、有知识的大学生和文盲对事物的知觉不同。社会知觉离不开社会情景，通常人们知觉社会中他人行为的善恶是离不开社会情景的，这种情况在社会生活中也常常看到。例如，人们要给抱小孩儿的人让座，可坐着的是一位老人，那么不让座是可以得到谅解的。这是由当时的社会情景决定其行为是对的。相反，如果年轻人坐着不让，那么就会被人们知觉为不道德的、不礼貌的。所以，社会情景不同，影响人们的社会知觉也不同。

二、影响社会知觉的主观因素

社会心理学家凯利说过，在知觉事物之前每个人在头脑中都构成了一定的心理组织或结构，如同戴上了有色眼镜，人们所看到的一切事物都要经过有色眼镜的过滤。组成有色镜头的因素包括个人经验价值观、生活方式、文化背景及个人的需求等。它的功能是对认知对象加以分类和辨别。正是由于知觉者的心理结构不一样，他们对同样的社会才会产生不同的认知结果。

1. 知觉者的经验和价值观影响其对社会的认知

由于知觉者的经验和价值观不同，知觉问题时所站角度不同，即使社会相同，人们也会产生各自不同的知觉内容。比如，对某人的知觉，艺术家侧重于观察外貌、身段、表演技巧，伦理学家侧重于观察行为、举止、道德品质，学者侧重于观察智慧、能力等。由于个人认知结构、价值观不同，因此在知觉人、知觉社会时也有简单、复杂之分。年龄小、阅历浅的人认知事物时简单，年龄大些，知觉事物时就可以看到事物的多样性（既可看到积极的一面，又可看到消极的一面），不是只有简单的好坏之分了。

2. 知觉者的生活方式

知觉者的生活方式不同，也会影响知觉的结果。心理学家巴克拜在1957年做过一项研究，他利用幻灯片展现两个不同图像来反映生活方式对认知的作用。一张展示美国人的生活情境——小孩打棒球；另一张展示墨西哥斗牛场面。当被试看完后，问其看到了什么。被试获得了不同的认知，墨西哥人首先看到关于墨西哥的图片，美国人首先看到有美国人的图片。这说明一个民族固有的生活方式影响他首先认知他所熟悉的、习惯的现象。

3. 知觉者的性格

一般来说，自信心强和自信心弱的人在认知同一对象时，前者可能具有独立性，后者往往是服从权威、迷信别人，使自己的认知容易受暗示。一个具有好猜疑性格的人对他人言行知觉往往从猜疑的立场出发并进行判断、知觉，一个具有内倾性格的人判断他人时，总是以自己内倾的性格看待对方。心理学家研究年龄与性别对知觉的影响表明，年龄大小、性别差距对知觉有一定的影响。妇女对其熟悉的人的知觉和男子相比更加具有刻板印象。他还指出，待人比较严厉的人的社会知觉也有严肃的刻板观念，这些人特别重视人的尊严，重视地位和力量，而且还倾向于使用刻板观念去判断社会团体中的人群。此外，自我意识的强弱也影响人际知觉，自我意识越强，主观性越强，对他人知觉的偏差越大。

4. 个人的需要、动机和情感

知觉者的需要不同，认知结果也会不同。前面讲过的货币实验，被试来自不同的阶层，观察不同价值硬币后多数人画出的货币比实际的大，但相比来看贫困儿童比富裕家庭的儿童具有的这种倾向更多。这似乎说明了需要不同，导致不同认识结果。贫困儿童对钱的需要大于富裕的儿童。

心理学家莱维因和墨菲，用实验证明了生理需要对知觉也有影响。实验选中了一些饥饿程度不同的被试，让其乱涂乱画，然后看他们所画的图。从中看到饥饿程度越大的人，画的事物图片越多。

一个人的情感影响他的社会知觉，如果某人对另一个人有敌意、憎恶他，那么即使这个人再好，他也会把他认知为一塌糊涂的人。

第三节　印象的形成及其研究

在社会知觉范围内，首先就是人的知觉。人的知觉是依据一个人的行为、语言、仪态等外部特征对个人的动机、意向、品德等内在品质所做的认识，日常生活中所说的人的知觉也就是人对其他人形成的印象。在日常生活中，对着某人的照片或是在马路上，人们经常产生"他是个什么人？"的想法，听到某个人的名字，也会凭想象勾画出这个人的模样。两个陌生人会形成一瞬间的印象。它决定了交往、喜欢、吸引的程度，决定了相互联系和密切程度。比如，好印象使人们之间能维持一种互帮、互助、互爱的关系，坏印象使人们之间形成一种互相不信任、逃避的关系。

一、印象形成的主观倾向及其研究

1. 首因效应及其研究

（1）首因效应。有人将其称为最初效应或第一印象的特殊性，它指的是一个人对初次见面的陌生人所获得的第一印象，以及这种第一印象对今后的交往和关系的影响。

一般情况下，人们在社会交往中承认第一印象的重要性，甚至相信第一印象所产生的效应会影响到以后的长期印象。尽管许多心理学研究文献指出第一印象及其首因效应并非总是正确的，但它毕竟是非常显明、牢固的，而且决定了双方以后交往的进程和密切程度。初次见面的双方总想给予对方一个好的印象，如果对初次接触的人产生好印象就会产生好感、愿意接近，并会很快取得相互了解、信任；如果产生不好印象则可能对他反感、讨厌，可能会不想进一步了解他，不想和他交往，即使难以避免和他交往，也只是避而远之、产生对抗行为，从而出现僵持状态。社会心理学中的首因效应、第一印象不仅以社会生活经验为根据，而且建立在科学实验的基础上。

（2）关于首因效应的研究。

1）社会心理学家洛钦斯最早用实验方法对第一印象进行了研究。他杜撰了两段文字，描写了一个名叫 Jims 的美国男孩的生活片断，但内容相反。他让被试分别阅读两段文字，产生了两种截然不同的印象。

E 材料（外倾性材料）：Jims 离家去买玩具，他和朋友走在洒满阳光的街道上，边走边晒太阳。Jims 走进文具店，店里挤满了人。他一面等待售货员招呼他，一面和熟人聊天，买好文具向外走的途中又遇到了熟人。他停下来和同学打招呼，后来告别了朋友又走向学校。路上他又遇到了一个前天晚上才认识的女孩，他们说了几句话之后便分开了（这段文字可以看出 Jims 是一个热情外倾的人）。

R 材料（内倾性材料）：Jims 独自一人走出教室，开始长距离步行回家。街道上的阳光非常耀眼，于是 Jims 走到阴凉的一边。他看到一位前天晚上遇见过的漂亮的女孩子。他路过了一个商店，店里挤满了学生，有许多熟悉的面孔。他等着，直到售货员注意到他后才买上了饮料。他坐在靠墙边的椅子上喝饮料，之后便独自回家了（这段文字可以看出 Jims 是一个冷淡、内倾的人）。

他将这两组材料分为 4 组，以不同的组合呈现给被试，然后要求被试回答 Jims 是一个怎样的人。他要研究人们对 Jims 的第一印象如何，产生什么效果，哪段文字可能形成第一印象。

第 1 组：先呈 E，后呈 R，有 78% 的被试认为 Jims 是一个较热情、外倾的人。

第 2 组：先呈 R，后呈 E，只有 18% 的被试认为 Jims 是热情、外倾的人。

第 3 组：只呈 E，有 95% 的人认为 Jims 是外倾、热情的人。

第 4 组：只呈 R，只有 3% 的人认为他是外倾性格的人。

实验表明，被试的认知在极大程度上受先呈现的材料的影响，这种效应就是首因效应。

2）社会心理学家戴恩以成年妇女作为被试，让她们看两张相貌美丑不同的

7岁女孩的照片，照片下附有完全相同的一段文字，说明女孩有过的过失行为，让妇女对女孩平时的行为作出推测。

结果发现人们对两个孩子的评语不同。看到漂亮女孩子照片的被试的评语是：女孩有礼貌、肯合作，虽然在行为上有过失也只是偶然的、可以原谅的。看到丑陋女孩照片的被试，大多数将这个女孩推想成一个有相当严重问题的儿童。研究说明，当第一次遇到陌生人时，虽然人们对他们的个性、能力、品质一无所知，但由于受到对方外表、面貌、服饰、言语、举止的影响，就会形成对他们的某种第一印象。这种第一印象往往会影响人际关系交往，影响到人们对他人更深的知觉，影响到人们对别人的判断和态度，这种第一印象所产生的影响就是首因效应。首因效应对于形成社会知觉十分重要。

2. 近因效应及其研究

(1) 近因效应的概念。近因效应指最后所得到的印象对于人的知觉同样有重要的意义，即最后、最近的印象也会影响到知觉者双方的认知、态度及交往进程和程度，这种印象所产生的影响就是近因效应。

由于存在近因效应，所以可以认为第一印象一旦形成不是不可以改变的，因为近因效应本身就说明了改变的问题。

(2) 关于近因效应的研究。

1) 社会心理学家重复了洛钦斯的实验，重复时将其过程加以更改。更改过程中，他用洛钦斯的第1、2种方式呈现材料（先呈 E、后呈 R，或先呈 R 后呈 E），但在呈现材料之前，警告被试不要被先看到的材料所迷惑。

实验后发现一组材料在这个实验中明显起了作用，后提供的材料起最新材料的作用，产生了近因效应。

2) 另一做法是将前一种材料呈现后（E 材料）插入数学作业，才提出内倾性材料。研究发现：后一种材料明显起了作用，产生了近因效应。

3) 心理学家利奇也作了有关实验。他呈现以上这种材料后，告诉被试材料描写的是同一个人。结果，大部分被试能从综合、全面的角度来评价。

第一印象是可以改变的。

首因效应、近因效应的区别可以从它们的产生条件来看。如果是关于某人两个互相矛盾的消息，连续地一前一后进入一个人的意识之中，那么往往在人们心目中产生先入为主的效应，甚至认为先一个真实，后一个虚假，这是首因效应在起作用。

近因效应也是关于某人相互矛盾的两个消息，一个在前一个在后，分别进入人的意识之中，在进入意识中的两个消息隔了一段时间，于是人们往往认为前一个是过去的、陈旧的，而后一个则是最近的、最新的、可靠的，将对人的知觉发生重大作用。近年来，许多实验都证明了最近的消息给人留下的印象深刻。

3. 刻板印象及其研究

（1）刻板印象的概念。刻板印象指社会上对某类人、某类团体或某类事物产生的一种较固定的看法，也是一种概括而笼统的看法。前面讲过的群体归属知觉就是刻板印象。

日常生活中，许多刻板印象和人的职业、性别、籍贯、年龄有关，如知识分子文绉绉的、搞体育的四肢发达。

刻板印象普遍存在于意识之中，人们不仅对曾经接触过的团体、事物有刻板印象，而且往往对从来没见过的人也会根据间接资料或道听途说产生刻板印象。这就是对人对事情概括、笼统、片面、不正确的看法。

社会心理学家赛克特和巴克曼从心理过程分析认为刻板印象有以下三个特征：

①刻板印象是对社会上的人群的一种分类方式，然而那些被用来作为分类根据的行为特征过分简化，甚至只取其一，忽略其他。

②在同一社会文化或同一团体中，刻板印象具有相当的一致性，尽管有些话不符合事实，但大多数人都同意这种说法。

③刻板印象大多与事实不符，甚至产生错误，因为它们过分笼统，忽略了团体中的个别差异，也可能是因为它们基于一种团体感情。刻板印象的分类多数趋向于两个极端，一个人对另一个人不是偏好就是偏恶，从这里可以看到团体感情参与进去。这种可能的团体感情和周围环境、传统观念、社会教育的影响有关。

（2）刻板印象的研究。美国社会心理学家吉尔巴特以普林斯顿大学学生为对象，调整他们对其他国家和民族的刻板印象，规定必须用五个形容词去形容这些民族。结果发现学生对某一民族、国家的印象很一致。他们对美国人、犹太人和意大利人的印象如下。

美国人：勤奋、聪明、物质化、有志向的、进步的。

犹太人：机敏、好钱财、勤勉、聪明、具有占有欲的。

意大利人：艺术、冲动、热情、性急、好音乐的。

这些说明每个人总是对一个国家有固定的、笼统的印象，对于关于其他国家和国民的印象是根据道听途说或不正确的片面宣传形成的，而不是根据自己的亲身交往、接触形成，而且有些人对民族还有种族偏见。

4. 晕轮效应及其研究

（1）晕轮效应的概念。晕轮效应也称光环效应，指当一个人对某人的主要品质有良好印象（或不良印象）后，这种印象就会影响其对那个人的其他印象。如果一个人被标定是好的，他就会被积极的光环笼罩着，被赋予好的品质。

（2）晕轮效应的研究。晕轮效应的经典研究是所罗门·阿希的研究。

一般来说，晕轮效应会产生有害的后果，除了在一般人际交往中容易使人产生知觉上的偏见外，这种情况还突出表现在教育工作中。比如，一个被老师认为学习好的学生，会受到同学的尊敬、老师的喜爱，他就会有一种好好表现的愿望，使自己越来越好。另一个学生并不太差，但是老师不重视他，使这个学生自暴自弃，甚至学习成绩下降。这说明人们产生了某些特征，它们是属于对自己的假定，这种现象被称为"皮格马利翁"效应。它类似于晕轮效应，由于某种光环作用使对人的知觉产生偏差，创造了一种自我实现的预言。管理工作中同样会产生这种效应的消极作用，尤其表现在对员工的招聘中。

资料：

"皮格马利翁"效应

皮格马利翁是古希腊神话里的塞浦路斯国王，他爱上了自己雕塑的一尊少女像，并且真诚地期望自己的爱能被接受。真挚的爱情和真切的期望感动了爱神阿芙罗狄忒，她给了雕像以生命，皮格马利翁的幻想也变成了现实。人们把由期望而产生实际效果的现象叫做"皮格马利翁"效应。

"皮格马利翁"效应是由美国著名心理学家罗森塔尔发现的。一次，他来到一所小学，声称要进行一个"未来发展趋势测验"，并以赞赏的口吻将一份"最有发展前途者"的名单交给了校长和相关老师，叮嘱他们务必要保密，以免影响实验的正确性。其实他撒了一个"权威性"谎言，因为名单上的学生根本就是随机挑选出来的。8个月后，奇迹出现了。凡是上了名单的学生，各科成绩都有了较大的进步，且各方面都很优秀。显然，罗森塔尔的"权威性"谎言发生了作用，因为这个谎言对老师产生了暗示，左右了老师对名单上学生的能力的评价；而老师又将自己的这一心理活动通过自己的情感、语言和行为传染给学生，使他们强烈地感受到来自老师的热爱和期望，从而变得更加自尊、自爱、自信、自强，使各方面得到了异乎寻常的进步。这和霍桑效应是异曲同工的，只不过前者是发现于教育界，后者产生在工业化车间。

在日常管理过程中，如果管理者像皮格马利翁一样，坚信自己的每一位员工都是人才，都是千里马，都有能力为公司作出积极的贡献，并在与员工的接触中，有意无意地在工作中向员工传达这种信息，你的这种做法将对你的员工的绩效有着积极的影响。在这种期望力量的影响下，员工可能会给予管理者积极的反馈，按照领导者的期望行事并最终达到成功。

二、人知觉准确性的研究

1. 导致人知觉不准确的因素

社会心理学家巴克霍特认为，人在瞬间所获得的关于他人的印象是不准确的或带有偏见的。

实验让在141名大学生面前讲课的教授遭到袭击，然后袭击者迅速离去，袭击者没进行任何伪装。实验者拿出6张照片，让学生辨认哪个是凶手（这些照片其中有1张是教授的照片），结果60%的人认错，这说明瞬间获得的印象不准确。当然对于人知觉来说，由于牵扯到内部状况和变量，于是导致人知觉不准确更有可能。人会出现不准确印象，具有各种主观效应和倾向的原因如下：

（1）提供资料不充分。知觉者所得到的信息和有关线索在一定阶段内是不典型、不充分或不真实的，而且往往缺乏一些必要的间接资料（佐证），据有限的材料作判断就不能不带有主观臆测或片面性。

（2）知觉者缺乏善于观察、分析和推理的能力。对别人产生正确的知觉要具有观察力、分析力，而且还须具有能从观察、分析中进行推理的能力。

善于观察要求人们由表及里，通过外部看本质，通过别人、他人的外部特征抓主要特征。

善分析要求人们能在多种情况下区分出哪个是真、哪个是假，哪件事情能去做。

善推理要求人们在观察、分析的基础上，处理和整理通过观察、分析所得到的材料，迅速而准确地作出人品推理。

所以，人们的观察、分析、推理能力不同，对人品的判断就不一致。

（3）群体框框的局限性。要产生准确的人知觉，需要有较可靠的关于群体共性的看法。它可以使人们对人的共性作出迅速、准确的判断。但在实际生活中群体框框有局限性，往往会限制人们对个体特殊性的正确认知，特别是如果对群体认识本身不正确，是以偏概全的，那么就必然导致对群体成员的错误认知，从而产生了类似于刻板印象不准确的人知觉。例如，人们认为男性代表侵犯，女性是小心眼、好是非的，这可能使他到新单位后对男性保持戒备，或讨厌女性。

（4）逻辑推理的定势作用。任何人认知外部社会时，总是根据已有的经验加以推测，假设认为有 A 特点的人往往伴有 B 特点。通常在人们进行知觉时这种倾向性表现得十分明显，从某一外部、表面特征推断他还有其他品质（如从某人聪明推断出他富有想象力、机敏、有活动能力、认真、可以信赖）。人们往往据一个人的胖瘦、稳重、迟缓、穿着、打扮等来推断其个性品质，这就是晕轮效应。这种经验推理可能是对的，但在更多情况下可能是错的，人总是把一些品质看成是相互联系的，这种假设和推理是导致光环效应产生的因素。

（5）反应定势和假设相似。人知觉的产生受当时心理状态，特别是心理定势的影响。从当时心理状态来看，知觉者当时的情感状态、动机状态对形成人的知觉有重大影响。比如，人在高兴、愉快时，会对陌生人产生好印象，甚至认为花香鸟语、空气好；而当一个人烦闷时，会对所来拜访他的陌生人厌烦，甚至认为花香得让人难受，鸟叽叽喳喳得烦人。在知觉外界事物之前，人就已经在心里准备好了固有的心理状态，对所知觉的事物产生影响。反应与相对，指一切有生命的特质在受到周围环境条件影响时，所发生的回答变化的状态。由此可以看出，一个人在进行人知觉时往往伴随着情绪、情感色彩等一系列心理成分，而这些心理成分往往是晕轮效应产生的原因。此外，从心理定势方面看，知觉者已有的态度、价值观、信念对人的知觉也有很大影响。比如，一个对流行歌曲反感的人，当看到一个歌唱演员唱流行歌曲时就认为这个演员也不好，否定他，产生消极的人知觉。尤其值得注意的是，许多人在知觉人、判断他人时有一种假定相似的心理倾向。

社会心理学家克伦巴克于 1955 年做了有关研究。他认为人们在知觉别人时，假定陌生人很像自己，因此假定他人和自己相同，这就成了人知觉中强烈的假定倾向。特别是当知觉者知道了对方的年龄、民族、籍贯、性别、经济状况、社会地位、文化程度等背景特征和自己相似时，这种假定相似的倾向就会更加强烈。比如，他反感某人，相信别人也是这样，把自己的某些想法、特性归到他人身上，以小人之心，度君子之腹。假定相似心理倾向对人的知觉既有积极作用，又有消极作用。

从积极方面看，首先，人们在评价和自己相类似的人时，是比较准确的。一个人对别人作出的评价往往既是对别人人格的良好测定，又是对自我人格的良好测定。因此如果想了解一个人，最好的方法是让他去评定别人。其次，假定相似在某种程度上起社会反馈作用，可以消除人对社会、对世界产生的孤独感。比如，打扮得入时、洋气的人自己假设得到别人的羡慕，因此认为这样做自己得到了满足，身份地位提高了；讲师认为自己讲得好，假定听课人也是这样，因此就得到自信和宽慰。

从消极方面看，首先，由于有假定相似倾向，从而导致人们在判断、评价与他不同的人时，非常不准确。因为，当人们判断和自己具有不同背景特征的人时，往往忽略了他们和自己有类似的需要和愿望事实。其次，由于有了假定相似倾向，即使在评价判断和自己相类似的人时，也往往会出现偏差。它主要表现在以下几方面：

①由于总是假设他和自己相同，因而导致了对他人身上发生的变化可能不敏感。

②由于从自我知觉出发来知觉他人，导致有把自己的愿望、意志强加给别人的倾向（我喜欢什么，我的朋友也喜欢什么；我这样，他也这样；饥饿的人相信其他人也一样饿）。

③由于有假设相似的主观投射作用，往往会导致一个人在评定、判断他人时，歪曲他人人格，把自己人格特征投射在他人身上，认为他人人格和自己相同。

可见假设相似这种心理倾向往往会导致人们对他人产生错误的判断和评价。

2. 人知觉准确性量表

1972 年，社会学家奥斯坎普制定了社会知觉量表（见表 5-1），并以量表来测定人知觉对他人的准确性。此表分为三栏，要求给每栏评分，分数有 1~5 分，1 分：完全不对；2 分：部分不对；3 分：有点儿不对；4 分：有点儿对；5 分：部分对。测三个项目：准确性、相似性和假定相似性。

（1）测准确性。将 A、C 栏比较，用高分减去低分，将所得数字在旁边记下，然后将 8 项所减的差相加，之和就是知觉错误的分数，和越大，错误越大，最好的分数是 0，最差的是 40 分。

（2）测相似性。B、C 比较，取 B_1~C_1 之和，分数为 0，为真相似，40 分为不相似或低相似。

（3）测假定相似性。同上，比较 A_1~B_1 取其和，高分表示低假定相似，低分表示高假定相似。

如果 A 和 B、B 和 C，两栏所得分数都高或都低，说明社会知觉准确度高，如果 A 和 B、B 和 C 两栏分数一高一低，说明社会知觉准确度低。

此量表虽然存在着缺陷，但有一定参考价值。

表 5-1　人知觉准确性量表

	A（朋友）自己对朋友的评价/分	B（自己）自己对自己的评价/分	C（朋友自我评价）朋友对自己的评价/分
1. 经常穿得很体面 2. 喜欢弄花 3. 想成为一名学者 4. 是一个废寝忘食的读者 5. 爱好文艺 6. 爱孩子 7. 在社团或人多的地方爱讲话 8. 常变发型			

第四节　印象管理的概念和研究

一、印象管理是社会知觉的直接后果

1. 什么是印象管理

有人称印象管理为印象操纵、印象处理、印象使用或自我呈现。印象管理是指一个人运用一定方式控制别人或影响别人，从而使其他人对自己形成印象的过程。也就是说，通过有意地运用一定方式来表现自己，使别人对自己形成某种印象。

印象管理和社会知觉密切相关。社会知觉是指一个人对别人、对另一个群体社会的认识，在认知过程中通过直接判断和认知对他人、对社会形成一定的印象。印象管理则是依据自己对他人、对社会的认知和印象去行动，只有以自己的认知为依据，才会从实际出发，去影响别人，控制自己的思想、言论、行为等各方面，从而给别人留下关于自己的印象。印象管理是社会知觉的直接后果。

2. 人际关系中印象管理的复杂性

由于现代社会非常复杂，人们的价值观多种多样，所形成的人与人之间的关系也是多样的，因此人们对自己的印象操纵及自我表现也是极为复杂的。在日常生活中，常常出现人们出于礼貌、对他人的关心或出于公心、私心，而在思想、感情、行为上表现出某种自我克制的情况。这种自我克制隐藏了自己的真实思想感情，从而给他人留下了另一种印象。比如，在拥挤的汽车里，别人踩痛了你，你本想发火，但对方向你表示道歉时，你却说不要紧。有些人由于私心重常在人际关系中出现不适当的行为表现（戴假面具、两面派、装阔气或装穷），这些都说明了自我呈现的复杂性。印象管理、自我呈现一方面是为个人目的，乔装打扮，以骗取他人尊敬和信任；另一方面是为了友谊，为调节人际关系，达成人与人之间的理解、谅解、避免误会、争取得到同志的信任。政治家所做的印象管理另当别论，他在很多情况下为达到某种目的只能这样做。对第一种印象管理要学会识别、觉察，不能轻易相信，对第二种印象管理应学会掌握，使之有利于社会生产生活，有利于正常的人际交往、人际关系。许多人际关系起冲突，就是由于不善于印象管理。

3. 了解印象管理的意义

印象管理是人们适应社会生活所表现出的能力，任何人只要精神正常、健全，为了适应复杂的社会生活，增进交往，改善关系，履行角色，承担社会所赋予的责任、义务必须要具有善于控制自己的能力。人们必须根据社会生活的需求，在不同社会环境中，在不同的场合中，面对不同的交往对象时，表现出不同的行为和姿态。人们要学会善于控制自己的思想、感情、言语、行为，使思想言语、行为举止适宜，以适应社会生活的需求，符合人们的一般愿望（如果不这样，就会影响交往，适应不了现实生活）。政治家以不同姿态出现在不同对象面前，他们善于印象管理，他们在群众面前和蔼可亲，对敌人根据环境、情境的变化或大义凛然或谈笑风生、藐视一切。他们运用印象管理给不同的人留下了有利于自己的印象。学者也是这样，他们在与学生交流时谈笑风生，在学术论谈会上，严肃、精练，他们随时操纵着别人对其印象。印象管理是所有人都在或多或少随时运用的方法，如小孩，在学校老师面前听话、守纪律、认真、好学，在父母面前撒娇、博得家长的宠爱。印象管理是社会学习、社会适应的结果，当一个人希望得到社会和他人的肯定，希望取得他人的信任，希望控制社会交往时，都会进行不同程度的印象管理。

二、关于印象管理的研究

印象管理有些是有意识的、自觉的，有些则是无意识的、不自觉的，运用印象管理时要受到许多因素的影响。

1. 交往者的倾向

相互交往的同伴的倾向会影响到一个人的言论和行为，一个人在具有不同倾向特点的交往者面前，往往会具有不同的自我表现，其自我表现往往根据相互交往中的对方的倾向、特点来采取相应的对策。如果相互交往的一方较为自高自大,那么个人自我表现将产生自尊倾向,以表示自己并不低于或落后于对方。这种情况在人们发生矛盾冲突时特别明显。

对于这种社会心理现象,心理学家格根和维什诺夫在1965年进行了研究。

实验研究1。被试的自我表现和对方的表现是相吻合的。

实验请被试作一次自我介绍,描绘自己的特长、性格、特点等。一个月以后,实验者安排被试与实验者的助手交谈。交谈分两个班进行,该实验者助手对一个班故意夸耀自己、自命不凡;但对另一个班过于谦虚、常常自卑,说自己什么也不如别人。实验者要求被试再次介绍情况,然后将被试所做的两次自我描述进行比较。结果发现被试的自我表现很大程度上受交谈者影响,当实验者的助手自夸时,被试比先前的描绘增加了许多优点,在另一个班当实验者的助手谦虚时,被试则比先前过多地提出了自己的缺点而忽略了优点。研究说明一个人在某个陌生的环境中,不知道自己应该怎样恰如其分地表现自己,假如交往对方表现出某种倾向、某个特征,那么这个人就会把这种倾向作为自己心目中的参照点。如果双方缺少直接交往,获得信息不充分时,个人也往往作猜测、估计,从而产生相应的表现。例如,一个歌唱家演唱,怎样表现自己才能赢得赞誉?歌唱家须想象听众的兴趣、欣赏水平,通过想象找到参照点,寻求和听众的相似性,以便博得群众的好感和赞赏。

作为自我呈现者,在寻找和别人交往的相似性时,也不是绝对有效的,日常生活中,呈现自己有时会有相反情景发生,有些人偏作出与对方不同的表现。对于这种社会心理现象心理学家琼斯和库珀在1965年进行了研究。

实验研究2。当被试发现交谈对方是其不喜欢的、讨厌的、令人反感的人,往往不是去寻找和交往者的相似性,而是用自我呈现的方法表明自己和他人是不一致的、对立的,甚至有时在对方和自己提出一致意见时,也要有意表示出和别人相反的倾向、态度,以表示和对方没有一致性,从而和对方建立一种社会距离。此外研究者还发现,当人们认为不需要和对方进一步交往和特别接近时,人也不会去寻找和交往者的相似性,而是以改变自己的态度、观点、倾向,作出疏远姿态等自我表现,来表示应保持一定的社会距离。

2. 团体的任务和交往情境的需求

个人的印象管理、自我呈现也是以所属团体当前的任务及当时的交往情境为转移的。

对于这种社会心理现象,心理学家格根和维什诺夫在1969年进行了研究。

他以新入学的海军学员为对象,将其分为两组,交给每组被试一个同样的工作任务,但给予不同的指导语。对其中的一组,指导语特别强调要求团结协作,才能很好地完成工作任务;另一组则强调要有正确而有效地解决问题的方法，看创造性，看谁的意见提得更好。然后实验者要求各组的每一个被试在小组中进行自我介绍，实际上是让被试在一定的交往情境中进行自我呈现。

结果第 2 组被试较多地对自己作出了有效的描述，以便让大家知道自己的才能、长处，使大家了解他有决心、有信心、有能力完成任务；第 1 组被试表现得非常谦虚或者更多地批评了自己的缺点，认为这样能给小组成员留下好印象，便于今后更好地协作。他们认为如果一开始就自高自大、引起别人反感，不但搞不好工作而且不利于团体关系。

实验表明：在不同的团体任务下，不同的交往情境中，个人的印象管理、自我呈现不同。

3. 群体的声誉与对参照群体的认同

当某人参加了某个团体，会自觉维护团体尊严、声誉，并尽可能把团体作为自己的参照点和团体进行认同。这常常是人们自我表现的一个方面，在这种情况下，人的自我表现也常常会发生变化。

著名心理学家兰伯特在 1960 年做了关于疼痛忍耐力变化的实验。

实验将被试分为两组，每组半数为犹太教徒，半数为基督教徒。先测每个被试的耐痛力是多少，记下后休息聊天。他们向犹太教徒说听说犹太教徒耐痛程度不如基督教徒强；又向基督教徒说听说基督教徒的耐痛程度不如犹太教徒强。然后再测，发现他们的耐痛程度都比前一次有了提高。

结果表明个体对自己所属团体的感情影响他们的表现。在日常生活中也如此，个人说的话会考虑团体，并以团体为参照点，所属团体的规范对个人自我表现有一系列的影响，有时可以将其理解为某种约束力，个人通过自我表现维护团体的声誉。

4. 寻求一致的心理状态

（1）得寸进尺效应。一个人的自我表现往往是由一定的心理状态造成的。比如，人们常想给人留下一个前后一致的印象，它导致了得寸进尺效应。得寸进尺效应（也叫登门槛技术）是指，一旦人们接受了别人比较小且无关紧要的要求，那么他以后也会接受一个比较大的要求，哪怕这个要求是不合心意的。反之，一旦人们拒绝了第一个要求，以后也会拒绝其他要求，哪怕这个要求是合理的。

社会心理学家费里德曼做了"不用压力的依从——登门槛技术"的实验研究，证明了得寸进尺效应的存在。

实验者挨家挨户找家庭主妇说他们是为安全驾驶委员会工作的，要求家庭主妇支持并签名，然后送往加利福尼亚州。几个星期后，实验者又找一些家庭主妇交谈，要求她们在门前立一个不太美观的大牌子，如安全驾驶之类的，结果签名的家庭主妇大部分表示同意，没签名的家庭主妇中只有不到17%的人表示同意。这是因为自我形象在某些方面起了变化，一个家庭主妇最初认为自己没有参加社会活动，不能参与社会生活，但是一旦同意这个小小的要求便认为自己参与了市政建设。她们认识到并向别人表明自己是愿意为市政建设出力的，以此给别人留下好印象。由于签名已经为社会作出了点儿小事，使她们产生了进一步干大事的欲望，接受大的要求，保持前后态度的一致。

心理学家由登门槛技术进一步认为，对一个人的行为给予"标定"，往往使得这个人为加强自身形象，会与你所提供的标定产生相一致的行为。

心理学家要求人们为慈善事业做一些捐款，然后根据他们是否有捐献，标上慈善与不慈善的名称，后来再一次要求人们捐献。进而发现，标定慈善者的捐献多；标定不慈善者的捐献少。

实验给人们的启发是：当一个人做了好事、有正确行为时，不仅要作积极评价，并给予标定（上述实验就是给出目标后，为保持已经留给人们的印象，就要作出行为，表现自己和这一标定相一致，并且会在以后做更多好事，表现出更多的行为，保持和这一标定一致性）。那么当一个人做了错事，也要给予评价，但最好不要轻易给予标定，如落后分子、自私者、投机者等，这样会产生和做好事标定的不同效果，产生破罐破摔的结果，原因是为了寻找和标定的一致。

（2）保留面子效应。一个有很好自我形象的人，一旦拒绝别人大的要求，事后感到这样做损害了自己在别人心目中的印象，于是常常接受别人一个小的要求，从而保住自己的面子，这就产生了保留面子效应。

心理学家查尔迪尼在1975年做了"导致依从的、相互让步的过程"——保留面子技术研究。

实验者对一所大学提出了符合社会需求的要求，问他们是否愿为一个县的少年拘留所的犯人担任辩护律师，结果这个要求被领导礼貌地拒绝了。事后他们担心因此在别人心目中造成一种不关心社会的印象，便想让别人知道他们关心社会，愿意帮助不幸者，希望人们对他们形成好印象。为了恢复一种利他的、关心社会的荣誉，以便挽回一点儿面子，确保给要求者留下好印象，于是大多数被试接受了一个小小的要求，陪他们到动物园去玩一玩。

5. 寻找社会肯定

寻找社会肯定致力于自己的印象管理，很大成分处于得到社会肯定的心理，具有希望别人赞赏自己、说自己不错的心理。

心理学家施奈德在1969年做了实验研究——"失败后，策略上的自我描述"，研究失败后的印象管理。

实验安排被试在实验情景中解决问题，有意识地让一个人得到成功，而让另一个人得到失败。然后安排被试在一个场合有机会向别人进行自我描绘、介绍。当失败时则倾向于作出自我肯定的自我描述，不希望给别人造成无能的印象；当别人不同意这个肯定时，则倾向于把自己说得更糟（日常生活中有人工作做得不好，会找理由辩解说明自己并非无能，以便给别人留下好印象，寻找社会肯定）。研究发现，当人们受挫折时容易具有向社会寻找肯定的倾向和表现。

寻找社会肯定时在性别上也不同，心理学家赞纳和帕克在 1975 年做了有关研究。

他要求女性向男同伴描绘自己，女性在有传统妇女观念的男性面前表示出自己贤惠、善良、会持家等，而在有非传统观念的男性面前表示出浪漫情感，是一个开放型的女性。就是说，当男性有魅力、吸引人时，她往往迎合他的观点，以便得到男性的肯定的评价。研究发现，当一个人期待对方给自己作出肯定的评价时，往往会不自觉地迎合对方的观点、态度。

案例：

一个人在看到他人时，常常会不自觉地按其年龄、性别、职业、民族等特征对他进行归类，并根据已有的关于这类人的固定看法作为判断其个性的依据。例如，年轻人总是认为老年人墨守成规、缺乏进取心，并在见到老年人时就要把他归到自己固有的印象中去。同样，老年人往往会认为年轻人举止轻浮、办事不可靠，并在见到某个年轻人时把他归类到自己认定的印象之中。又例如，人们谈到教授，总认为是文质彬彬、白发苍苍；一说到工人，总是想到身强力壮、性情豪爽的形象；一知道是美国人，总觉得他（她）天真开朗、不拘小节；如果是英国人，那就是一副绅士派头。

问题：

1）上述现象说明了哪一种社会知觉偏见？这一社会知觉偏见的含义及其认识论根源是什么？

2）在管理实践中如何管理该社会知觉偏见？

第六章 人的动机、需要与激励

作为管理者，要了解人的工作动机，即为什么而工作，为什么有的人有满足感而有的人却不满和消极应付，人们工作的需求是什么，怎样使人们产生工作的主动性，以及从哪里入手来解释以上的问题。这些是本章需要回答的问题。

第一节 动机、需要是激励的基础

管理中最主要的问题是人的问题，因此人们必须研究人类行为的共同特征，必须了解一个人为什么要工作，为什么要为自己的生存而劳动，就是说要揭示行为的动机。只有这样，才有可能预测行为、调节行为，进而控制行为。心理学中的动机研究就是要解答这些问题，即研究为什么会有这种行为的产生。

一、动机概念

（1）动机的定义。所谓动机就是激励个体，发动和维持其行动，并导向某一目标的一种心理过程或主观因素。人的各种活动都是由一定的动机引起的，动机是由客观事物引起并作为激励产生行动的主观因素，它指向于一定的目标，有一定的目的。动机是个人行为的动力，是引起人们活动的直接原因，是一种内部刺激。比如，饿了要吃，吃是目的，饿就是推动吃的动机。心理学上把这种由动机引发、维持与导向的行为称为动机性行为。

就动机和行为的关系来讲，动机具有以下三种功能：

1）引发个体的活动。

2）维持这种活动。

3）引导这种活动朝向某一目标。

动机是行为的原形，行为是动机的外显表现。动机可以由当前的具体事物所引起（如吃饭、烤火），也可以由人的自信和道德理想等引起（如一个人的责任感、事业心可在一定条件下成为推动其从事活动的动机)。

动机和行为之间的关系并不是一对一的,一种动机可以引起多种行为,同样一种行为也可由不同的动机引起。比如,考大学的动机必须表现为许多行为,如努力学习、锻炼身体和多看参考书。但是,一个人恭维上级可能来自不同的动机,如领导辛苦,表示谢意;以此作为阶梯,继续步步高升;单纯地为了得到一套房子。

(2)动机和目的之间的关系。动机是人类行为的直接原因但不是终极原因,它激励人达到目的且表明人为什么要达到那个目的。目的是人期望在活动中达到的结果。因此,活动动机和社会目的是两个既相互联系,又相互区别的概念。

1)在简单的活动中,动机和目的常常可以直接相符合,即动机就是目的,目的也就是动机。

2)在比较复杂的活动中,动机和目的表现出区别,活动的目的并不同时是活动的动机。比如,对落水者做人工呼吸。这需要把嘴里的泥沙吸出来,然后呼气给他。把泥沙吸出来是目的,但这个目的并没驱使力,泥沙反而会使人"望而却步",它没有任何吸引力,推动人产生行动动机的是舍己为人的道德信念。

这就可以看出,行动目的是行动所要达到的结果,而行动动机则反映着人要达到这一结果的主观原因。正因为动机和目的之间存在着这样的差别,所以对人的同一种行动来说,尽管其目的是一样的,却可能因为其动机不同而具有不同的心理,从而获得不同的社会评价。

当然,动机和目的之间的这一区别也不是绝对的。一般来说,动机是比目的更内在、更隐蔽、更直接推动人们行动的因素。

3)作为社会成员,人的行为会受到多种因素的影响,因此动机与目的的相互关系是很复杂的。有些动机受到阻碍后,会寻找另外的"代替目标",以达到自己的目的、满足某种需要。但是,生活中人们一旦选定一个目标就很难更换,即使以另一目标代替,对心理也是个挫折,况且人已经形成了心理定式,甚至找不到合适的代替目标。因此,这种状况容易使人情绪颓废,对生活失去信心,严重的还会出现精神失常。

另外,还有一类属于比较遥远的目标,一时难以实现,这时在动机和目的之间就会出现"中间目标"或"过渡目标"。例如,许多自学考试就是这样,需要一门一门地考过,最后拿到文凭,一步小小的成功将有助于最后目标的达到。那么,一个人为什么要吃、喝、劳动、工作,而且还要拼命得到一个文凭呢?因为人本身产生了某些需要,要满足这些需要就产生了动机,使人的行为去达到某一目的,从而满足这个需要。需要不等于动机,动机是由需要转化而来的。

二、动机的职能与特点

1. 动机的心理职能

动机的心理职能包括以下四方面：

（1）唤起行动的启动职能。动机要引起行动，需要有一定的条件，要提出和行动相应的目的才可使动机转化为目的。

（2）维持行动的方向职能。动机使行动具有固定、完整的内容，趋向于一定的志向。

（3）强化职能。动机可以在短时期内产生作用，常起到强化作用，使行动较容易进行。

（4）形成行动的模式的调节职能。在动机推动下，人可以形成一个行为模式，无论做什么都调节行为按模式行动。

2. 动机的特点

1）从动机的机能来看，动机是一种内在动力。它的作用表现为个体内部驱动器，使个体向着一定目标行动去做，如饿就吃，渴就喝，"吃"这种行为的动机在行动中起力的作用。

2）从动机的特点来看，动机只是在心理活动中出现的，在不存在动机，婴儿只是一个生物人，没有具备一个带有社会化的人的心理，所以他的饿、饱也不是由动机来驱使的，只有当人有意识地去行动时，才是在力的驱使下，也就是行为是由动机引起的。

3）人们在有意识下所从事的活动是由动机引起的，那么在无意识下的驱动活动有无动机呢？例如，母亲看到孩子跌倒，赶紧扶他起来，这种行为有无动机呢？有，只不过这种无意识状态下起作用的动机属于本能，有的人甚至这几天情绪不好，就会忧心忡忡，茫然无措。那么在这种无意识状态下产生的行为也有动机。目前心理学还未研究到这一步，因为它隐藏得很深，然而有一点现在已经得到了证实，就是人虽然在此时产生无意识，但这是正常的，人就是这样一会儿有意识、一会儿无意识的不断调解。

3. 动机构成

动机是由欲求和目标构成的，是从需要转化而来的内在动力。但是，并非任何需要都能转化为动机，有些可以转化，有些则不可以，这主要取决于目标的选择。如果目标能够满足人的欲求，需要就转化为动机，如果不能满足或者满足程度不够就不能转化。

一般来说，目标是一个系统（上位+下位）构成，为实现目标、达到目的会有一个最高目标。对于任何人来说，要实现最高目标，总要先达到最低目标（中间目标），然后达到最高目标。最高目标达到后，又会产生一个目标系统，这说明动机是一个不断追求的过程，需要经过努力达到新的欲望和新的目标。

三、动机与需要的关系

1. 需要的概念

需要是指人体和社会生活中所必要的事物在人脑中的反映，是人的生理或心理状态由于某种不足或过剩而失去了安定的不均衡状态，由此产生不快感而造成的一种紧张状态，个人表现出追求安全以恢复平衡。比如，人们喜欢人际交往，不喜欢孤独，如果一个人独处，就会失去思想交流的机会，使心理状态在交往方面产生不足。但是，如果一个人整天忙于和周围人交往，就是情感交往过于频繁，心理状态在交往方面过剩了。无论是不足还是过剩都会产生不快感，造成焦虑、烦恼的紧张心理，于是这个人就会去追求交往或逃避人群，这种追求或逃避就是需要。

2. 需要的特点

一般说来，需要有以下四方面特点：

（1）任何需要都要有自己的对象。它总是对于某种东西的需要，对于某种物质性物品的需要。比如，饥饿引起对果腹的需要，从而又激发出吃的动机，产生觅食行动。

（2）需要一般有周而复始的周期性特点：需要欲望——心理紧张——动机——目标行动——需要满足——紧张消除——产生新的需要欲望。

（3）需要随着社会的发展而发展，随着社会的变革而更新。20世纪70年代的中国，人们对服装就没有求美、求新的需要，服装样式单一，而现在为了满足人们的需要，各式服装五颜六色。人们还逐渐发展到了追求精神方面的满足，如电子琴代替了二胡，收录音机代替了收音机，这说明需要变得越来越复杂了。

（4）尽管个体之间存在着许多个性心理差异，但也还有许多心理品质是一致性的，即还有共性的存在。

3. 动机和需要的关系

一些心理学家很早便提出人行动的动力是需要，即动机是由需要激发的，因此动机和需要一般有以下两种关系：

（1）需要在某种条件下可以转化的动机。比如，稍微饿，但因食物冰冷又不卫生，所以就不会去吃，因此吃的需要并未激发出吃的动机。

（2）需要的情感成分与认知成分具有动机作用。平常人们都有这种经历，即心情好时遇到曾经交往过的人会打招呼，心情不好时遇到曾经交往过的人会赶紧躲开。见到喜欢的人打招呼，见到讨厌的人有意躲开，这种需要的情感成分推动行为的产生。例如，人们对某一领域感兴趣，想进一步了解它，这种需要的认知成分，推动人们去认识和了解它；人们对某学科不感兴趣，不想进一步了解它，则产生逃避行为。

第二节　激励与激励过程

激励是组织行为学的核心，每个人都需要激励，需要自我激励，需要同事、领导、群众的激励，这样个人才能完成任务，群体才能达到目标，组织才能健全。

一、激励的概念

激励就是激发、鼓励的意思。激发人的动机，使人产生内在动力，朝着所期望的目标前进的心理活动过程。

激励的特点主要是激励人去从事某种活动的内在愿望和动机，（积极性）是直接看不见、听不到的，只能从实现这种愿望、动机所推动而表现出来的行为和工作绩效上判断，因此激励不好掌握，必须能够满足人的需要，使人产生动机，从而发生行动。

1. 激励是管理中最关键和最困难的职能

管理学家对预测、计划控制财力、物力有了一定办法，对人力资源特别是对于人的内在潜力，至今无法精确预测、计划控制，而人力资源又是管理上最重要的内容。激励之所以越来越受到重视，是由于市场竞争加剧，人的差异性和要求的多样化导致的。主要有以下三个方面原因：

（1）人是复杂的，人有动机、思想和意图，不同时间、地点、条件下人的要求不同。

（2）人是活动性因素，而财、物则是固定性因素，前者是人—人系统，后者是人—物系统。

（3）管物是直接的，而人管人是间接的。

随着国际、国内市场竞争的加剧，企业为了生存、发展就要不断提高自己的竞争力，因此就需要最大限度地激励职工，挖掘人的内在潜力。通过各种激励手段，可以促进人员的竞争力，使好的更好，差的变好。根据职工的不同需要，从多方面、多渠道、全面地给予激励。

2. 激励在调动内在潜力、实现组织目标上有重要作用

1）通过激励，可以把有才能、组织需要的人吸引过去。从世界范围看，美国特别重视这一点，它从世界各国吸引了很多有才能的专家、学者，这也是美国在许多科学技术领域保持领先地位的原因之一。为了吸引人才，美国政府不惜采用支付高酬金，创造好的工作条件等多种激励办法。

2）通过激励，可以使已经就职的职工最充分地发挥其技术和才能，变消极为积极，从而保持工作的有效性和高效率。

3）通过激励，还可以进一步激发职工的创造性和革新精神，从而大大提高工作绩效。例如，丰田公司对提出合理化建议者，无论建议采纳与否，都给予重视和奖励。

二、激励过程

管理心理学研究表明：人的工作绩效取决于他们的能力和激励水平，即积极性的高低。

公式：工作绩效 = 能力 × 激励

说明：从事某项工作的人员首先应具备一定的能力。

能力涉及人们为完成与目标相关的工作任务所需的才能，包括智力因素（分析判断能力、综合能力、语言表达能力、文字表达能力）和体力因素（身体的强壮度、灵敏度）。

人的能力再强，也需要有积极性。积极性来自于激励水平的高低，因此激励显得很重要。激励如何进行，是什么心理过程推动人们产生行为。激励过程有没有一定的方式，这些问题都是下面要讨论的。

1. 行为产生的原因

一个人的行为必有原因，或者来自于内部，或者来自于外部。例如，来自内部人的行为是由动机推动的，而动机是由需要引起的。动机就是推动人从事某种活动的内在动力，内在动力大的人从事活动的积极性就多，内在动力小的人从事活动的积极性就小。人的动机很多，有时一种动机导致产生多种行为，有时同一行为却由不同的动机引起。作为管理者要了解产生行为的原因，了解人的需要，才能对人的需要予以满足，从而产生激励。

2. 行为方向与行为控制

行为是有方向、有目标的，人们可以把行为看做是为消除紧张和不舒服的一种手段。当目标达到后，原有的需要动机也就消失了，又会产生新的需要和动机，从而产生新的行为。

行为是需要控制的，这主要是由于需要导致产生各种需要的行为，及需要引起的多种多样的动机。因此管理者的职能，就是要控制行为表现、工作绩效的及时反馈，调节人的动机。需要，使之不致偏离对目标的实现、任务的完成。

3. 激励过程的基本模式

（1）需要得到满足。需要得到满足时的激励过程如图6-1所示。

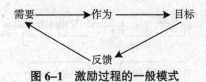

图6-1 激励过程的一般模式

其组成部分类包括：需要愿望或期望、行为、目标和反馈。例如，管理人员对权力有很高需要、很强的进取愿望，以及长期努力必将被提升的期望，这些需要使其处于紧张状态。这样就会产生出一些特定的行为来减少这种感觉，从而实现目标。然后他又会产生另一个需要、期望和愿望。

（2）需要未得到满足。需要未得到满足时的激励过程如图6-2所示。

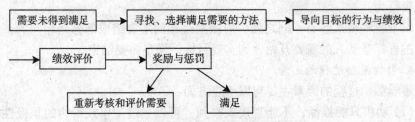

图6-2 需要未得到满足时的激励模式一

这个模式将需要、动机、目标和报酬观念结合起来，是一个多阶层的激励模式。

1）需要的产生，在个人内心引起不平衡的紧张状态。

2）个人寻找和选择满足这些需要的方法，以恢复心理和生理的平衡。

3）个人将按导向目标去行动、工作以实现所选择的目标，从而满足需要，介于选择方法和实现行动之间的是个人的能力，这是能否实现行动的前提。如果具备能力则能达到目的，如不具备则前功尽弃。

4）评价个人在实现目标分隔的绩效。以满足个人工作中的自豪感为目标的绩效，由自己来评价；以满足经济需要为目标的绩效，由别人来评价。

5）根据绩效进行奖励、惩罚。

6）根据奖励和惩罚的程度看是否满足了个人的需要，重新考核需要以便去实现目标。

7）奖励得到了、受别人或自己惩罚程度轻则有一种满足感。

如图6-3所示。

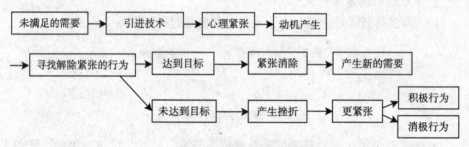

图6-3 需要未得到满足时的激励模式二

图6-3模式表明：当需要未满足、目标达不到的情况下，人们就会产生挫折，从而引发两种行为。一种是积极的行为，它会促使人们寻找不足、努力工作、满足需要；另一种是消极的行为，它需要得到管理者的重视，变消极行为为积极行为。

以上三种模式各有不同之处，但激励过程的主要组成部分是相同的，这个激励过程都是从人的需要开始，到实现目标、满足需要结束。

4.影响激励过程的因素

影响激励过程的因素主要有以下三方面：

（1）动机只能推断，不能直接观察到，可以通过工作或行为的积极性和工作绩效来看，而不能直接看到每个人内在的愿望和期望。

（2）激励过程的复杂多表现在动机的变化上，任何时候，每个人都会有各种不同的动机，而且这些动机是变化的，因此不容易准确把握。

（3）人有许多动机，而他们究竟选择哪种动机来推动其行为是各不相同的，因此激励人去努力工作的具体因素也各不相同。有的人努力工作是为了得到自我实现；有的人努力工作是为得到挑战性的工作，使工作更有意义；还有的人努力工作是在上述多种动机推动下进行的。因此，各部门应采用各种方法来激励职工，如分配给他们感兴趣的工作、让其参与管理、实行带刺激性的工资制度和严格监督等办法。总之，在客观上不存在对任何人都适用的激励模式，要具体情况具体对待。

第三节 工作的动力与激励的内容

人的工作动机是什么？他在工作中追求什么？有什么要求？为什么不同的人对他们从事的工作有不同的努力和强度？了解这些问题对于进行激励有重要作用，下面将运用社会动力理论的观点来研究工作动力问题。

一、工作动力

1. 生存动力

什么是动力？历史唯物主义把社会动力规定为社会现实中所有引起、推动和激励人们的行为，并把这些行为引导到规定的方向，从而产生历史变迁的那些因素和关系。

（1）傅立叶"情欲引力论"。傅立叶是法国的思想家，是 19 世纪最早提出对劳动的动力进行系统研究的先驱。他认为："情欲引力是自然界在思考能力产生以前的推动力。情欲是人的本性，它包括物质情欲、依恋情欲和高尚情欲。未来的劳动是按这三类情欲进行组织的。按物质情欲要求，劳动成果必须按资本、劳动和才能的比例进行分配；按依恋情欲要求，劳动者在劳动过程中可以自由组合；按高尚情欲要求，劳动过程要满足劳动者肉体和精神需要，以引起人们的劳动热情。

（2）布登勃洛克式动力。美国经济史学家罗斯托认为人类的动机和愿望是经济增长的基础。布登勃洛克一词来源于德国作家托马斯曼的小说《布登勃洛克一家》，小说描写了家族中几代人的发展过程。第一代人追求金钱；第二代人出身豪富，开始追求地位；第三代人既有钱又有地位，开始追求精神生活。

罗斯托根据布登勃洛克一词来说明人们总是不会满足前代人追求的目标，而是不断寻找新的方式，满足新的欲望，它们依次更替，各自代表不同时代的人。

布登勃洛克式动力告诉人们，人的动机愿望总是因环境的不同而有所不同，人类的欲望不是一成不变的，而是随着客观环境的变化而不断变化的，是在原有的欲望得到满足、新的欲望又产生的过程中不断地产生新的动力，推动人们去创新,去追求物质进步。

(3)马斯洛的人本主义需要理论。人本主义心理学家马斯洛认为,推动人们工作的动力是人的需要,只要需要能够满足,人们就会努力工作。

2.目标动力

目标是人们劳动的第二动力。

(1)激励是由需要—目标驱使的动机运作的。其具体表现为以下几个方面:

1)吸引、招聘优秀的、能胜任工作的人才到组织中来,并使他们安心、快乐地在本组织中工作。

2)使这些人完成规定的分内工作,并激励他们的创造和革新精神,使工作向高的境界发展。

(2)目标动力的基本模式。目标对人有重要的激励作用,而激励作用的大小还取决于目标的难度和目标的明确性。

1)目标的难度:目标要具有挑战性,才能激发人的潜能。

2)目标的明确性:目标的量化是很重要的。目标是目的的具体化和数量化。虽然人的需要是积极性的源泉,但没有明确的目标,有劲也不知道怎样使。心中有明确的目标就能随时将行为结果与这个目标进行比较,缩小行为结果与目标之间的差距,直到行为结果与目标相等为止。

(3)目标激励的扩充模式。目标激励的扩充模式如图6-4所示。

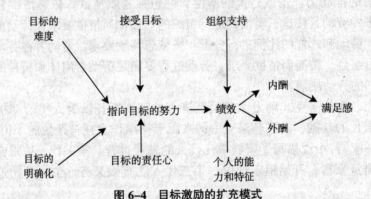

图6-4 目标激励的扩充模式

3.群体动力

群体是介于组织与个人之间的人群结合体,任何人都不能离开社会和群体而存在。恩格斯的"平行四边形原则说"说明了创造历史的是人们的"合力"。群体动力理论研究的就是群体中支配行为的各种力量对个体的相互作用与影响。心理学家勒温提出:群体的行为不是群体中各成员个人行为的算数和。社会助长效应也证明了群体动力的存在。

1897 年，有关专家就研究过在三种不同条件下骑自行车的速度。结果发现：竞赛条件下车速最快，无伴随者车速最慢。当个体在群体中时，往往会受到群体气氛、群体中其他成员的影响而表现出不同于个体独处时的行为。

（1）群体规范。群体规范是指群体为达到共同活动目标，而确立的行为标准。它使群体产生类化过程、趋同过程，从而形成行为一致。

（2）群体压力。当一个人在群体中与多数人意见有分歧时，会感到一种心理紧张，在心理上产生一种压力。这种压力之大，会迫使个体违背自己的意愿产生完全相反的行为即从众行为。

二、激励的内容

人的奋斗目标是由人的需要决定的。人的需要是有层次的，是从物质到精神、不断变化的，因此组织中个体成员的目标也是有层次的。只有当他的目标实现程度达到了一定的水平，并且他们认为需要通过组织这种行为能实现其最高目标时，组织成员才会为组织作出贡献，使组织得以发展。

在企业中，员工对企业发展所作出的贡献，取决于企业现在、将来能够为他们的多种需要提供的满足程度，也称诱发效果。员工给这种效果满足难度以期望称为满足预期。因此，在企业对员工工作诱发与员工由满足预期到决定为企业作出的贡献之间存在着紧密的依存关系。

1. 激励的内容

激励的内容主要有物质利益诱发、个人精神诱发和协调发展诱发三方面。

（1）物质利益诱发。物质利益诱发即企业为满足其员工物质生活上的需要所付出的代价，包括工资、奖金和有关的物质补贴、医疗及社会保险等。

（2）个人精神诱发。个人精神诱发即企业为其员工在基本精神保障及个人荣誉方面需要付出的努力代价，包括安全感的满足、子女的就业安排、人际交往和尊重需要等。

（3）协调发展诱发。协调发展诱发即员工通过企业和谐发展而感到自我价值实现的满足程度，如企业品牌升值，可使企业员工的物质收入和社会地位有所提高，工作时感到身心愉快。

以上三种诱发不可能被每个员工接受，而且产生的贡献程度也不一样。因为在诱发量转变为贡献值的过程中存在多种损失，所以企业的激励不在于给多少诱发，而在于怎样将诱发量转化为员工的贡献。

2. 物质利益激励、个人精神激励和协调发展激励之间的关系

1）物质利益激励是多种激励的基础。

2）个人精神激励是在提高组织中个体精神满足程度的过程中，一项推动企业发展的重要手段和措施。

3）协调发展激励是建立在组织成员个人发展目标与个体所存在的组织发展目标统一的条件下发挥作用的。

4）三者的联系：根据马斯洛需求层次理论和物质决定精神原理，物质利益激励是各类激励的基础，并始终存在于组织运行过程中，只有物质利益激励产生一定效果，其他两种激励才能奏效（见图 6-5）。

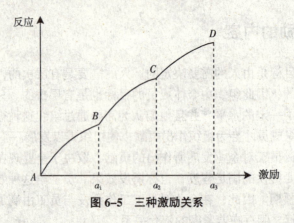

图 6-5　三种激励关系

由图中看出：当激励量达到 a_1 时，物质利益激励所产生的反应接近饱和状态。此时，适时的个人精神激励会使反应继续扩充。

在组织的正常运行状态下，三种激励形式总是交织在一起、相互联系，共同发挥作用的。物质利益激励是最基本的激励形式，没有物质利益激励的组织无法长期运行。物质利益激励达到一定程度时，必然会出现对个人精神激励的要求。如果这种要求得不到满足，物质精神的增加将不再诱发任何激励反应。这是因为物质激励遵循边际效应递减原则，当其达到一定水平时，边际效应必将为零甚至为负。个人精神激励的出现是伴随着物质利益激励的减弱而增强的。个人精神激励也是有限的，它弥补了物质和精神两种激励的有限性，使员工形成了一种共同的文化价值观，使物质和精神的激励得到了延长和发挥。所以，三个因素互为发展、互为前提，使组织不断发展。

第四节 激励的理论与应用

一、激励理论之一：内容型激励理论

1. 马斯洛的需要层次论

激发动机的基础，在于人们的需要。因此，许多心理学家把人的需要作为一个主要课题来进行研究。

马斯洛是当代美国人本主义心理学的创始人，他强调人的本性基本上是好的，破坏性是派生的，同时强调人的主观能动性。

马斯洛的理论比较复杂，许多人都对其有过不同的评价。他的理论不同于当代的实验心理学，也不同于当代的哲学心理学。但无论如何，作为对人类社会心理和价值理论的一种探索，他的研究是有启发作用的，下面介绍关于马斯洛的需要学说。

（1）需要结构的层次。马斯洛认为，人的需要按其上下间依赖的程度分为五种层次。其中，最低层次的需要是生理需要，它是随生物进化而逐渐变弱的本能或冲动，最高层次的需要是高级需要；人的需要从低级的生理需要、安全需要、社会需要、尊重需要逐渐发展到高级的自我实现的需要。

1）生理需要：凡能满足个体生存所必需的一切物质都为生理所需要。生理需要是人类最原始，也是最基本的需要，如吃、穿、住、新陈代谢和休息等。这个需要是其他一切需要的基础，如果这个需要得不到满足，将影响人类的生存。

2）安全需要：主要是免于身体危险及剥夺基本生理需要的恐惧需要。安全需要希望躲避危险和贫困，希望平安和太平，得到安全与福利。

3）社会需要：希望伙伴、同事之间关系融洽或保持友谊、忠诚与爱情。同时，任何人不喜欢孤独，有渴求让别人了解自己的需要。有一种归属感，希望自己是某群体的成员并得到相互的关心和照顾，希望有一个和谐的环境。

4）尊重的需要：指对人的价值的尊重和对地位的需要。对人的价值的尊重包括自我尊重、对他人的尊重，以及他人对自己的尊重。地位的需要表现为对声誉、地位的需要，要求社会上给予名誉、地位、权力、赞赏，要求他人对自己重视或高度评价，同时希望自己有实力、有成就，能够胜任工作并要求独立

和自由。

5）自我实现的需要：可看做是完全实现自己理想抱负的需要。这是任何个体的一种自发地想超过标准、力争使自己成为一个"完人"、实现人性的内在心理需求。每个人必须有要求发挥自己全部潜能的需要。例如，音乐家必须演奏出最好的成绩，诗人必须写出最好的诗篇。也就是说，是一种能成就什么，就必须成就什么的欲望，把自己的各种禀赋——发挥了出来。但是，这个自我实现并不是要人人都成为"伟大人物"，只要发挥了自己的能力，就可以称为自我实现或自我充分发展。比如，禀赋水平高的人，如果只尽到一半才能就不能说是自我实现；禀赋水平低的人，如果发挥其有限的能力，就可以说是一个自我实现的人。

马斯洛指出，并不是每个成年人都能自我实现，人的一生都在为这种自我实现而不断地拼搏、奋斗。一种需要满足了、自我实现了，又会有另外一种需要，又会产生新的自我实现。

（2）需要结构的分析。马斯洛认为，上述需要的五个层次是逐级上升的，当下级的需要获得相对满足以后，就追求上一级的需要，成了驱动行为的动力。但是，这个需要层次有些机械，人们并不一定是逐级去满足需要的。比如，有的人在生理需要未满足的情况下，可能会放弃安全需要铤而走险；而有时有的人在其他需要可以暂时不满足的情况下，其自我实现的需要一定要得到满足。例如，二万五千里长征时，许多人放弃了生理、安全的需要，只注重自我实现。生活在社会不同阶层的人，其需要层次是不同的，有不同的需要模式。

1）生活在最底层的人民、没有温饱的家庭，主要是生理和安全需要，其他需要次之，如图6-6所示。

图6-6　金字塔形的需要结构

美国的研究表明约有20%的人处于这一层。

2）生活在中等阶层，即"小康之家"有非常强烈的社会成员需要，希望得到自尊、渴望友情，而安全、生理需要和自我实现次之，如图6-7所示。

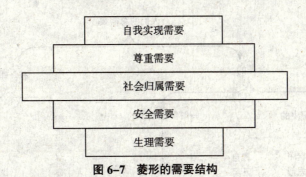

图 6-7 菱形的需要结构

据美国的研究表明 80%人保留在这一层次内。

3）还有一些人生理、安全、社交需要都得到了相对的满足，他们的行为似乎是自尊与自我实现占优势。许多研究也认为，如果全社会的物质生产极大地丰富，人民群众的文化素质不断提高，思想境界日臻完美，那么这种需要模式就会占社会全体的总数，如图 6-8 所示。

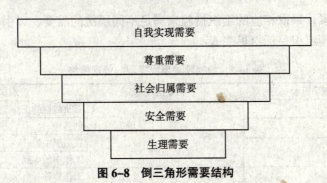

图 6-8 倒三角形需要结构

据美国的研究表明不到 1%的人处于这一层次。

可见每个人的需要并非按照由低到高顺序发展的，有些人这种需要高，有些人那种需要高，因人而异。

（3）根据马斯洛理论满足需要。下面将介绍满足需要的途径和方法：

1）满足需要的途径有两种。第一种是职务以外需要的满足，是间接满足。这种满足不是来自工作本身，而是来自工作以外，包括工资、福利和劳动保护。第二种是职务之内需要的满足，是直接满足。通过工作本身得到满足，主要是指工作环境，包括对所从事的工作的爱好和兴趣。

2）满足需要的方法：在管理中要采取先调查（通过填表等），后进行综合分析。方法如图 6-9 所示。

（4）马斯洛理论在管理上的应用。既然需要是客观存在的，就需要找出相

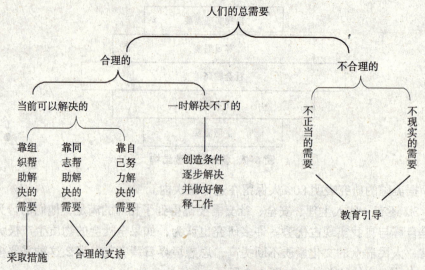

图 6-9 满足需要的方法

应的激励因素，采取相应的组织措施来满足不同层次的需要，以引导和控制人的行为，实现组织目标（见表 6-1）。

表 6-1 根据需要层次采取的管理措施

一般激励因素	需要层次	组织措施
成长	自我实现	有挑战性的工作
成就		创造性
提升		在组织中提升
		工作中的成就
承认	自我、地位、尊重	工作职称
地位		增加奖励
自尊		同事和上级承认
自重		工作本身
		责任
志同道合	归属与友爱	管理的质量
爱		和谐的工作小组
友谊		同事的友谊
安全	安全与保障	安全的工作条件
保障		外地的福利
胜任		普遍增加薪水
稳定		职业安全
空气	生理的	暖气和空气调节
食物		基本工资
住处		自助食堂
性生活		工作条件

2. 奥德费的 ERG 理论

（1）需要层次。是美国耶鲁大学的心理学家奥德费在进行了大量的经验研究基础上形成的。他将马斯洛的需要层次压缩为三种：生存的需要（E）、相互关系的需要（R）和成长发展的需要（G）。

1）生存的需要：类似于需要层次理论中的生理和安全的需要，包括多种形式的生理和物质上的欲望（衣、食、住、行），以及在组织环境中的需要（工资、津贴和物质工作条件）。

2）相互关系的需要：类似于需要层次理论中的社会和尊重的需要，它包括所有在工作场所中与他人之间的人际关系。个人的这种需要依靠与别人分享和交流感情的过程中得到满足。

3）成长发展的需要：类似于自尊的需要和自我实现的需要，包括个人在工作上的创造性或个人成长的努力。成长需要的满足，产生于人所从事的工作，他不仅需要发挥其才能，而且还需要培养新的才能。

（2）主要论点。奥德费的 ERG 理论的主要论点如下：

1）各个层次的需要得到的满足越少，这种需要越为人们所渴望。比如，满足生存需要的工资越低，人们越渴望得到更高的工资。

2）对较低层的需要越是能够得到较多的满足，对较高层的需要就越渴望。例如，生存的需要已经得到了相对满足，对人和人关系的需要及工作成就需要就越强。

3）较高层的需要越是满足得少，对较低层的需要的渴求就越多。例如，成长的需要得到的满足越少，对人与人关系的需要的渴求就越大。

3. 麦克利兰的成就激励理论

美国哈佛大学心理学家戴维·麦克利兰对成就需要这一因素作出了研究，提出了成就激励理论。

（1）成就激励理论不讨论人的基本生理需要，主要研究在人的生理需要基本得到满足的前提条件下，人还有哪些需要。麦克利兰认为，人还有对权力、友谊和成就的需要。

1）权力的需要：包括个人权力和社会权力。它是人们对自己所应有的权力、地位，应有的特权的需要，以及对控制别人的权力的需要。

2）友谊的需要：需要人与人之间关系和谐。

3）成就的需要：对成就的需要可以激发人产生积极性。

（2）主要论点。成就激励理论的主要论点如下：

1）不同的人对这三种基本需要的排列层次和所占比重不同。一般来说，成功的经理强调较高的成就需要，也希望有一个较高的权力需要，对友谊交往的需要相对较低。

2）具有高成就需要的人的特点是：事业心强、比较实际和敢冒一定的风险。这种人把个人成就看得比金钱重要，认为从成就中得到的精神鼓励超过了物质鼓励，把报酬看做是衡量成就大小的工具。

3）具有较高的成就需要的人对一个部门很重要，一个部门拥有越多的这种人才，其发展越快。

4）高成就需要的人是可以教育和培训的。

4. 赫兹伯格的双因素理论

双因素理论是由美国心理学家赫兹伯格首先提出的。他在20世纪50年代后期，对一些企业进行了调查。调查时，他设计了许多问题，如什么时候你对工作特别满意，什么时候你对工作特别不满意等。然后，他向一批工程师和会计师征集意见。赫兹伯格在研究了调查结果后提出了双因素理论，即激励因素—保健因素理论。

（1）双因素理论的基本内容。赫兹伯格根据调查所得到的大量资料，发现促使员工在工作中产生满意或良好感觉的因素，与产生不满意或厌恶感觉的因素是不同的。前者往往是与工作内容联系在一起的，后者则与工作环境或条件相联系。赫兹伯格发现，造成员工非常不满的因素主要有：公司的政策、行政管理和监督方式、工作条件、人际关系、地位、安全和生活条件。这些因素的改善只能消除员工的不满、怠工与对抗，不能使员工变得非常满意，也不能激发他们工作的积极性，促使生产效率提高。赫兹伯格把这一类因素称为保健因素，就好像有些药物只能起到防止疾病、治疗创伤的作用，而不能达到提高体质的目的。赫兹伯格还发现，使员工感到满意的原因有：工作富有成就感、工作成绩能得到认可、工作本身具有挑战性、负有较大的责任、在职业上能得到发展等。这类因素的改善，能够激发员工的工作热情，从而大大提高生产效率。如果处理不好，也能引起员工的不满，但影响不是很大。赫兹伯格把这类因素称为激励因素，如表6-2所示。

表6-2 激励与保健因素

保健因素（外在因素）	激励因素（内在因素）
公司的政策管理 技术监督系统 与上级主管之间的人事关系 与同级之间的人事关系 工作的环境或条件 薪金 个人的生活 职务、地位 工作的安全感	工作上的成就感 工作中得到认可和赞赏 工作本身的挑战意味和兴趣 工作职务上的责任感 工作的发展前途 个人成长和晋升的机会

　　基于以上分析，赫兹伯格认为传统的"满意—不满意"的观点是不确切的。因为满意的对立面应该是没有满意（而不是不满意），不满意的对立面应该是没有不满意（而不是满意），如图6-10所示。

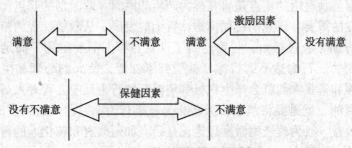

图6-10　赫兹伯格的更新观点

　　赫兹伯格的双因素理论与马斯洛的需要层次理论是密切相关的。它们既有区别，又有联系。需要层次理论是针对人类的需要和动机的，而双因素理论则针对满足这些需要的目标或诱因。将两者结合起来看，保健因素相当于需要层次理论中的低层次需要，这些需要的满足只能消除不满，但不能导致满足。也就是说，它们只能维持工作激励在"零状态"，是防止产生不满的前提，只能看做是激励的起点。相应地，激励因素相当于需要层次中的高层次需要，这类需要的满足才能真正产生满意感，真正有效、持久和充分地激励员工。

　　（2）对双因素理论的评价。对双因素理论的评价如下：

　　首先，它告诉了人们一个事实：采取了某项激励措施以后并不一定就带来满意，更不等于劳动生产率就能够提高。

　　其次，满足各种需要所引起的激励程度和效果是不一样的。物质需求的满足是必要的，没有它会导致不满，但即使获得满足，它的作用往往是很有限的，不能持久。

　　再次，要调动人的积极性，不仅要注意物质利益和工作条件等外部因素，更重要的是注意工作的安排，量才录用、各得其所，注意对人进行精神鼓励，给予表扬和认可，注意给人以成才、发展、晋升的机会。用这些内在因素来调动人的积极性，才能起到更大的激励作用并维持更长的时间。

　　双因素理论为推动生产效率的提高发挥了作用。比如，工作的丰富化、工作的扩大化、弹性工作时间制等都为提高工作积极性发挥了作用。

　　总之，保健因素只是使员工尽量少地产生不满情绪，但不能提高员工的积极性，而激励因素才能激发员工的工作热情。

二、激励理论之二：行为改造型激励理论

内容型激励理论的重点是研究行为产生的原因，即激励的起点和基础，分析人们内在的需要，研究动机如何推动行为的发展。从激励过程的模式中可以看出：一方面，经过努力，行为达到了预定目标，需要得到了满足；另一方面，经过努力，行为达不到目标，就受到了挫折，使人们心理和生理更为紧张，为了缓和紧张人们就会产生积极和消极两种行为反应。管理人员对职工进行激励的目的，就是要将消极行为转化为积极行为，以达到组织预定的目的，取得好的效益。行为改造型激励理论正是研究如何改进和转化人的行为，变消极为积极的一种理论。它包含三方面内容：

第一，人的行为是对外部环境刺激作出反应，只要通过改变外部环境刺激（即创造一定的操作条件），就可以达到改变行为的目的。

第二，人的行为由人的内在思想认识指导和推动，通过改变人的思想认识就可以达到改变人的行为目的。

第三，人的行为是外部环境刺激和内部思想认识相互作用而导致的，因此只有改变外部环境刺激与改变内部思想认识相结合，才能改变人的行为的目的。

1. 操作条件反射理论

操作条件反射理论由美国心理学家斯金纳提出，他认为"人的行为受外部环境所调节，因此也受外部环境刺激所控制，只要改变刺激就能改变行为"。作为一个管理者，关键是要改造环境、改变目标和完成工作任务后的奖励，从而保持和发挥积极行为，减少或清除消极行为，变消极为积极。

强化论是操作性条件反射理论的核心。强化是指增强某种刺激与有机体某种反应之间的联系。也就是说，要通过不断改变环境的刺激因素来达到增强、减弱或消失某种行为的过程。

（1）强化类型的选择。强化类型的选择主要有以下四方面：

1）积极强化：在行为发生以后，立即用物质或精神的鼓励来指定这种行为，在这种刺激（S）作用下，使个体感到对他很有利，从而增强以后的行为反应（R）频率。这种强化通常称为奖酬，如表扬、赞赏、增加工资、发放奖学金和奖励等。这一过程表示为：交给设计任务（S）——完成任务（R），管理者给予强化——提出表扬、增加工资。

2）惩罚：消极行为发生之后，给予某些人不好的对待或取消某些人喜爱的东西，从而减少消极行为或消除消极行为，这种强化称惩罚。

3）消极强化（逃避性学习）：这种方法的目的是为了加强所希望的行为的发生，撤销原来给予一个人的惩罚。

4）衰减：撤销对后来可以接受的行为的强化。由于一段时间内对某行为连续不强化，这种行为将逐步降低反应频率，并最终消失。例如，一个公司的业务员努力寻找销路，每得到一份新顾客的订单，将得到一笔酬金。久而久之，新产品打开了销路，客户多了起来，业务员的开支也越来越大。为了取消这项制度、减少开支，公司不给业务员酬金了。结果，业务员由于得不到自己通过分外努力而新增加销售额的报酬，于是将努力降低了一半，衰减了公司所希望的行为。

上述强化类型可以根据组织的需要，既可以增加所希望的行为，也可以减少所不希望的行为发生，但最终目的是要改变一个人的行为。

（2）强化的原则。运用强化手段改造行为时要遵循下列原则：

1）要设计一个目标体系：大、中、小，远、中、近结合起来，要先大再远、然后小而近。

2）要及时反馈和强化，要能尽快知道自己的行为结果和尽早进行强化，应该特别重视尽快得到大量的信息，抓住信息反馈，这样可使员工及时得到鼓励与鞭策。

3）要使奖酬成为真正的强化因素，这样才能影响积极行为发起的次数。为保证奖酬成为真正的强化因素，必须注重物质奖酬与精神鼓励相结合，奖酬应逐步增长，奖励不宜过于频繁，防止强化作用的减弱，奖励方式要新颖多样。

4）多用不定期奖酬，少用定期奖酬。因为定期奖酬会成为人们预料之中的事，从而降低了强化作用，而不定期的预料效果更好。

5）要因地制宜，采用不同强化方式，人有不同性格、特点，对奖酬的反应也不一样，因此不能采取“一刀切”的方式。

6）奖惩结合。以奖为主，使好行为得以保持，要适当运用惩罚。惩罚是制止不良行为、促进好行为的开始。

（3）应用步骤及效果。行为改造理论的应用步骤及效果如下：

1）步骤。

第一步，确定并说明行为的目标，包括工作定额。

第二步，事先确定在人的行为达到目标后所给予的奖酬。

第三步，通过改变目标或改变工作后果来控制行为。

2）应用效果，行为改造理论在管理中的效果显著。

案例：

　　小张是一个刚大学毕业的本科生。他来到企业后总不肯安心工作，先是迟到，领导找他谈过几次话后，他又开始在上班时间玩电脑游戏，严重影响了公司的形象。部门主任对此很反感，要求上级领导解雇他。上级领导鉴于小张刚走出校门，又是营销专业毕业，理论知识扎实，便找到小张，严肃认真地指出了他的不足，并告诉他下个月要他专门跑市场，寻找客户。这算是惩罚了他，没想到小张属于那种坐不住的人，跑市场居然使公司增加了十多个客户，为了表彰小张的工作业绩，公司给他奖励了一台电脑。从此，小张的工作更出色了，甚至将省外的客户订单也接来了。

　　问题：

　　1）运用行为改造型激励理论说明小张前后行为的变化。

　　2）应用行为改造型激励要遵循哪些原则？

　　2. 挫折理论

　　人们随时都可能遇到挫折，挫折的结果往往带来两种意义。从积极的方面来看，它能引导个人的认识产生创造性的变迁，即可以帮助人们总结经验教训，促使人们增长解决问题的能力，也能引导人们以更好的办法满足需要。从消极的方面看，如果心理准备不足，挫折可能使人产生心理上的痛苦，情绪混乱、行为失措，甚至会引起悲观厌世以致种种疾病，这无疑将大大挫伤人的积极性，影响工作效率。

　　挫折是一个人的主观心理感受，一个人是否体验到挫折，因个人的心理发展层次不同而有很大差异，即对某人构成挫折的情况，对另一个人并不一定成为挫折。同时，一个人是否感受到挫折还与其抱负水平有密切的关系。管理者必须善于了解员工的需要，创造条件，满足员工的合理需要，尽量避免使员工受到挫折，当员工已经受到挫折时要积极做好工作，不使挫折导致其非理性行为。

　　（1）受挫后的情绪反应。人们受到挫折后会产生各种反应，主要有以下几方面：

　　1）攻击。有人认为，攻击是挫折的结果，攻击行为的产生可以预测挫折的存在；反之，挫折的存在，一定会引起某种形式的行为。当个体受到挫折时，由于引起了愤怒的情绪，往往会导致愤怒的攻击行为的出现，并表现为两种方式：直接攻击和转向攻击。直接攻击就是个体在受到挫折后，对造成自己心理挫折的人或物立即进行回击。转向攻击就是个体考虑到各种主客观条件的限制，把自己的愤怒情绪发泄到挫折来源之外的方面。转向攻击通常在下列两三种情形下发生：一是由于对方位高权重而不敢直接攻击，或由于自己的地位、身份所限而不便直接攻击，只好将愤怒发泄到其他人或物上；二是由于对挫折的来源不明确，没有明确的对象可以攻击，更不了解该如何攻击。这时，个体往往会将攻击的矛头指向与挫折毫不相关的人或物上；三是由于对自己缺乏信心，不能正确估计自己，在失败之后，立即将愤怒倾倒在自己身上，责备自己或憎恶自己。

攻击反应在管理过程中通常表现为对管理者恶意诽谤或牢骚满腹，对同事缺乏友好态度，故意破坏设备，以及无故缺勤等。

2）冷漠。冷漠即个体在受到挫折后，自己压抑自己的愤怒情绪、内心焦虑不安，表面却无动于衷，对以往追求的目标漠不关心，甘拜下风，无任何情绪反应。冷漠是受挫折后一种复杂的行为表现方式，与个体的学习经验有着密切的联系。一般来说，冷漠多在以下情境下发生：长期受挫折而不能摆脱、处境困苦、无望无助、心理上恐惧不安、生活上痛苦难忍、进退两难、攻击和退缩之间矛盾冲突激烈等。

冷漠在管理中表现为员工对任何事情都不感兴趣，十分消极或自暴自弃。

3）退化或回归。退化或回归即个体在受到挫折之后，所产生的与自己的年龄身份不相符的幼稚行为。成人的退化行为是长期、反复的挫折、折磨的结果，具有病态的性质。这种行为一经发生，往往很难矫正。管理者应该进行耐心疏导，既不能呵斥教训，也不能许以报酬。

退化在管理过程中表现为员工对组织或领导人的盲目效忠，情绪缺乏控制，易受谣言影响，不能明辨是非等。

4）固执。固执即个体在遭受挫折后以不变对万变，采取刻板的方式盲目重复某种行为。应该注意的是，个体发生固执行为并不意味着他内心里是坚定平静的。相反，他的心理反应为茫然无措、悲观失望或畏缩不前。

固执在管理过程中表现为员工盲目排斥创新，不接受别人的建议，故步自封。

5）继续努力。继续努力即个体经过理智分析，认为眼前的失败或错误是因为自身主观努力不够，只要坚定信心，调整行为，加强努力，便能达到期望的目标。

6）替换目标。替换目标即个体经过理智分析，认为目前的失败或错误是由于一时难以改变的自然条件或社会条件的约束，或者由于自身生理或心理条件与目标要求还有距离，即使自己加倍努力，达到目标仍遥不可及，这时明智的做法是调低或更换期望目标。

7）升华。升华即个体经过理智分析，认为自己的某些需要与动机是社会范围所不认可的，个体只能对其加以自觉的改变，借助社会所许可的、较高境界的艺术活动或运动，求得变相的、象征性的满足。

8）"酸葡萄与甜柠檬"机制。葡萄明明是甜的，但狐狸吃不到时却说它是酸的。柠檬明明是酸的，但被迫咽下的人往往说：我吃下的这颗并不像一般的柠檬那么酸，它甚至还有点儿甜。这种方法的要诀是对自己无奈失去的东西大加贬斥，而对自己已经做出的行为强行美化。

9）表同。表同即援引众人认可的名人事例来证明自我当下行为的合理性。其主要有以下两种表现：一种是个体为了迎合供给需要满足的保护者，在思想行为上模仿他们，按照他们的希望行动；另一种是当个体在现实生活中无法获得成功的满足时，往往将自己比拟成某个成功的名人，模仿其言行举止等，借此在心理上分享他的成功之果，从而消除挫折引起的苦闷与焦虑。

10）压抑。压抑即将可能引起挫折的欲望，以及与此有关的感情、思想等抑制而不承认其存在，也就是将其排除于意识之外。这种反应实际上是不敢面对自我的某一部分，回避自我内部的危险，其结果虽可减轻焦虑获得暂时的安全感，但被压抑的欲望并不会因此而消失，反而会深入到个人的潜意识里，影响性格健全地发展。

11）投射。投射即个体把自己的行为失当、工作失误的原因强加到他人身上，以减轻自身的不安，从而维护自己。比如，一个对别人抱有成见的人，却总认为别人对自己有成见。

12）反向。反向即个体为了防止某些自己认为不好的动机外露，会采取与动机相反方向的态度或行为，也就是想借助相反的态度或行为，抑制内心的某些动机。例如，过分亲切的背后，很可能隐藏着憎恶；过分顺从的背后，也可能隐藏着反抗；而自吹自擂的人，往往十分自卑且内心空虚。

以上反应中，第1~4项属于非理性的反应，第5~7项为理性的反应，第8~12项是自我防卫反应。由于它们各自的表现不同，因此在管理中预防挫折的方法也不同。

（2）挫折与管理。人生活在现实的社会中，要进行工作、学习和各种交往，不可能一生都一帆风顺，随时都有受到挫折的可能。在管理工作中，一方面要尽量消除引起员工挫折的环境，避免使员工受到不应有的挫折；另一方面当员工受到挫折时，应尽量减低挫折所引起的不良影响，提高员工对挫折的容忍力。

1）一般可以采用以下几种方法预防挫折：

①消除挫折产生的原因。产生挫折的原因有自然的、社会的、生理的等许

多方面。对于自然因素，有些虽然是不可避免的，但是有些还是可以采取措施加以预防的。对于社会因素，应尽量引导员工适应环境，遵守法令、社会秩序、公共道德、人们的风俗习惯等，加强法制观念。对于生理因素，则应考虑个人的生理特点，使生理有缺陷的人受到尊重，不受歧视。

②改善人际关系。加强个人差异管理，使员工互相信任、互相帮助、互相支持、互相尊重。尤其要注意改善领导与下属、管理者与被管理者的关系，发挥集体智慧，建立"平等"关系。如果员工之间矛盾尖锐，一时无法解决，可以暂时调动一下工作岗位。

③改善管理制度和管理方式。比如，适时调整组织结构，取消有碍发挥员工积极性的不合理的管理制度，改善劳动人事制度和工资制度，实行参与制、授权制和建议制等，不使员工产生受到严格监督和控制的感觉。

2) 正确对待受挫折的人。人们研究挫折的意义、表现及受挫折后的行为反应，最终目的是为了找出正确对待受挫折的人的有效方式和方法。一般来说，有以下几种方法：

①采取宽容的态度。作为领导者，对受挫者的攻击行为采取宽容的态度是很重要的。帮助受挫者是领导者的责任之一，应该耐心细致地做思想工作，要以理服人，绝不能采取针锋相对的反击措施。如果以反击对待攻击，不仅不符合友好原则，而且也收不到良好的效果，严重时还可能使矛盾激化。

②提高认识，分清是非。作为领导者，在受挫者冷静下来的时候，应该给他们讲清道理，热情地帮助他们提高认识、分清是非，这样才能使受挫者变消极行为为积极行为。

③改变环境。改变环境有两种方法：一是调离原来工作和生活的环境，到新的环境里去；二是改变环境的气氛，给受挫者以同情和温暖。为了真正使受挫者能变消极行为为积极行为，领导者应该尽量少采取惩罚性措施，因为那样会加深挫折。

④精神发泄法。这是一种心理治疗方法，就是要营造一种环境，使受挫者可以自由表达他受压抑的情感。人们在受到挫折后心理失去了平衡，常常是以紧张的情绪反应代替了理智行为。只有让他们把这种紧张情绪发泄出来，才能恢复理智状态，达到心理平衡。

三、激励理论之三：过程型激励理论

过程型激励理论是研究人们选择其要做的行为的过程，研究到底选择什么样的行为，是选择积极的还是消极的，激励水平的高低取决于什么。总之，过程型激励理论主要是说明行为是怎样产生的，是怎样向一定方面发展的，如何能使这种行为保持下去，以及怎样结束这种行为的过程。

下面介绍四种有关理论：期望理论、公平理论、波特—劳勒的激励过程模式和综合激励模式。

1. 期望理论

需要理论认为，人的积极性（激励）主要取决于需要的满足，除此之外，实际上还取决于可能，就是说：

$$激励 = 需要相对满足 + 可能性$$

比如，一个销售员的培训需要强烈，但学习效果不好，这样这个人是否接受培训，对他来说还要根据需要和可能，综合考察后作出行为的选择。由于出现了可能，所以提出了期望理论。

（1）期望理论的内容。期望理论是美国心理学家弗罗姆提出的，他认为当人们有需要又有达到目标的可能时，其积极性才能高，激励的水平取决于期望值和效价的乘积。

$$激励水平的高低 = 期望值 \times 效价 \quad (M = E \times V)$$

激励水平的高低（M），表明了动机的强烈程度和被激发的工作动机的大小，即为达到高绩效而作的努力程度。

期望值（E）是指人们对自己的行为能否得到想得到的工作绩效和目标（奖酬）的主观概率，即主观上估计达到的目标、得到奖酬的可能性。这种主观概率要受每个人的个性、情感和动机的影响。因此人们对这种可能性的估计也不一样，有人趋于保守，有人趋向冒险。

效价（V）是指人们对某一目标（奖酬）的重视程度与评价的高低，即人们在主观上认为奖酬的价值大小。

E 和 V 必须都高，M 才能高。所以，激励要考虑期望值和效价的认可程度。三者的关系如下：

$$M（大）= E（大）\times V（大）$$
$$M（小）= E（大）\times V（小）$$
$$M（小）= E（小）\times V（大）$$
$$M（中）= E（中）\times V（中）$$

（2）期望理论的模式。弗罗姆认为为了有效激发组织成员的工作动机，除了要考虑期望值和效价之外，还要注意以下问题：

1）关联性：指绩效与所得报酬之间的联系，这种联系是个数值，以 1 表示，在 +1～-1 变化。比如，高工作效绩总是导致报酬的提高——提高工资，这个关联性则为 +1。如果绩效与所得报酬之间没有联系，关联则为 0。所以要激励员工更好地工作，管理人员应该主要抓住三件工作：明确做什么工作给什么奖酬；使职工认识到这种奖酬与工作绩效有联系；使职工相信只要努力工作，绩效就能提高。

2）结果绩效和报酬是行为人活动后的最终结果：它可以分为工作绩效和由工作绩效所导致的结果（提高工资或提升职位），这个结果越好，越能提高激励水平。

3）能力：指个人执行某项任务的本领，以表示一个人能做什么，而不是指他愿意做什么。

4）选择：指个人选择的一定的行为方式，人具有权衡每个行为的权利，并且可以选择能够获得好结果的行为。

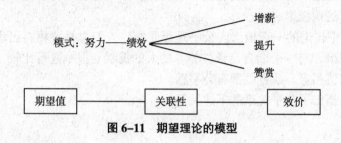

图6-11　期望理论的模型

（3）期望理论在管理上的应用。期望理论在管理上可以有如下应用：

1）人们可以自觉评价自己努力的结果（绩效）和自己绩效的结果（报酬）。

2）一个管理人员可以通过指点、指导和参加各种技术训练的办法，明确指定下级对努力达到绩效的期望。

3）报酬必须紧密、明确地与对组织有重要意义的行为相联系，组织中的奖励制度和奖励必须随个人的绩效而确定。

4）人们对其从工作中得到的报酬的评价（效价）是不同的，有的重视钱，有的重视挑战性工作。因此，管理人员应该重视使组织的特定报酬与职工的工作愿望相符合。

案例：

　　某合资企业向社会公开招聘高级工作人员，其条件丰厚。某单位的小王在业务条件、工作技能方面完全符合招聘条件，工作积极性也很高。招聘单位也多次表示，如果小王报名一定优先录取。结果小王却没有报名。小刘在业务条件、工作技能方面也完全符合条件，但平时工作积极性很低，结果他却报了名。对他们两个的行为，许多人为小王可惜，而更多的人则讥笑小刘，说他异想天开。

问题：

1）小王为什么够条件却不报名？

2）大家为什么讥笑小刘的行为？

2. 公平理论

美国心理学家亚当斯任教于北卡罗来纳大学。1963 年亚当斯发表了他的论文《对于公平的理解》，1965 年他又发表了《在社会交换中的不公平》一文，从而提出了公平理论的观点。

亚当斯的这一理论，主要是用来解决工资报酬分配的合理性、公平性及其对职工生产的积极影响。

（1）公平理论的一般概念。公平理论是指，人们总是要将自己所做的贡献和所得的报酬，与一个和自己条件相等的人的贡献与报酬进行比较。如果这两者之间的比值相等，双方就都有公平感。

亚当斯提出了公平关系的下述关系式：

$$\frac{O_p}{I_p} = \frac{O_o}{I_o}$$

式中：O_p—— 一个人对其所获的报酬的感觉；

I_p—— 一个人对其所作贡献的感觉；

O_o—— 一个人对他人所获报酬的感觉；

I_o—— 一个人对他人所做贡献的感觉。

这个等式说明，当一个人感到他所获得的结果与其所作投入的比值，与作为比较对象的别人的这项比值相等时，就有了公平感。

如果这两者之间的比值不相等，一方的比值大于另一方，另一方就会产生不公平感，反之亦然。见下述关系式：① $\frac{O_p}{I_p} < \frac{O_o}{I_o}$；② $\frac{O_p}{I_p} > \frac{O_o}{O_o}$。

在第①种情况下，他可能要求增加自己的收入或减少自己今后的努力程度，以便使公式左侧增大，公式左右两侧趋于相等；他也可能要求组织减少比较对象的收入或让其今后增大努力程度以便使公式右侧减小，使等式两侧趋于平衡；他还可能重新找其他人作为比较对象，以便达到心理上的平衡。

在第②种情况下，他可能要求减少或在开始时自动多做些工作，但久而久之，他会重新估计自己的技术和工作情况，当他觉得确实应该得到那么高的待遇，于是产量便又会回到过去的水平了。

除了横向比较外，人们也经常作纵向比较，即把自己目前投入的努力与目前所获得的报酬的比值，同自己过去投入的努力与过去所获得的报酬的比值进行比较。只有相等时他才认为公平，如下式所示：

$$\frac{O_{pp}}{I_{pp}}=\frac{O_{pl}}{I_{pl}}$$

式中：O_{pp}——自己对现在所获报酬的感觉；

　　　O_{pl}——自己对过去所获报酬的感觉；

　　　I_{pp}——自己对现在投入的感觉；

　　　I_{pl}——自己对过去投入的感觉。

当上式为不等式时，也可能出现以下两种情况：①$\frac{O_{pp}}{I_{pp}}>\frac{O_{pl}}{I_{pl}}$；②$\frac{O_{pp}}{I_{pp}}<\frac{O_{pl}}{I_{pl}}$。

当出现第①种情况时，人不会产生不公平的感觉，但也不会觉得多拿了报酬，从而主动地多做些工作。当出现第②情况时，人会有不公平的感觉，这可能导致工作积极性下降。

（2）如何认识公平理论。公平理论提出的基本观点是客观存在的，但公平本身却是一个相当复杂的问题，这主要是下面几个原因造成的：

1）它与个人的主观判断有关。上面公式中不论是个人的或他人的投入和报酬都是个人感觉，而一般人总是对自己的投入估计过高，对别人的投入估计过低。

2）它与个人所持的公平标准有关。上面的公式标准采取的是贡献率，也有采取需要率、平均率的。

3）它与绩效的评定有关。人们主张按绩效支付报酬，并且各人之间应相对均衡。但如何评定绩效，是看工作成果的数量和质量，还是看工作中的努力程度和付出的劳动量；是按工作的复杂、困难程度，还是按工作的能力、技能、资历和学历。不同的评定办法会得到不同的结果。最好的办法是按工作成果的数量和质量，用明确、客观、易于核实的标准来衡量，但在实际工作中往往难以做到，有时不得不采取其他的办法。

4）它与评定人有关。绩效由谁来评定，是由领导者评定还是由群众评定或自我评定，不同的评定人会得出不同的结果。由于同一组织内不是同一个人评定，因此会出现松紧不一、回避矛盾、姑息迁就、抱有成见等现象。

由此可见，公平理论认为：职工对报酬的满足程度是一个社会比较过程；一个人对自己的工作报酬是否满足，不仅受到报酬的绝对值的影响，而且也受到报酬的相对值的影响（个人与别人的横向比较，以及个人与其历史收入的纵向比较）；需要保持分配上的公平感，只有产生公平感时才会心情舒畅，努力工作，而在产生不公平感时会满腔怨气、大发牢骚，甚至放弃工作，破坏生产。

（3）公平理论在我国的应用。华东师范大学的俞文钊教授进行了公平理论的研究，提出了"公平差别阈"的概念，即能使两个条件不相等的人刚能产生公平感时的适宜差别的比值。公平差别阈限是一个可以测量的比值。根据俞文钊的实验研究，承包者与职工之间的报酬差别的比值为 1 : 2~1 : 3，即承包者与职工的收入差别最多为 2~3 倍，如果大于此值，职工无法接受，如果小于此值，承包者也无法接受。

如何将公平理论正确地应用到总结评比、奖惩制度、工资调整、晋级等实际问题上去，尚待深入探索。一般说来，用得好，就可以起到真正的激励作用；用得不好，会引起人际关系的紧张及各种冲突，使人产生挫折感。

总之，这种公平和不公平是在社会比较中得来的，因此公平就能激励人，不公平就不能激励人。人们能否得到激励，不仅会由他们得到了什么报酬而定，更重要的是由他们看到别人或以为别人所得到的报酬与自己所得报酬是否公平而定。应用这一理论时要注重以下三方面：

1）要强调对职工给予公平的报酬，因为如果人们认为他们没有得到公平的报酬，就会影响其劳动生产率的提高。

2）判断公平与不公平不应进行社会比较，应与组织内外其他职工进行比较。

3）个人对不公平的反应可以采取许多不同的形式。

案例：

美国的一些大型航空公司面临着一个难题：由于管理混乱，飞机加油成本和营运成本上升。面对新崛起的那些成本偏低的对手，他们感到压力很大，他们认识到必须降低成本，尤其是人工成本。这些大公司付出的薪水往往比小公司高 50%。这使得他们在竞争中处于劣势地位。但大多数航空公司的工会强烈反对降低工资。

举个例子，世界航空公司（WA）的总裁在 1986 年曾试图说服机械工程师接受降低工资和福利的 15%。他认为，这样公司当年就能节省 2.5 亿美元的支出，这将对公司今后的发展十分有利。但谈判时，工会成员列举了公司存在的许多问题，向总裁发起进攻："本公司有多少位副总裁？45位。总裁及其家属乘坐一等舱收费吗？不收。既然公司目前经营状况不佳，为什么总裁最近又加薪 11%？"总裁回答说，他拿 350000 美元的年薪是因为他付出了大量艰辛的劳动。工会人员又问："为什么公司最近向一个离开公司的前董事发放了无息贷款？"工会成员认为，在资方享受奢侈生活的同时，却让员工减薪，太不公平了。

问题：

1) 请用公平理论评价上述案例。

2) 假如确实有必要降低人工成本，总裁应该如何调动公司员工，使他们不仅能接受减薪，而且在减薪后还继续努力？

3. 波特—劳勒的激励过程模式

内容型激励理论侧重研究用什么样的因素激励人、调动人的积极性；过程型激励理论着重探讨人们接受了激励信息以后到行为产生的过程；强化型激励理论则强调行为结果对行为本身的作用。这些理论都有独到见解，又都有一定的片面性。激励过程模式则对已有的激励理论进行了概括与综合，试图全面揭示人在激励中的心理过程。

（1）激励过程模式内容。1968年，美国心理学家波特和劳勒提出了一种激励模式。

他们在需要理论、双因素理论、期望理论和公平理论的基础上，把激励的心理过程依次排列，并标明努力（动机所驱使的行为力量）与绩效、报酬之间的联系，也考虑到了行为结果对后继行为的反馈作用。

这一激励模式表明，要使人们在工作或学习上取得较好的成绩，第一，要激励、激发人的行为动机；第二，当人经过努力取得绩效时，绩效又会成为对人的激励，此时应给予恰当的评价和报酬；第三，报酬的公平与否会影响人的满意度，满意度又会成为新的激励。如此往复运动，使人不断取得新的成绩。

在激励模式中，除动机、努力之外，人的工作或学习绩效及满意度还会受到其他因素影响。具体因素如下：

1）角色概念，即人对自己所担负的职责的认识。角色概念明确者会尽心尽力，有助于努力取得成绩。

2）技术和能力。一般来说，在努力程度相等时，技术和能力水平越高，绩效越大。

3）评价公正。评价是报酬的前提条件，必须公正、客观。工作绩效评价是指对一个人工作成果进行质量和数量的分析。

该激励模式意味着，要激励人工作和学习的积极性，从而使其出色地完成任务。运用该模式时还应注意以下三个条件：

第一，要使人看到，他的工作或学习能向其提供所需要的东西，即能满足他的某种需要。

第二，要使人感到这些东西与他的工作或学习绩效相关联。

第三，要使人相信，只要他努力，就能提高工作或学习绩效。这三者缺少任何一项，都会降低工作积极性。

（2）绩效、奖酬和满足之间的关系。该模式指明满足是其所获奖酬的函数，奖酬又是因有绩效才能获得，这种关系是：绩效──→奖酬──→满足。

一般人认为：有了满意才能有绩效，而波特和劳勒认为，先有绩效才能获得满足；在激励过程中，奖酬很重要，奖酬的高低必须与当事人自认为他们所应获得的程度相符。

4. 综合激励模式

（1）主要内容。综合激励模式由罗伯特·豪斯提出，是企图通过一个模式把上述几类激励理论综合起来，把内外激励因素都归纳起来，其代表性公式是：

$$M = V_{it} + E_{ia}(V_{ia} + E_{ej}V_{ej})$$

式中：M──某项工作激励水平的高低，即动力的大小；

　　　　V_{it}──对该项活动本身所提供的内酬效价，它所引起的内部激励不计任务完成与否及结果如何，不包括期望值大小的因素，也可以认为期望值最大是 1，所以可以不表示；

　　　　E_{ia}──对进行该项活动能否达到完成任务的期望值，即主观上对完成任务可能性的估计，进行活动时人们要考虑自己完成任务的能力及客观上存在的困难；

　　　　V_{ia}──对完成任务的效价；

　　　　E_{ej}──一系列双变量的总和，这些双变量的每个 E_{ej} 代表了任务完成能否导致获得某项外酬的期望值；

　　　　V_{ej}──对该项外酬的效价，在估计 E_{ei} 时人们考虑完成任务后，有多大把握得到相应的外酬，如加薪、提级和表扬；

　　　　i──内在的；

　　　　e──外在的；

　　　　t──任务本身的；

　　　　a──完成。

（2）提高激励水平的方法。从这个激励的综合模式中可以看出，要提高激励水平、进一步提高人的积极性，可从内、外部激励两方面入手去研究。

1）提高外部激励。外部激励是由 E_{ia}、E_{ej} 和 V_{ej} 这三个因素组成的，下面分别说明每个因素在提高激励水平方面有哪些有效的办法。

E_{ia}：对完成任务的期望值。因为只有主观上认为有完成任务的把握（期望值）时，才有可能取得他所想要的奖酬。要提高这个期望值，主要有三个办法。一是对职工进行培训，增强其工作的信心，提高其完成任务的能力；二是为职工创造完成任务的条件，帮助他们克服工作中的困难；三是要视工作效果及时反馈，不断地把情况和意见告诉职工，使其能迅速修正行为。

E_{ej}：完成任务后能否取得奖酬的可靠性。要提高这种可靠性，主要办法是：认真执行按绩效付酬的原则，赏罚分明，务必使各项政策兑现；对常规性工作可以采取计件付酬，对需要有高度技术与创造性的工作，要根据其客观效果付酬，这些由领导判定。

V_{ej}：外酬的效价。由于外酬的种类繁多，每个人对各种外酬的需要、爱好及重视程度各异，为了使外酬发挥应有的作用，就必须使外酬投每个人所好。为此，要进行周密调整，按每个人的需求进行奖酬。

2）提高内部激励。内部激励来源于对工作活动本身及完成工作所带来的满足感。对提高激励的政策来说，提高内部激励更为重要。因为这样不仅可以减少对外酬的需要，在奖酬不足或不为人们所重视的情况下尤为重要，而且内部激励高、工作自觉性强，不需要管理人员过多监督。内部激励因素包括 V_{it} 和 E_{ia}。

V_{it}：内酬效价。要提高内酬效价，主要办法有以下四种：一是使活动多样化、有变化，以免枯燥单调，或定期轮换职务，实现工作的扩大化、丰富化；二是尽量减少工作任务的不确定性，使每个人都清楚地了解自己所做的工作的性质与内容；三是使工作能为人们提供支援、更多的交往机会，以满足社会的需要；四是尽量使工作有兴趣。

V_{ia}：对完成任务的效价。提高这种效价的办法主要有以下三条：一是提高每个人对其工作成果的全面性和统一性的认识；二是提高人们对自己所完成工作的重要性的认识；三是提高人们对工作的责任感和给予对自己活动的自主权。

3）处理好内、外部激励的关系。外部激励要恰到好处，内部激励才能有效；有时给予外酬能增加活动兴趣；有时给予外酬反而对内部激励有削弱作用，所以管理人员应及时把握对内、外部激励的运用，做到适时、适地、适人的运用。

第五节　激励理论在管理中的应用

　　不同的群体面对不同的员工不应千篇一律，而应采取相对应的激励手段，不只限于工资报酬和福利。

一、激励的一般原则

1. 人员激励的原则

　　(1) 目标结合的原则。在激励机制上，设置目标是一个关键。目标设置必须体现组织目标的要求，否则激励将偏离组织目标的方向。同时还必须能满足员工的需要，否则就无法提高员工的目标效价，达不到满意的激励强度。这就是说，只有使组织目标与个人目标很好地结合，即组织目标包含较多的个人目标，实现个人目标是为组织目标的实现做努力，才会收到良好的激励效果，如图 6-12 所示。

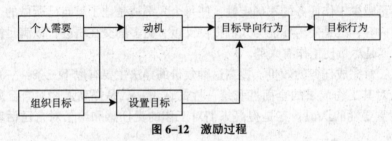

图 6-12　激励过程

　　(2) 物质激励与精神激励相结合的原则。因为员工存在着物质需要和精神需要，与此相适应，激励方式也应该是物质激励与精神激励相结合。由于物质需要是较低层的需要，因此物质激励的作用也是表面的、有限的。所以，随着生产力水平及员工素质的提高，管理者应当把员工的重心转移到满足较高层次的需要上，即社交、自尊、自我实现等精神激励。更具体地说，物质激励是基础，精神激励是根本，在两者结合的基础上，逐步过渡到以精神激励为主。但避免走极端，防止拜金主义和精神万能论的产生。

　　(3) 外部激励与内部激励相结合的原则。根据双因素理论，在激励中有保健和激励两个因素。人们把满足员工生存、安全和社交需要的保健因素叫做外部激励。因为这类因素的作用只是消除不满，而不会带来满意，比如，工资、奖金、福利和人际关系等都属于外部激励。满足员工自尊和自我实现的需要因素最具有激发力量，可以产生满意，从而使员工更积极地工作，这些属于真正的激励因素，是内部激励因素，即可以使员工从工作本身取得很大的满足感。比如，在工作中充满了乐趣、兴趣和挑战性；或在工作中取得了成就、发挥了个人潜力、实现了个人价值时所具有的成就感、自我实现感；或工作本身意义重大，激发出荣誉感、自豪感等。这一切所产生的工作动力远比外部激励要深刻、持久得多。因此，领导者应善于将外部激励与内部激励相结合，同时以内部激励为主，力求达到事半功倍的效果。

（4）正激励与负激励相结合的原则。根据强化理论，可把强化分为正强化与负强化。正激励即正强化，就是对员工符合组织目标的期望行为进行奖励，使得这种行为更多地出现，这样员工的积极性会更高。负激励，即负强化，就是对员工的违背组织目标的行为进行惩罚，使得这种行为不再发生，这样可以使犯错误的员工弃恶从善、积极向正确的方向转移。因此，正激励和负激励都是必要和有效的，它不仅作用于当事人，而且会间接地影响周围其他的人。但由于负激励具有一定的消极作用，容易产生挫折心理和行为，因此而应当慎用。所以，领导者在激励时应该把正激励与负激励巧妙地结合起来，坚持以正激励为主、负激励为辅的原则。

（5）按需激励原则。激励员工的起点是满足员工的需要，然而人的需要存在着个体差异和动态性，要因人而异、因时而异，并且只有满足了员工的迫切需要，才会有较高的效价，才能有较大的激励强度。因此，领导者在进行激励时，绝不能犯经验主义，必须深入地进行调查研究，不断了解员工需要层次和需要结构的变化趋势，有针对性地采取激励措施，才能收到实效。

（6）公平公正原则。公平公正是激励的原则。如果不公平、不公正，赏罚不当，不仅收不到预期的效果，反而会造成许多消极后果。公正就是赏罚严明并且赏罚适度。赏罚严明就是铁面无私、不论亲疏、不分远近、一视同仁。赏罚适度就是从实际出发，赏与功相匹配，罚与罪相对应，既不能小功重奖，也不能大过轻罚。

2. 精神激励的原则

精神激励是很重要的激励手段，它通过满足员工的社交、自尊和自我实现的需要，在较高层次上调动员工的工作积极性，其激励深度大，维持的时间也长。具体地说，精神激励主要有以下原则：

（1）目标激励原则。组织目标是号召和指引千军万马的旗帜，是组织凝聚力的核心。它体现了员工工作的意义，预示着组织的未来，并能够在理想和信念的层次上激励全体员工。员工的理想和信念应该通过组织目标来激励，并使两者融为一体。组织应该将自己的长远目标、近期目标进行宣传，让全体员工看到自己工作的巨大社会意义和光明的前途，从而激发大家强烈的事业心和使命感。在进行目标激励时，还应该注意把组织目标与个人目标结合起来。

（2）形象激励原则。一个人通过视觉感受到的信息是全部信息量的80%，因此充分利用视觉形象的作用，激发员工的荣誉感、光荣感、成就感和自豪感，也是一个有效的激励原则。例如，定期或不定期地让模范员工上光荣榜等。

（3）兴趣激励原则。兴趣对人们的工作态度、钻研程度和创造精神影响很大，往往与求知、求美和自我实现密切相关。在管理中重视兴趣因素会取得很好的激励效果，因为兴趣往往是帮助后进员工启发其觉悟，变后进为先进的转化器。

（4）参与激励原则。要使员工真正发挥主人翁作用，领导者就要如实地把员工摆在主人的位置上，尊重他们、信任他们，让他们在不同层次和不同深度上参与决策，吸收他们中的正确意见，这在管理学中称参与激励。通过参与，形成员工对组织的归属感、认同感，进一步满足员工自尊和自我实现的需要。

（5）感情激励原则。感情激励就是加强与员工的感情沟通，尊重员工、关心员工，与员工之间建立平等和亲切的感情，让员工体会到领导者的关心、组织的温暖，从而激发出员工的主人翁精神和责任感。

二、奖酬激励的实际运用

1. 对专业人员的激励

未来的员工与20世纪八九十年代相比，是受过大量培训的，具有高等学历的专业人员。这些专业人员从他的工作本身能获得大量的满足感，因为他们的工资一般较高。针对这样的员工，应采取哪种激励方式，企业要进行区别，专业人员与非专业人员显然不同。专业人员对自己的专业领域有强烈和持久的承诺，他们对专业的忠诚超过了对老板的忠诚。为了和专业的发展现状保持一致，他们需要更新知识。他们需要的不是固定时间的上下班制度，因此工资（计件、计时工资）对他们来说起不到激励作用，关键在于工作的挑战性，即来自于工作本身。专业人员大多认为只要正在从事的工作是重要的，就可以产生工作的积极性，因为他们中的大多数是对工作感兴趣的，除此之外再无其他兴趣。

可以看出：对专业人员的激励是给他们提供不断发展的有挑战性的工作，给他们一定的自主权去实现其兴趣，允许他们以自己认为有效的方式去工作，提供受教育的机会——培训、参加会议，可以使他们了解其专业领域的发展动态，并经常向他们请教一些问题，以便证实你是关心他们的。

2. 对临时工的激励

21世纪可能临时工、应急工要增多。由于大规模裁员减少了数百万个长期工作，一些职位空缺可能会由兼职工、合同工、临时工代替。由于临时工没有长期具有的安全感、稳定感，所以，他们无法融入组织或表现出其他员工具有的忠诚感，而且他们不能享受或几乎不享受养老金、医疗保险或其他类似的福利。

对于非自愿的临时工，激励的办法就是使其获得长期工作的机会。有的企业会从临时工中挑选出长期工，这样临时工会努力工作，以期成为长期工。另外，就是自己应获得培训的机会，如果获得培训就会提高技能。临时工找的工作完全取决于他掌握的技能，因此对临时工的培训也应该重视。另外，最好不要让临时工在长期工的身边工作，这样会使临时工的绩效水平下降。如果实在分不开，必须实行浮动工资、技能工资以进行缓解。

3. 对多样化的劳动力的激励

不是每个人都会被金钱所激励，也不是所有人都希望得到一份具有挑战性的工作。例如，在大学学习进修的人希望组织给其提供弹性工作时间，而另一个人希望在晚上工作，到第二天早上8点下班，这样妻子上班后，他就可以照顾孩子。

所以，管理人员必须了解需求的多样化，关键在于灵活性，制订工作时间表、报酬方案、福利、工作环境等以适应员工的不同需求。

资料：

学会激励你的员工

管理者都希望自己的员工努力工作，但是如何激发员工的积极性、发掘其潜能，是一个非常复杂的问题。在具体的管理实践中，有些激励措施往往不太奏效，甚至适得其反。于是，在公正、透明的前提下，根据不同岗位采用不同的激励措施和手段就显得尤为重要。

——王蔚佳

主持人：中国医药报记者 王蔚佳

嘉　宾：重庆桐君阁股份有限公司董事长 雷励

广东金康药房连锁有限公司总经理 郑浩涛

上海雷允上药业西区有限公司副总经理 盛佩英

国家人事部人事科学研究院特聘客座研究员 邢少国

一、科学评估保证公平

主持人：如何针对不同的员工（如普通店员和高级人才）设立不同的激励机制，又如何保证其公平？

雷励：首先，应该了解员工的需求。一般来说，对于普通员工，有效、合理的薪酬制度是对其最大的激励。对于高级人才，由于他们的知识、能力层次较高，又在企业中承担着较为重要的管理、经营工作，所以赢得尊重、实现自我往往更加重要。其次，要用科学的绩效评估引导激励机制，强调内部的公平性。员工的公平感更多地来自在同一个组织内部自己与他人比较而产生的感觉，因此，建立科学的绩效评估体系是保证激励公平的基础。

郑浩涛：对于普通店员，除了给予必要的薪酬激励外，还应该给他们提供更多的学习机会，让员工感觉到每天的工作不只是简单的机械作业，除了掌握相关的专业知识外，还能学到很多东西，包括待人接物、为人处世等。另外，普通店员多数是年轻人，刚踏入社会不久，对人生满怀憧憬，在实际工作中难免有很大的心理落差，这就要求企业帮助他们作好职业生涯规划，让他们看到自己有不断向上发展的空间和机会。对于公司的中高层管理人才，应该侧重为他们提供平台，大胆使用，让他们有机会实现自我价值，使企业发展目标与个人发展目标相吻合。

盛佩英：企业发展的关键在于人才，对员工的激励应按照员工所承担的工作量、工作责任及工作实效等情况来确定。对不同岗位、不同技术职称的人员有不同的薪酬标准，另外针对同一岗位，也应该充分考核其劳动的实际效果及对企业的忠诚度。

邢少国：员工的层次不同，需求也各不相同，应该根据员工的不同层次设定个性化的激励手段。首先，岗位工资应拉开差距，岗位级别差异是人力资源管理中应该解决的一个基本问题。这就需要进行岗位评估，从而合理确定普通店员、后勤人员和管理人员等岗位的级别差距，以及不同的高级人才的岗位差距。这样既是对专业技术人员的激励，又保持了基本工资的整体公平性。其次，应该针对不同层次的人员设计不同的考核方案，如普通店员考核销售额和工作行为，考核周期为每月考核一次；而专业人员可以考核整体销售业绩和专业技能，考核周期以半年或一年为宜。

二、重赏之下未必有"勇夫"

主持人：一方面要确立以经济受益为核心的激励机制，但另一方面，高薪往往又不是最强劲的激励措施，如何协调这两者之间的关系？

雷励：用最高的薪酬不一定能够吸引到最优秀的员工，企业的经营绩效、企业文化、声誉、员工的个人发展空间等也是吸引人才的重要因素。在日常的人力资源管理中，人们发现，员工对工作的满意度与其工作的积极性有相当大的关系，所以除了工资、津贴、奖金和个人晋升机会、发展空间等激励外，还通过工作任务本身来实现对员工的激励，让员工在工作中充分体验胜任感、成就感、责任感、受重视感和个人成长感。

郑浩涛：当员工个人的经济利益得到满足后，高薪就不再成为最强劲的激励措施。人们往往看到有些企业的薪水虽然不是同行业中最高的，但却可以吸引很多人才，只要用心观察，就会发现他们都有很好的员工培训，有很好的员工职业生涯规划，员工有足够的发展空间和晋升机会。有的企业虽然员工薪酬待遇在同行业中很高，但不注重企业文化建设，员工看不到企业的希望，看不到个人发展的前景，这时经济激励也会失灵，人才留不住就在情理之中。因此，如何协调两者之间的关系，重要的就是分析员工在不同阶段的真正需要。

盛佩英：对员工的激励应该以经济利益为核心，但同时又必须兼顾其他方面。

我认为协调两者关系可以从多方面入手，如开展优秀员工的评选活动、鼓励员工学习先进、树立行业内的标兵，增加荣誉感。对青年员工多关心、多指点，不断提出新要求，让他们知道自己努力就能更多地为企业作贡献，企业也会更加重视他们。

邢少国：研究发现，员工在工作中受到的激励可以分为外部激励和内部激励两类。外部激励主要是各种形式的外在回报，如基本工资的提升、奖金和福利的增加等；内部激励指员工在工作中获得的内在回报，如由于技能的提升、团队合作的融洽使任职者的内心感到很充实和幸福。由此可见，高薪只是各种激励手段之一，由于工资提升幅度有限，当工资涨到一定程度往往失去了继续攀升的动力，会出现平台效应。这时，管理者应加强企业文化建设，实施人性化管理，对年轻员工加强培训，为其设计职业生涯发展规划，培养员工的职业化工作意识，使员工养成努力工作的好习惯。

三、刚柔并济

主持人：激励机制与绩效评估是一把双刃剑，如何把握刚性制度与柔性管理之间的尺度？

雷励：将柔性管理贯穿于刚性制度之中，赋予制度人性化；在进行绩效考核时，应该特别注意方式、方法及主考人员的公正性，既要避免考核流于形式，也要避免唯考核至上；考核结果得出后，要加强与员工的沟通，尤其是对考核结果不尽理想或对考核结果不认同的员工，更要加强沟通，听取其对考核的意见，不断完善考核评估体系，使其更加科学。

郑浩涛：激励机制与绩效评估的确是一把"双刃剑"，一个良好的、公正透明的激励机制与绩效评估制度可以提高员工的工作热情和工作效率，提高企业的竞争力。不良的激励机制与绩效评估机制往往会产生巨大的负面影响，使员工的工作热情和工作效率下降，企业的竞争力丧失。

在企业的管理过程中单靠刚性的激励机制与绩效评估制度是远远不够的，包容与信任的柔性管理非常必要。企业需要和谐发展，既要有刚性的制度又要尽量做到管理的人性化，也就是所谓的"恩威并重"。在市场经济的大潮里，员工的思想素质教育应该作为柔性管理的重要组成部分。由于员工来自不同的层面，接受教育的程度各不相同。因此，作为企业的领导者，应该清楚地认识到员工素质的提高并不是金钱的激励所能实现的。只有不断增进与员工的沟通，才能使员工充满激情，让优秀的人才在企业中有广阔的发展舞台。

盛佩英：我认为坚持刚性制度很重要，不能因人因事随意破坏制度。例如，员工的工资分配方案是由职工代表大会表决通过的，任何一个员工尤其是管理人员都应理解、支持人事部门的工作。当员工发生特殊情况和有困难时，企业也应最大限度地给予帮助，这也是企业增强凝聚力的一个重要方面。

邢少国：激励机制和绩效评估是受制于企业文化和企业领导的管理风格的，在刚性的企业文化下，绩效考核即表现为刚性。反之，绩效考核则表现为柔性。例如，1994 年，美国 GE 公司的前首席执行官杰克·威尔奇曾经将超额完成任务的通用塑料事业部高级管理者的奖金下调，而没有完成任务的通用发动机事业部高级管理的奖金提升。他是这样解释两个事业部的绩效考核结果的：我们倾向于给下属事业部设立更高的、具有挑战性的绩效考核指标，是为了激励他们更努力地工作。通用塑料事业部虽然超额完成了任务，但是他们的收入增长低于其他竞争对手的平均水平；而我们的发动机事业部虽然销售额下降了，但下降幅度远远低于竞争对手的下降，所以我要提升他们的奖金。"这就是 GE 刚柔并济的企业文化。

四、鼓励药师参与管理

主持人：一般观点认为，目前执业药师制度中的激励制度存在缺陷，您的药店对于执业药师采取了什么样的激励方法？

雷励：在零售药店中，执业药师对于质量管理工作起着至关重要的作用，因此对其实行特殊的激励制度十分必要。执业药师准入制与丰厚的薪资相联系，"桐君阁"对于获得执业药师资格的员工给予丰厚的物质奖励，并有特殊的执业药师津贴，以保证执业药师的收入与其承担的质量管理责任相匹配。另外，"桐君阁"也给执业药师提供较多的深造、晋升的机会，执业药师在药店更多地发挥的是专业特长，我们不仅为其举办相应的培训，还让有经营管理兴趣和能力的执业药师担任相应的管理职位。

郑浩涛：目前的执业药师准入制度的确存在一些问题，执业药师再教育还不够完善，企业花了钱和时间却没有得到应有的回报，执业药师往往不能向顾客提供足够专业的服务。针对这一问题，我们加强了对执业药师的培训力度，而且在培训时特别注重工作实战能力的提高，加强执业药师的顾客服务意识。同时，我们也鼓励执业药师参与药店管理，使其与公司共同发展。我相信，随着部分执业药师担任门店经理，走向公司的中高管理层，企业也将更加专业化、规范化。

盛佩英：执业药师是药品经营企业中不可缺少的技术人才，充分发挥这支队伍的作用对企业的发展很重要。因此，首先要让有责任心、有工作热情的执业药师充实到重要岗位上，让他们有用武之地，并根据他们的工作成绩相应地增加津贴。其次，执业药师的工作空间也是很大的，如就所掌握的知识更好地服务于顾客，跨出店门为社区居民服务，获得顾客认同等。这些都需要不懈的努力，当然也只有在这些工作中才更容易体现出执业药师与众不同的价值。因此，执业药师的激励是多方面的，也是很有可变性的。如果仅以"执业药师"的资格来追求奖金、津贴我认为是不可取的。

邢少国：对执业药师应该以能力考核为主，将药师分为不同的能力等级。这里能力等级的划分应该具有科学性，应根据执业药师的能力特点设计能力模型，根据能力模型合理界定执业药剂师的能力级别，然而目前企业在这方面做的工作并不多。

五、以人为本

主持人：您认为创造一个好的激励环境什么是最重要的？

雷励：结合目前发展的情况，我认为建立好的激励环境关键在于塑造更加良好的企业形象，将人才当做企业最关键的因素来经营，营造更利于吸引、留住人才的环境和氛围，致力于满足员工受尊重的需要和自我实现的需要。

郑浩涛：创造一个好的激励环境，最重要的是让员工感到满意和被尊重，像善待顾客一样善待员工，对员工进行合理的回报，让员工成为公司的主人而不是局外人。但是，说起来容易，做起来难，这对企业的管理基础和水平有着非常高的要求。深厚的企业文化不是一朝一夕铸就的，需要长期的摸索和修炼，并持之以恒。国内外许多优秀企业之所以优秀，无不是有深厚的企业文化作底蕴的，但其深厚的企业文化背后无不是历经数十年，乃至上百年的磨炼终成正果。

盛佩英：企业要创造一个好的激励环境应该做多方面的工作，包括公平分配薪酬、体现员工的自我价值、重视对青年员工的培养，还有创建良好的企业文化等。

邢少国：良好的激励环境应该是建立在以人为本的管理哲学上。这就要求企业的管理者能以策略的方法系统地发展人与人的工作能力，并且强调达成组织和个人的目标，使人适其所、尽其才、畅其流、尽其用。

另外还应该注意的是，保持管理决策的公平性是管理者必须学会的管理技巧。

道德困境练习

激励不过是身着漂亮外衣的操纵。

1）管理者关心激励这个问题是因为他们关心如何从员工那里得到最大的努力，这是道德的吗？

2）当管理者把报酬和生产率联系在一起时，他们不是在操纵员工吗？操纵包括：在待遇或绩效方面进行处理、管理或使用，尤其指运用技巧；通过巧妙的技巧进行管理或影响别人；为适应一个人的目的或优势作出改革或进行变革。

3）管理者有操纵他们的员工的权力吗？是否每个人都有操纵他人的权力？控制是否意味着操纵？操纵是否仅仅意味着使其他人做你所要的？它是否意味着使别人以你希望的方式行动？它是否意味着欺骗或欺诈？你怎么看？

4）一个人是否会被过度激励，以致他们的绩效由于过度努力而降低？

案例：

　　白泰铭在读大学时成绩不突出，老师和同学都以为他今后将没有多大作为。他读完日语专业后便被一家中日合资公司招为推销员。他很满意这份工作，因为工资高且固定，不用担心未受过专门训练的自己比不过别人。因为若拿佣金比人少得太多就会丢面子。上班的前两年，小白对工作兢兢业业，随着他的业务量增加和他与客户们的关系越来越熟悉，他的销售额也渐渐上来了。到去年他就已经是推销员中的佼佼者了。尽管今年他的定额比去年提高了 25%，但到 10 月中旬他就完成了全年的任务。不过他觉得自己的心情并不舒畅，令他最烦恼的事莫过于公司不告诉大家谁干得好坏。可他偏又听说别的合资公司都搞竞赛和有奖活动。有的老板还亲自请最佳推销员到大酒店吃一顿饭，并向公司内所有单位通报竞赛结果。以前并不关心排名的小白，如今却重视起来了。他觉得公司对推销员实行固定工资制是不公平的，一家合资企业怎么也搞"大锅饭"？应该按劳付酬。在日本老板拒绝了他的建议后，小白就辞职去另一家化妆用品公司了。

　　问题：

　　1）小白为何不同意公司现有的付酬制度？试用亚当斯的公平理论及"公平差别阈"来解释。

　　2）小白能否算一位高成就激励者？试用麦克利兰的标准来说明。

第七章　人的情绪、情感与管理

如果说硬件是组织的肌体，软件是组织的血脉，而那看不见、摸不着却又真实存在于组织内部的情绪与情感则是组织的"气"。意气风发、精神抖擞、群情激昂，组织方能同心同德、上下同欲、战无不胜；反之，气路不顺、胸闷气短、死气沉沉，组织则会士气低落、委靡不振，最后窒息而亡。所以，管理好组织的情绪与情感，营造神清气爽、健康舒畅的组织精神、心理与情感空气，是管理者不能不面对和思考的大问题。

第一节　认识情绪和情感

一、情绪和情感的定义

情绪和情感统称为感情，是人对客观事物的一种态度。这种态度是一种体验，即人对客观事物的态度的体验称为情绪和情感。

1. 情绪、情感的内涵

1）情绪、情感是对客观现实的反映，总由一定客观事件引起，也是以主观体验来表现的反映，即带有特殊色彩的反映。例如，高兴、痛苦等是心里能体验到的，这种体验丰富多彩。只有对外界环境产生认识，才能产生情绪。情绪受生理状况影响，生理状况正常是情绪正常的指标。

2）人的认识过程反映外界环境，从而产生体验，情感是人对态度的体验。

3）情绪、情感是对客观事件间接的反映，由需要产生态度，由态度产生体验，再靠需要将客观事物和体验连接起来。如果需要能被清楚地意识到，就会体验到。例如，人们失去友谊，才知道友谊的可贵，才能体验到情绪、情感。

2. 情绪、情感和需要

需要是有机体对延续和发展它的生命所必需的客观条件的需求的反映。需要本身也是一种精神现象。对于个体来说，有个体的延续和发展，也有社会的要求。由此来看，需要不仅有个体需要，也有社会需要，是个体和社会的需求在头脑中的反映。需要和人直接相连，所以只有人才能反映。人通过需求以一定方式来适应环境。人又具有主观调节机能，能主动和外界达到平衡。需要是一种缺乏感、不满足感、必需感，为人所体验，通常以意向、愿望、兴趣、动机形式表现出来。

1）需要是情绪、情感产生的基础，它的满足与否使情绪、情感产生否定或肯定的性质。一般来说，当客观事物满足、符合需要时，就会产生肯定的态度，从而感到满意、愉快和喜悦。当客观事物不满足需要、与需要相抵触时，就会产生悖逆的态度，导致忧伤、厌恶等。当客观事物与人无关时，人往往无动于衷。

情绪是衡量人的需要是否满足的一个指标，也是判断一个人在其所处关系中个人需要与社会需要的矛盾与统一的关系的指标。

2）情绪、情感和需要的关系复杂，有时满足某方面需要可能产生消极的情感，也可能因为有些需要得不到满足而产生积极的情感。

3）需要由世界观、信仰决定，因此情感不可能是对外界的直接反映。情感具有主观体验的色彩，人们不能推理每个刺激物对人所产生的体验，人与人的体验是不同的。

客观环境可以以不同方向、不同角度和人的需要，处于这样或那样的联系中。它可能满足一方，而不满足另一方。客观事物极复杂，因为人的需要是复杂的，所以，情绪、情感是处于矛盾中的。

4）与人的基本需要、重要事件相连的是起主导作用的情绪、情感，也有些需要带有从属性质而且只有短暂的意义。当事物基本需要满足或重要事件的结果符合人的愿望时，会引起人强烈的体验，产生肯定的情绪、情感，而使其他需要处于次要地位，即使不愉快，也不会感觉到。

5）人的需要不断发展，情绪、情感也不断发展。一个人常在集体中生活，就会产生集体主义情感。

总之，情绪、情感以需要为前提和标准。要通过人的认识活动，需要才能起到标准和前提的作用。

3. 情绪、情感与认识活动

1）情绪、情感总是伴随着一定的认识过程而产生的。

①简单情绪常和直接感知相连，一些事物的颜色、气味都会引起愉快与不

愉快的体验，称为感觉的情绪色调。比较复杂的情感也离不开感知。比如，爱国主义情感和听到、看到的祖国各地山河和家乡的美丽，使人们产生了祖国不断前进的感觉。

②情绪、情感和记忆相连。比如，"人的生命应当这样度过，当回首往事时，不因虚度年华而悔恨……"这句话说明，在回忆中同样有情绪体验。

③情绪、情感和思维相连。思维使情绪、情感更加深刻、丰富，人们通过思维活动更好地认识了情绪、情感和人的关系。

2）情绪、情感是通过认识活动的"折射"而产生的。客观事物是否符合人的需要，要通过认识活动进行判断、估计，所以认识活动是产生情绪的直接原因。

情绪、情感产生是由人对事物的判断、估计引起的，人有不同的、复杂的情绪、情感。人的判断、估计会与人过去的经验、家庭、社会影响等一系列因素联系起来，进行对照、比较和辨认，并纳入已有的经验系统中进行编码，从而进行判断、估计。因此，不同的人或同一个人在不同的时间、地点、条件下对事物的估计不同，则产生不同的情绪。

3）情绪、情感的发展变化是随人的认识过程的发展变化而发展变化的。人对客观事物认识加深，则对其态度也有变化，它会经历从不认识到认识，再到认识深刻的过程。

4）情绪、情感是动力系统的一个部分，能推动人的认识并影响人的认识，使人的认识更加深化。

二、情绪、情感的特点

（1）情绪、情感是具有特殊色彩的主观体验（喜、怒、哀、乐）。人们对外界的反映是通过主观体验到的，是具有特殊色彩的体验。其过程如下：客观事物引发→需要产生→体验形成→动力系统→进行评价判断→再影响认识过程。人的积极情感对其行为起推动作用，消极情感起阻碍作用，并会使其行动停止，甚至影响生命。

（2）情绪、情感具有特殊的外部表现和内部的生理变化。思维从外部是看不出的，但是情绪从外部可以看出，它表现种族进化的遗迹。达尔文认为，人的情绪、情感、表情、动作具有时间的遗迹。同时，外部表情又具有全人类性。所以，不同的人可以交流思想。

（3）情绪、情感具有社会制约性。在阶级社会中，情绪、情感具有阶级性，反映了人的社会关系的复杂性，这与人的需要具有社会性有关。

1）不同社会历史时期，人们的情绪、情感具有不同的内容和特点。阶级社会中，情感具有鲜明的阶级性，特别是涉及阶级意识的，都要打上阶级的烙印。例如，贾府的焦大绝不会去爱林妹妹，这是有阶级内容的。但一些自然景色则无阶级性，它们是人类共有的财产。

2）政治生活的根本变革，对人类的情感起重要作用。客观的社会变革，决定情感的变革。例如，西方文化与中国文化的不同导致了各个国家情感的建立带有本国的特色。

三、情绪、情感的联系和区别

1. 情绪、情感的区别

1）情绪主要和生理需要的满足相联系，生理需要满足与否，决定了产生什么情绪，这是人和动物所共有的。情感与人的社会性需要相联系，与人的意识相连，是一种极其复杂的体验。

2）情绪和人的感知相联系，且总带有情境性，一旦情境改变，则逐渐趋于平息。情绪很不稳定，是不断变化的意识状态，是比较现象的东西，常用于情感的表现形式方面。情绪稳定、深刻，不为情景所左右，多用于表达情感的内容。

3）情绪、情感在强度上的差别。情绪的强度激烈，具有很大冲动性，且伴有激烈的生理变化和外部表现。情感很少有冲动性，不如情绪强烈。情绪更多的反映形式，情感则反映内容，情感往往也可以表现为鲜明的情绪。

2. 情绪、情感的联系

情绪、情感之间密切相连，情绪依赖于一定的情感，受到情感的制约。情感通过不断的情绪变化来体验，依赖于情绪的共鸣得以改变。情绪对情感有一种唤醒作用。

第二节 情绪、情感的表现及类型

情绪、情感是在大脑皮层起主导作用下，皮层和皮下中枢神经协同活动的结果，是神经多种水平的整合结构，有大脑的也有中枢的，有激烈的生理变化也有外部表情。

一、情绪反应和指标

1. 生理变化与情绪反应

生理变化和情绪反应的生理指标有以下几方面：

1）呼吸活动的变化：可能加快、减弱、减慢。受到突然惊吓时，呼吸甚至会停止。指标为呼吸曲线，用呼吸描记器将各种情绪变化时的呼吸情况记录下来。

2）循环系统活动的变化：血管收缩或舒张，用血管容积描记器描记曲线来表示。比如，心脏跳动加快、变慢时，血糖会发生变化，加快时则血糖高。

3）消化系统活动的变化：当人愉快时，吃的饭就多，当人焦虑有心事时，胃胰分泌减弱，引起长期吃不进饭。

4）外分泌腺的变化：表现为流泪、出汗，用皮肤电来反映人的情绪状态。人在紧张或愉快时，皮肤电的显示不同。反应为不同性质的情绪体验，不同状态下的皮肤电。它只能说明心理活动的动力状态，但不回答心理活动的内容，只是客观指标之一。只有将指标和心理活动的内容结合起来，才能给予心理学的解释。

5）内分泌腺的变化：主要是肾上腺素、抗利尿素、肾上腺皮质激素、胰岛素的改变。

2. 表情动作

在情绪状态下，身体各部分的动作变化可作为言语交际的辅助工具。

1）面部表情：研究得最多，主要指面部肌肉的活动变化，其中以眼、眉、嘴最能表现一个人的情绪，这部分的信息量最大。

2）身体表情：用身体变化来表达情绪，如抬头表示骄傲。

3）言语表现：指说话语调、速度的变化。例如，当喜悦时，声调高而快，当愤怒时，声调高而尖。

总之，表情动作有遗传因素，带有全人类性。每个人都能自觉运用它，并把它作为影响别人的工具，是进行交流的手段之一。

二、情绪、情感的分类

1. 原始情绪

现代心理学将喜、怒、悲、恐惧四种作为原始情绪。人和动物都有这四种基本情绪，但人具有社会性，是和动物根本不同的。

（1）喜。喜常常是盼望的目的达到、紧张解除后的情绪体验，有一种轻快感。愿望越强烈、迫切，喜的体验越强烈。所以，喜的程度取决于愿望满足程度，能极大地满足愿望和需求，喜的程度就大。它分为满意、愉快、欢乐、狂喜等不同级别。喜表现为对一种对象的追求和接近。

（2）怒。怒是一种与愿望相违背或愿望受到阻碍不能达到、积累起来紧张，而产生的。目的达不到时，动机越强烈，就越容易转为怒，特别是因顽固因素阻碍达到目的，更容易转化为怒。怒与认识程度有关，当看到阻碍是不合理的、故意的，就会引起对这种阻碍的攻击行动。怒分为轻微不满、生气、愤怒、激愤、暴怒等程度，暴怒带有破坏性。

怒和喜都表现为对对象的接近，而怒容易产生攻击行为。

（3）悲。悲是对喜爱的事物的丢失和所盼东西的幻灭，其程度依赖于所失去的东西的价值和爱的程度。悲分为遗憾、失望、难过、悲伤、哀痛等程度。

悲的延续导致过分悲哀，会出现一种自责，有的表现为情绪非常易激动，这些都是心理的变态。悲时哭是对紧张的释放，是保护性的反应，不然则产生心理疾病。

（4）恐惧。恐惧是企图逃脱某种危险境地而又苦于无能为力，是一种退缩性行为。它由于缺乏处理摆脱可怕情境能力而造成，还具有感染力。轻微的恐惧往往是因为情境发生变化而引起的。

这四种原始情绪的不同组合就构成了复杂的、多种形式的情绪，它们可以派生出多种情绪，可以出现很多复合形式，可以被赋予各种社会内容。

2. 根据情绪、情感的状态进行分类

根据情绪、情感的状态不同，可以分为以下几类：

（1）心境。心境（心情）是一种较微弱的、平静而持久的情绪状态。

心境的特征：渲染性（弥漫性），当人处于某种心境时，常以同样的情绪来看待一切事物。当处于好心境时，会使其他事物都伴有这种愉快色彩，当听到别人讥笑自己时，容易给一切事物都染上烦闷的色彩，好事也会觉得粗糙无味，当再遇困难时，就觉得没有办法。

心境不是对一个具体事物的反映，而是带有倾向性和一般性的情绪状态。因为情感有后遗作用，当发生的事情引起情绪时，事情已经不在眼前了，但情感作用还在，并使同类事物或其他的事物都带有这种色彩。

影响心境的因素很多，如个人生活中的重大事件、事业的成败、工作顺利与否、与周围人相处的关系等，还有生理原因，如周期性的烦恼、睡眠与休息、时令、气候、外界景物、无意识想象，另外还有一些找不到的原因。

同样的原因可以引起不同人或一个人不同的心境。心境还可能在一段时间内是独立的、稳定的。人有主导心境，它与人生观有关，对人起的作用很大。愉快的心境利于工作进行，颓废的心境不利于工作，这种主导心境对人的行动影响很大。

人应该调节、培养心志，使自己作为强者，从而控制心境，做心境的主人，对心境进行正确的评价。当人们遭遇挫折时，要正确对待，如果对待不好，将会影响其行动。

人经受挫折的能力是不同的，情绪表现较强的人或者神经负担能力差、娇弱的人，意志、毅力差的人都不太能经受挫折。

心境虽然强度不大，可持续时间长，在许多事情上都起作用。

（2）激情。激情是猛烈的、迅速爆发而短暂的情绪状态。

激情的特征：时间短、强度大，和心境相对，一旦产生便像暴雨一样，笼罩整个人。这种状态下做出的事情，很难预料后果。这时人的认识狭小，指向与体验有关事物，其他则反映不出来，只受这个经验影响。它伴有一种生理变化和明显的外部表现，有种巨大的能量，但也常出现不好的后果，需要调节和控制。

起因：重大事件，对立的意向，冲突。例如，受恶意中伤而触犯了自尊。它与人的修养、神经类型有关，一个兴奋、抑制不平衡的人，容易产生激情。由于所指的对象激情既有积极影响，也有消极影响。

当推动人去攻关，特别是激情无正确目的时，这种激情就会泛滥，轻则损伤同志友谊，重则杀人。无正确目的的激情产生的能量，具有危险性。

预防方法：在处于激情状态时很难控制，一般在激情爆发之前要延缓、减弱其强度。人们要用理智来减弱激情，用社会的标准和道德来衡量，增强自我修养，转移注意力，用警句、格言来提醒自己，也要善于把激情作为积极的行动力量。

（3）热情。热情是一种稳定而深厚的情绪状态，在强度时间上介乎于激情和心境之间，它没有激情强烈，但比激情稳定、深厚。它没有心境广泛，涉及对象少，时间也比心境短，但比心境强烈，表现为对某对象的爱好和追求不因时过境迁而转移。

热情可以控制人的整个身心，它的推动力量很大。因为热情总是和积极的行动相连，它能使人坚持不懈的完成任务。积极的热情推动人去完成伟大的事业，它有明显的社会性和阶段性。

热情不仅是一种情感体验，其中蕴藏着感情的力量，它是情感的桥梁。

迷恋是一种缺乏理智的情感，情绪占优势，表现了一时的情绪冲动，一阵冷一阵热。它虽然表现了对一目的的追求，但不是热情。但是在人身上，在正确目标的指引下，热情、迷恋又是相联系的。

对热情的研究为教育、管理提供了心理数据。

（4）应激。应激是在出乎意外的紧张情况下引起的情绪状态，这种情绪状态要求人迅速地应对突如其来的事情，无选择地作出决定。人们常在一瞬间，利用已有经验作出应激，引起行动积极性，引起高度的应激化，整个身体发生变化。一种情况是使人处于慌乱状态，是感知、记忆、思维不适当的反应（如本应拉门，反而推门）。另一种情况不是认识能力低，而是高，能很快应付紧张情况，摆脱困境和危险，急中生智。这两种情况和人的个性特征和经验有关。

应激状态的反应分为以下三个阶段：

1）警觉阶段：表现为肾上腺素分泌增加，心率加快，肌肉弹性下降，血糖、胃酸增高。

2）阻抗阶段：身体、大脑动员很多运动，肝脏大量释放血糖，肾脏消耗的体内能量大，如果持续时间太长，则会出现大量物理损伤。

3）衰竭阶段：能量耗尽，则衰减，严重时则出现死亡。

这种应激是指引起生理变化的一般是长期应激要经过这三个阶段。

3. 社会情感的分类

人的社会情感组成了人类所特有的高级情感，它反映着个体与社会的一定关系，体现着人的精神面貌。高级的社会情感基本可以分为道德感、理智感和美感。

（1）道德感。道德感是指人们在社会生活中对善恶、是非、荣辱关系的情感体验，这种体验是由评价态度引起的，对符合道德原则的行为产生赞美、敬佩的情感，对不道德的行为产生厌恶和憎恨。道德感的内容是多方面的，有对祖国的尊严感、对社会的义务感、对工作的责任感、对集体的荣誉感、对同志的友谊感、对敌人的仇恨感、对坏人坏事的憎恶感及国际主义情感等。

道德感的显著特点是它的社会性。在不同的历史时期、不同的社会制度以及不同的阶级，道德标准是不同的，因此人们有不同的道德感。一个人的道德感总是受社会历史条件和阶级的制约，在人的社会生活实践中形成的。一个人的理想、信念、世界观在道德感中起着决定性作用。

道德感对每个人来说都意义重大。它是实现道德品质的内部动力，能促使人们把自己的精力用于有益的活动中，从而作出高尚的举动，建立丰功伟绩。广大职工是企业的主人，他们的主人翁身份能否合格，除了职工本人对道德水准、道德情操的自我要求与修养外，企业的管理者也应从职工及企业的"脊梁"这个高度出发，坚持不懈地做好职工道德理论、道德信念和道德情操的教育引导工作。当然，"正人先正己"，管理者自身的道德水准、道德情操首先应该是高尚的，从某种意义上讲这是更重要的。

（2）理智感。理智感与认识活动紧密联系，是人对认识事物和追求真理的需要是否得到满足而产生的情感。理智感与人的好奇心、求知欲及探求真理的愿望紧密相连，并在不同场合有不同的表现方式。比如，对新鲜事物的好奇，对矛盾事物的惊讶与怀疑，对判断证据不足的不安，对问题解决的坚信不疑，对科学的热爱，对真理的追求，对偏见、迷信、谬论的憎恨，对错失良机的惋惜，对取得重大成就的欢欣与自豪等，都是在不同场合理智感表现不同的例子。

理智感是在认识活动中发生、发展起来的，它反过来又推动人的认识活动深入发展，成为促进人的创造性思维、激发人的智力因素的重要心理条件，是人们认识世界和改造世界的巨大心理动力。

正确的理智感能够帮助人们提高对是非对错的判断能力，也能够推动人们对事业、对真理的执著追求。据此，企业有必要培养职工的学习兴趣，开展科学文化知识教育，开展专业训练，使他们在提高知识、技能的同时，培养和提高理智感。

（3）美感。美感是由审美的需要是否得到满足而发生的情感体验。人们总是根据美的需要，按照一定的审美标准、观念来评价客观事物、文艺作品和社会行为的美与丑。

美感和道德感一样，也受社会生活条件所制约，因此它具有时代性、民族性和阶级性，并与人的道德意识密切地联系。由于每个人审美的标准、观念、情趣和能力不同，所以对同一对象产生的美感往往也不同。

健康的美感能提高人对美丑事物的评判能力、陶冶人的情操、约束人的言行，所以美感也是人的感情生活中不可缺少的组成部分。正因为美感的重要作用，企业在提高职工的道德情操、培养职工正确的理智感的同时，还应该在提高职工对美丑的评判能力、培养职工正确的审美观、塑造职工心灵美与行为美等方面下工夫。

第三节 情绪、情感与管理

对情绪与工作效率的关系，一般来说，情绪高工作效率也会高，情绪低落工作效率也会下降。这是因为情绪对行为有增力和减力的作用。然而，进一步研究发现，两者并非呈直线关系。

一、赫布曲线

心理学研究发现，情绪具有动机的作用，人们不论从事简单劳动还是复杂劳动，都必须以一个合适的情绪激活水平为背景，才可能顺利地完成各种活动。一个昏昏欲睡或对工作无动于衷的人是不可能顺利有效地完成工作任务的。然而，是否情绪激活水平越高、情绪越高昂，劳动效率就越高呢？心理学家赫布对此进行了研究，他提出了情绪激活水平与操作效率之间的理论关系曲线，如图7-1所示。

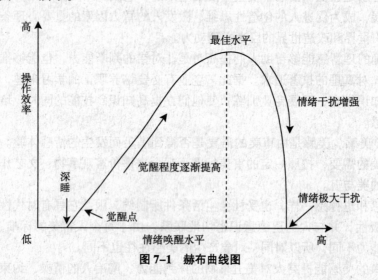

图 7-1　赫布曲线图

图7-1表明：当人的情绪激活水平很低（昏睡）时，操作效率极低或等于零；当觉醒程度逐渐提高，即情绪逐渐被唤醒时，操作效率随之逐渐提高；当情绪唤醒到一定水平（最佳水平）时，操作效率达最高水平；当情绪激活水平继续提高时，情绪开始起干扰作用，操作效率开始下降；当情绪过度紧张时，操作效率即降到极低的水平。

二、叶克斯—杜德森法则

叶克斯和杜德森在进行关于工作性质与心理压力之间的关系的实验研究后，归纳出一项法则，用以解释心理压力（情绪压力）、工作难度与作业成绩三者之间的关系。这一法则，心理学称为叶克斯—杜德森法则。

该法则表明，不同性质的工作或者说难度不同的工作、最佳作业成绩的取得与心理（情绪）压力三者之间存在着一定的关系，即简单容易的工作、较高的心理压力对最佳作业成绩的取得有利；复杂困难的工作、较低的心理压力更有利于最佳作业成绩的取得；工作难度适中，心理压力也适中，作业成绩最佳。如图 7-2 所示。

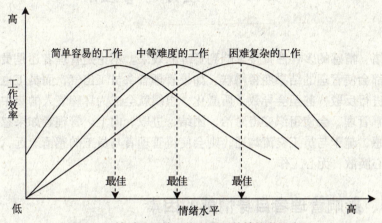

图 7-2　性质不同的工作所需要的情绪激活水平

情绪与工作效率的关系除上述一般趋势之外，还有以下几种情况：

1）平常情绪稳定、不易激动者的工作效率比情绪不稳、容易激动者要高。

2）平时情绪稳定者，可因心理压力而提高工作效率；而平时情绪不稳定者，受心理压力提高的影响，其工作效率会降低。

3）在心理压力与工作绩效的关系中，自我意识状态在一些场合也有影响作用。自我意识状态是指，当事人过分在意他人的期望和个人的成败荣辱。由于它的存在，会造成工作绩效的下降，甚至失败。

三、管理者应重视员工情绪对工作效率的影响

心理学家关于情绪与工作效率关系研究的重要意义之一，就是提醒管理者应重视员工情绪状态会对工作效率产生影响。当创造良好的环境，调动员工的情绪，以求更高的工作效率时，要注意以下三点：

1）创造良好的心理氛围，让员工经常处于情绪稳定、心平气和的心理状态，以利于他们有良好的工作效率。

2）根据工作难易不同，创造不同的环境氛围，形成不同的心理压力，以达

到同样提高工作效率的目的。

3）创造工作环境氛围，应注意工作情绪稳定和自我意识的状况特点，不搞一刀切，尽可能让他们各自在不同的环境氛围中工作，取得好的工作效率。

第四节　压力与管理

情绪、情感的多样性直接影响到管理的效果。不论是管理者还是员工的负面情绪都会使管理的结果变得糟糕，如果管理者拿员工出气，而员工也会怒气冲冲地进行反驳，甚至会导致矛盾激化，组织就会成为坏脾气人的集中营。运用好情感管理，会使组织变得融洽、团结、进取、向上。管理者如果忽视了员工的情感，疏于与员工交流沟通，则会使得管理者与员工的感情疏远，导致组织里人心涣散、无心工作。

一、影响管理者自身情感的因素

管理者情感的稳定性，对管理工作的有效性具有很大的影响。由于管理者所从事的管理活动，一般是非常紧张的脑力与体力的劳动，因而会影响其情感的稳定性。管理者应该了解影响情感的各种因素，自主调节和控制自己的情感，使情感保持持续的稳定性。

管理者个人的情感会受各种因素的影响。管理者的健康状况首先影响他的情感。如果管理者在紧张的脑力劳动之后，能有良好的睡眠与休息，并经常参加体育锻炼，就有助于他始终保持积极的情感。

管理者与上级、下属的人际关系如何，同样影响他的情感。如果上级对某个管理者有较好的评价，双方关系良好，会引起这个管理者的积极情感；反之，上级粗暴的行政命令、尖锐的批评意见、不正确的任务布置、对下级的不信任，都会引起管理者的消极情感反应。如果管理者与下属的关系和谐、协调，互相体贴，互相谅解，有助于保持良好的情感；反之，人际冲突严重，工作起来心情就不舒畅。

家庭和个人因素有时也影响管理者的情感。家庭和睦、经济收入稳定、子女都有工作等，会使管理者无后顾之忧，工作起来情绪饱满；反之，管理者家庭不和睦，为家务事操劳过度，必然使其产生消极的情感。

总之，管理者的情感会由于种种因素产生波动，所以他们要善于控制与调节自己的情感，保持心理上的平衡，以保证管理工作不受消极情感的影响。

二、调节情绪，克服负面情绪

管理好一个组织，作为管理者既要学会调控自己的情绪，也要学会调控员工的情绪，使之向有利于管理的方向转化。克服负面情绪有很多方法，主要包括一般性调整方法以及个体情绪调整方法。

1. 一般性调整方法

（1）树立调整情绪的自觉意识。人类的智慧在于，它不仅能对客观环境事件进行思考和评价，而且能把智慧的锋芒指向自己，对自己的身心状态加以认识、评价和思考；通过思维和意志，对它们进行干预，使之朝着有利于生存发展的方向变化。在这里，管理者需要树立调整情绪的自我意识。

（2）认知重建，调整情绪。认知是平衡主客观关系的杠杆，调整情绪需要认知的帮助。在心理治疗的诸多方法中，有一种理性情绪疗法。该疗法所依据的理论认为，诱发事件只是引起情绪及行为反应的间接原因，而对诱发事件的认知、解释和所持信念才是引起情绪反应的直接原因。人们要通过对合理认知与不合理认知的辩论，消除不合理的信念。认知问题解决了，情绪就会随之改变。年轻人的很多心理问题都不是什么大问题，只是由于他们涉世未深、缺少磨炼，认识较为片面，遇到问题容易引起情绪上的起伏波动。如果能通过心理咨询和思想上的开导使他们改变原有的不合理观念，认知转变了，情绪也就会平静和愉快起来。

（3）利用意志的力量调整情绪。心理学的研究认为，意志是有意识地确立行为目的、支配和调节行动、克服困难、实现预定目标的心理过程。一个人如果对其目的性有清晰的认识，在学习、工作等行为上就会表现出积极主动性。意志行动受意识支配，在实现目标的行动中必然会遇到这样或那样的困难，人的意志品质正是在克服困难的过程中体现出来的。在人的心理活动中，意志不是孤立的存在物，它与认知、情感相互制约和影响。目标的确立是通过思考和分析，对主观愿望的合理性和客观现实的可能性加以分析和判断的结果。如果主观愿望不考虑客观现实，就会使目标脱离实际而难以实现，造成情绪的起伏波动。

（4）调整自己的需要层次。人的需要是多方面的，其中有些是合理的，有些则是不合理的。即使是合理的需要，有些也会因客观条件的限制而一时难以满足。常言道"退一步海阔天空"，人有时需要积极争取，有时也要学会放弃。对于那些不合理的或虽然合理但眼下难以实现的愿望，要坦然理解，及时放弃。

情绪对行为的支配和影响，往往超越了认知和意志。克服负面情绪不是一件轻而易举的事情，像克服生活中的其他困难一样，调整情绪也需要坚定的决心和毅力。心理治疗和情绪调整是个循序渐进的过程，很难速战速决，需要韧性和耐心，这些都是意志力的表现。

2. 个体情绪的调整方法

个体情绪调整的方法有很多种，当人们陷入情绪的低谷时，不妨试试以下几种方法。

（1）设定明确的人生目标。明确的人生目标决定了你明朗的心情和事业。对个体来说，任何一种实践活动都是有目的、有意识的活动。当人们的情绪被生活中的凌乱和压力所占据的时候，原先设定的目标就被遗失了，这时人们就会处于焦虑、痛苦和失望等负面情绪之中。只有当人们树立了明确的人生目标之后，才会有新的动力去追求。

（2）运动疗法。研究表明，大脑中某些物质产生的首要条件是氧气的充分供应，而产生的这种物质正是让人们的脑神经兴奋起来的主要动力。增氧能力是指人体氧气消耗的最大能力和限度，它不仅是衡量人们身体健康与否的重要尺度，也是衡量人们情绪是否健康的重要尺度。因此，情绪低落的时候，不妨去参加一些剧烈的体育活动，在剧烈的活动中把负面情绪宣泄出来，从而提高身体的增氧能力和对负面情绪的抵抗力。

除此之外，还有很多个体情绪的宣泄和调整的方法，每个个体在解决自己的情绪问题时可以根据自身情况采用相应的方法。

三、善用情感激励

伴随着情感的沟通是最令人心动的沟通，融入情感的管理也是最富有人性的管理。同样，"以情动人"、"以情励人"也是最富成效的激励方式。现代管理日益趋向于人性化的管理，人性管理已经成为了组织管理的核心理念。人性管理要求组织高度重视员工，要求上司密切注视下属。在实际工作中，管理者要学会重视下属的本领，唯有掌握人的内在特殊动机与需求，才能让员工发挥最大的能力。

管理者，仅仅依靠物质手段、压迫手段激励或威慑员工是不够的，应该着眼于员工的情感世界，与下属进行思想沟通与情感交流，最大限度地影响追随者的思想、感情乃至行为。现代情绪心理学的研究表明，情绪、情感在人的心理形成和发展过程中起着组织作用，它支配和组织个体的思想和行为。因此，情感化管理应该是管理的一项重要内容，尊重员工、关心员工是团结员工、进行有效管理的前提与基础。

(1) 管理者非语言的情感激励效应。 尽管人的情感是一种复杂的心理活动，但是这种活动仍然可以通过人的面部表情、身体姿态、动作、手势表现出来。例如，管理者的脸部表情有微笑的、愤怒的，其手势有肯定的、否定的等。各种情感首先在人的脸上得到充分的反映。正如人们所说的，眼睛是心灵的窗户，下属只要看一下管理者的脸色，就能知道他的情绪大致如何了。脸部表情还具有沟通思想的作用，表明管理者对事物的态度。在工作群体中，经常会听到工作人员这样的议论："管理者今天的脸色不好，可能是碰到什么不顺心的事情了……"言外之意是最好离管理者远点儿，免得节外生枝。

(2) 管理者言语的情感激励效应。管理者要主动与下属开展谈心活动，即使工作再忙，也要抽空和下属一起聊天，其内容可以是家庭、生活、娱乐、工作等。双方见面，管理者要主动向下属打招呼，使下属感觉你平易近人、以诚相待。双方在感情上的相互感应，能融洽上下级的关系。此外，管理者在谈话时要有一定的幽默感。具有幽默感的管理者对职工，尤其是青年人的吸引力很强。幽默是兴趣广泛、知识渊博、思想活跃的结晶，它就像一条纽带，可以将管理者与职工的感情联系起来，产生和谐、愉快的气氛。

(3) 管理者与被管理者的情感交融。心理学家很注意研究移情作用问题。移情有两层意思：一是对他人情感的认知，二是对他人有共鸣性情感反应。共鸣性情感反应的产生，依赖于个人对他人情感状态进行认知和判断的程度。移情这一联结渠道，为人们的相互帮助、安慰、合作、共享快乐等社会行为提供了基础。

管理者要了解下属的情感，并作出相应的情感反应。管理者观察到下属存在某种情绪时，要通过下属的面部表情、声音、姿势等体验到类似的情绪，这就需要设身处地地为别人着想，想象一下自己处于这种情况下会有什么样的情绪状态。要做到真正的感情移入，要求管理者具有很高水平的认知能力。

不同个性的人，对管理者情感的要求不同。感情细腻的人可能要求管理者的感情也要细腻；自尊心强的人对管理者的情感要求也比较高，往往管理者的一个眼神、表情或很简短的一句话也会使他们思来想去。例如，有一位下属发现管理者对他的表情很冷漠，以为是管理者对他有看法，思前想后，夜不能寐，感到在这个单位无法待下去了，于是打了请调报告，要求调动工作。当别人问起这位管理者时，他却感到莫名其妙，不知道是怎么一回事儿。如果这位管理者能做一些情感移入的工作，设身处地地想一想自己的行为可能对这个下属产生的影响，就能发现产生问题的关键在哪里了。为了不再发生误会和猜疑，管理者在不同个性的下属面前，情绪表现要特别有分寸，否则人际关系会产生莫名其妙的恶化。

资料1：

通用电气的"情感管理"

现代企业管理已经进入到一个以人为本的管理新时代，其重要内容不再是板着面孔式的条条框框的限制，而是一门融进了管理者对职工、对事业献身精神的独特的艺术。

面对面管理，是以走动管理为主的、直接亲近职工的、开放式的有效管理，它洋溢着浓厚的人情味。其内容外延广阔，内涵丰富，富于应变性、创造性，以因人、因地、因时制宜取胜。实践证明，高技术企业竞争激烈，风险大，更需要这种"高感情"管理。它是医治企业官僚主义顽症的"良药"，也是减少内耗、理顺人际关系的"润滑剂"。通用电气公司前总裁斯通就努力培养全体职工的"大家庭感情"式企业文化，公司领导和职工都要对该企业特有的文化身体力行，爱厂如家。从公司的最高领导到各级领导都实行"门户开放"政策，欢迎本厂职工随时进入他们的办公室反映情况，对于职工的来信、来访能负责地妥善处理。

公司的最高首脑与全体职工每年至少举办一次生动活泼的"自由讨论"。通用电气公司像一个和睦、奋进的"大家庭"，从上到下直呼其名，无尊卑之分，互相尊重，彼此信赖，人与人之间关系融洽、亲切。

1990年2月，通用公司的机械工程师伯耐特在领工资时发现少了30美元，这是他一次加班应得的加班费。为此，他找到顶头上司，而上司却无能为力，于是他便给公司总裁斯通写信："我们总是碰到令人头痛的报酬问题。这已使一大批优秀人才感到失望了。"斯通立即责成最高管理部门妥善处理此事。

三天之后，他们补发了伯耐特的工资，事情似乎可以结束了，但他们利用这件为职工补发工资的小事大做文章。第一，向伯耐特道歉；第二，在这件事情的推动下，了解那些"优秀人才"待遇较低的问题，调整了工资政策，提高了机械工程师的加班费；第三，向著名的《华尔街日报》披露这一事件的全过程，在美国企业界引起了不小的轰动。

事情虽小，却能反映出通用电气公司的"大家庭观念"，反映了员工与公司之间的充分信任。

人际关系上常常也有"马太效应"的影子。常人总是密者密上加亲，疏者疏而越远。美国通用电气公司前总裁斯通却主张"人际关系应保持适度的距离"。现实生活中，国与国、人与人之间的关系演变的例子一再证明"适度距离"的理论不无道理。

斯通对"适度距离"身体力行，率先示范，密者疏之，疏者密之。斯通自知与公司高层管理人员工作上接触较多，在业余时间就有意拉大距离，从不邀公司同僚到家做客，也从不接受客邀。相反，对普通工人、出纳员和推销员，他有意亲近，微笑问候，甚至偶尔"家访"。

1980 年 1 月，在美国旧金山一家医院里的一间隔离病房外面，一位身体硬朗、步履生风、声若洪钟的老人，正在与护士死磨硬泡地要探望一名因痢疾住院治疗的女士。但是，护士却严守规章制度毫不退让。

这位护士真是"有眼不识泰山"，她怎么也不会想到，这位衣着朴素的老者，竟是通用电气公司的总裁，一位曾被公认为世界电气业权威杂志——美国《电信》月刊选为"世界最佳经营家"的世界企业巨子斯通先生。护士也根本无从知晓，斯通探望的女士，并非他的家人，而是加利福尼亚州销售员哈桑的妻子。

哈桑后来知道了这件事，感激不已。他每天工作达 16 小时，为的是以此报答斯通的关怀，加州的销售业绩一度在全美各地区评比中名列前茅。正是这种适度距离的管理，使得通用电气公司的事业蒸蒸日上。

通用电气公司像美国其他一些公司一样，从经理到基层领导人员，已有不少采用"静默沉思"法，使紧张心理宁静下来，消除神经紧张所造成的不安。经常"静默沉思"的人说，自从坚持定时沉思默想后，工作效率提高了，不容易激动，能较好地对付外界压力了。

以前通用电气公司也普遍采用节食和体育锻炼计划来消除工作人员的情绪病，虽长期执行，但见效甚微。许多人因紧张心理造成的血压升高、压抑感很重和易怒等现象并未减轻。

哈佛大学心理和体育治疗研究所推广默思法之后，通用电气公司便向雇员推荐此法，公司聘请了默思辅导员指导雇员苦练这种默思法，包括瑜伽、冥想、端坐不动等。雇员们反映，他们已初步收到效果。

公司在推行此法后，使公司精神病治疗费用减少了 27%；各分公司经理用此法后工作效率大为提高，为此该分公司已安排 12 名一天工作 12~14 小时的经理人员参加默思活动，工作热情普遍高涨，精神也格外饱满。

企业中的人事管理要比政府、学校等其他职能管理棘手得多，因为企业人事管理的对象、性别、年龄、学历、工种、品性等方面存有更大差异。

通用电气公司在人事管理上近几年采取重大改革，改变了以往的人事调配的做法（由企业单方面评价职工的表现、水平和能力，然后指定其工种岗位）。现在，反其道而行之，开创了由职工自行判断自己的品格和能力，提出选择自己希望工作的场所，尽可能由自己决定工作前途的"民主化"人事管理，称为"建言报告"，引起管理界的瞩目。

专家们认为，"让棋子自己走"的这种"建言报告"式人事管理，比传统的人事管理更能收集到职工的容易被埋没的意见和建议，更能发掘人才和对口用人，从而对公司发展和个人前途更加有利。

此外，通用电气公司还别出心裁地要求每位雇员写一份"施政报告"，从1983年起每周星期三由基层员工轮流当一天"厂长"。"一日厂长"9点上班，先听取各部门主管汇报，对全厂营运有了全盘了解后，即陪同厂长巡视部门和车间。"一日厂长"的意见，都详细记载在《工作日记》上。

各部门、车间的主管须依据其意见，随时改进自己的工作，并在干部会上提出改进后的成果报告，获得认可后方能结案。各部门、车间或员工送来的报告，需经"一日厂长"签批后再呈报厂长。厂长在裁决公文时，"一日厂长"可申诉自己的意见供其参考。

这项管理制度实行以来，成效显著。第一年施行后，节约生产成本达200万美元，并将节约额的提成部分作为员工们的奖金，全厂上下皆大欢喜。

通用电气公司的日本子公司——左光兴产公司还实行一种特殊的"无章管理"，也是感情化管理，最大限度地减少公司内部人际间的紧张关系，增强员工之间的信任，上下级之间的信任及员工对企业的信任。该公司近几年实行"无章管理"以后，年销售额在通用电气的所有海外子公司中独占鳌头。

资料2：

多愁善感的人工作更理性

长期以来，人们普遍认为，积极乐观的情绪能促使人们积极地进行思考，推动人们高效地完成工作。然而，加拿大心理学家辛克莱博士进行的一系列研究却表明，事实并非如此。

辛克莱博士让悲观者和乐观者制作等量的电路板，结果出人意料，悲观忧愁的人出的差错只有自信乐观的人出的差错的一半。进一步的研究发现，原来这主要是因为人们对待工作的态度不同。自信乐观的人对工作持有消极态度，认为工作会对他们身心的愉快形成破坏；与之相反，情绪忧愁的人认为全身心投入工作能够使自身摆脱忧郁的感觉，因而对工作持有积极态度。

这给人们的重要启示就是"态度决定一切"，而不是"性格决定一切"。实验中，悲观者虽然情绪消极，但工作态度积极，而乐观者虽然情绪积极，但工作态度消极。对学习、工作、生活抱有积极态度的人，总是相信自己所做的是有价值的，因而面临挫折时也会很好地调节自己、吸取经验教训。因此，情绪悲观者反而比情绪乐观者的工作效率要高。

悲观者和自信者工作效率不同，还因为他们的心态不同。悲观者往往心态平静，能够冷静处理问题；而自信者往往情绪激动，不能够冷静、理智地看待和处理问题。也就是说，保持平和的心态有利于提高工作效率。过于自信者对工作往往眼高手低、麻痹大意，工作效率不高；而悲观者持有"往坏处想、往好处努力"的态度，凡事认真处理、踏踏实实，工作效率较高。

第八章　人的能力与管理

能力是个性心理特征之一，是取得工作业绩必备的条件。每个人的能力大小不同，能力倾向也存在着差异，组织要因人而异，充分了解人的能力倾向，尽可能地把人才放在合适的岗位上。这样才能确保人尽其才、才尽其用。试想，原本员工可以把某项工作做到一百分，却因为给错了其发展空间，而出现才不尽其用的结局，这怎能不说是一种遗憾呢！

第一节　能力是完成活动的条件

一、能力的概念

人与人的差异在能力上可以得到反映，能力是指影响活动效率保证顺利完成活动任务，所必备的个性心理特征。

1. 能力和多种活动相连

（1）只有从一个人所从事的某种活动中，才能看出他具有某种能力。

（2）能力的大小在活动中比较；在其他条件相同的情况下（知识技能）才能发现能力的差异。

（3）能力的发展需在活动中形成和发展。无论是什么都必须经过练习，经过活动，在具体练习中活动得到发展和提高。

2. 能力是发展完成活动的必备的心理特征

活动中表现出的性格很多，心理特征对活动有影响，记忆力、表达力等直接影响有关活动顺利进行。

能力是影响活动效果的基因，能力的高低影响掌握活动的快慢、难易和巩固程度。

取得成功有很多方面是必要的，直接影响活动效率的那些特点称为能力。

能力对人的智力、体力都有要求，任何活动都是多种能力的综合。如果符合要求则顺利，可以高水平做事；如果缺乏能力就会影响任务顺利完成。能力是很多心理特征的有机组合，单靠某种单一能力是不能完成任务的。在心理学上，将各种能力最完备的组合称为才能。

二、能力和知识技能的关系

知识技能也对活动效率有影响，能力是直接活动效率的心理因素，两者的关系密切。知识技能不是心理因素，知识不多，能力则不可能强。

1. 能力与知识技能的区别

（1）能力和知识的区别。从含义、发展过程和组成成分来看，能力和知识有以下区别：

1）从含义来看，知识是人类社会历史经验的总结。从心理角度讲是信息的储存，以经验、思想内容等形式为人所掌握。能力不是思想内容，是在掌握这些经验、思想内容时对材料加工的心理活动，是概括化的过程。

2）从发展过程来看，两者是不同步的。能力的形成、发展比知识的获得容易得多；知识只要学习，就可以不断积累，是无限的，而能力可以达到一定顶点，并逐渐衰退。

3）从组成成分来看，知识是后天获得的，能力既有先天成分，也有后天成分，先天成分主要指大脑结构和营养状况。

（2）能力和技能的区别。技能是经过反复练习，对具体操作的技术掌握达到自动化的动作，是在个体身上固定下来的行为方式。能力不是具体动作本身，而是在掌握技能中，调节行为活动的心理过程，也是概括化的能力系统，可以反映在不同活动上。

这种动力性质在个体身上固定下来的心理特点，经常表现出来。在成为巩固的概括化的动力系统时，它才成为能力。

2. 能力和知识技能的联系

能力和知识技能处于相互制约、互为因果的关系之中。

1）能力是获得知识技能的前提，能力高低影响掌握知识快慢、难易和巩固程度。例如，一个人没有最起码的思维、记忆时，就不能说他有能力。一个人掌握知识技能，并把它用到解决实际问题上，才是能力的体现。

2）能力是在掌握、运用知识技能过程中表现和发展的，依赖于一定的知识和技能。比如，在学习中，发展了记忆力、思维能力等，如果缺乏这方面的知识，能力是不能发展的。当知识技能丰富时，能力可以得到相应的发展。

能力不等于成就，不是具备了能力就能取得成就。成就是通过一定能力取得的，能力只是作为取得成就的必要条件，但不是充分条件，这说明要取得成就除了能力之外还要有其他因素。

3. 能力、知识、技能的相关性

认识能力、知识、技能的相关性对选拔、培养人才是必须的。如果单凭掌握知识的多少来衡量一个人能力的高低，就会把具有丰富知识的人当成天才，可能会使能力高的人受压抑。

能力可以较长时间起作用，它的发展缓慢，而知识的发展较快。知识爆炸是每隔五年就要发生的，人们应该不断更新自己的知识体系，发展能力是获得更好的知识、技能的基础，它指导人们培养、选拔人才。

第二节　能力的结构是多元化的

一、能力的因素分析

1. 一般能力和特殊能力

（1）一般能力。一般能力是指人们在一切活动中都表现出的基本能力，如记忆力、想象力。它是无论人们从事任何活动都不可少的，是任何活动必须具备的一般水平。

现代研究认为：观察、记忆、思维、想象、实践五大要素结合在一起就形成了一个人的智力水平。

（2）特殊能力。特殊能力是指从事某种活动上所表现出的能力，是由有关的专业活动性质所制约的几种基本的人的主要品质构成的。比如，数学能力是对数学迅速概括，思维迅速简化，从正向思维飞速过渡到逆向思维的能力。

（3）一般能力和特殊能力的关系。它们在活动中辩证统一有机地结合在一起，一般能力在活动中得到高度发展，有特殊表现，就可能成为特殊能力。两者是辩证的统一体，即一般能力的专业化、具体化就是特殊能力。一般能力在特殊能力发展的同时得以发展。每种特殊能力都是由特定的活动所要求的多种基本能力的有机组合。基本能力就是一般能力在活动中的具体化。

能力在活动中表现出来，特殊能力在一般能力中获得充分发展，而一般能力则是在种种特殊系统基础上发展的一般智力。比如，数学家培养了严密的思维能力，则这种能力不仅是在做数学研究时表现出来，而且在说话、写文章中也有表现，即可迁移到其他领域。

在不同个体身上，能力的因素所占的地位不同。一般能力可以迁移到不同的场合。

2. 优势能力与非优势能力

人体是一个多种能力的综合体系，总有一些能力占主导地位，其他能力服从于优势能力。

优势能力就是指在实践中占主导地位的能力，其他能力起着辅助增强优势能力的作用。优势能力在每个人身上占不同地位，如专家学者有的想象力强，有的思维性强。人们要分析不同人的优势能力与非优势能力，达到因材施教，从而发展优势能力，弥补非优势能力的不足。

二、能力的结构

能力的结构是综合的整体结构，使人们能更好地认识能力的本质，主要为了合理地进行设计能力测验，鉴定能力高低。

1. 两因素说

英国的统计学家查尔斯·爱德华·斯皮尔曼，在 1904 年最早提出了用数学统计来分析能力结构，也称两因素说。

智力结构的两因素，即 G 因素（一般因素）和 S 因素（特殊因素）。二因素说理论认为，人类的智力内涵包括两种因素：一种为普通因素（General Factor），简称 G 因素；另一种为特殊因素（Specific Factor），简称 S 因素。斯皮尔曼解释说，人的普通能力都得自先天遗传，主要表现在一般性生活活动上，从而显示个人能力的高低。S 因素代表的特殊能力只与少数生活活动有关，是个人在某方面表现得异于常人的能力。一般智力测验所测量的就是普通能力。

2. 多因素说和群因素说

桑代克则提倡多因素说。他认为智力是许多小的能力的总和，智力中的一般因素是不存在的。他把智力分为三种能力：对抽象概念的适应能力，对社会关系的适应能力和对机械问题或选择问题的适应能力。20 世纪 30 年代以后，许多研究者在智力测验中都应用因素分析法。

塞斯顿用由 56 个测验组成的一组测验对 218 名大学生进行了测试，然后用因素分析法求得智力由七种因素构成，称为群因素论。他把这七种因素称为七种基本心理能力：①词的理解力——了解词的意义的能力；②语词运用能力——讲字正确、迅速和同义词联想敏捷的能力；③计算能力——正确而迅速地解答数学问题的能力；④空间知觉能力——运用感知经验正确判断空间方向及各种关系的能力；⑤记忆能力——对事物强记的能力；⑥知觉速度——对事物迅速而正确地观察和辨别的能力；⑦推理能力——根据已知条件进行推断的能力。

1941 年塞斯顿根据这七种基本能力编制出基本心理能力测验（Primary Mental Abilities Test，PMAT）。塞斯顿曾认为他的七种因素理论是与斯皮尔曼的 G 因素假设相矛盾的。但是，后来人们认为如果能够在塞斯顿的七种因素中进行第二因素分析并且能够找出一个一般因素，那么斯皮尔曼的 G 因素将得到支持。也就是说，如果塞斯顿的七种因素中都有第二因素的话，这个因素就可以被认为是一般智力。

3. 智力三维结构理论

吉尔福特认为智力包含记忆能力因素和思维能力因素两大类。思维能力因素又包含认知能力因素、生产能力因素、评价能力因素，以及生产能力因素根据已有的信息和新的信息在寻求正确答案中的聚合式思维能力和发散式思维能力。1977 年，他根据智力测验研究结果的因素分析，进一步提出了智力三维结构模型。他把智力分为三个维度：内容、操作和产物。智力活动的内容包括听觉、视觉（人们所听到、看到的具体材料），符号（字母、数字及其他符号），语义（语词的意义和观念）和行为（本人和他人的行为）。它们是测验时给予的信息，是智力活动的对象和材料。智力操作指智力的加工活动，它根据测验时所给予的信息内容进行加工。智力操作包括认知、记忆、发散式思维、聚合式思维和评价。智力活动的产物是指智力加工所产生的结果。这些结果可以按单位计算，可以分类处理，也可以表现为关系、系统、转换和蕴涵。由于三个维度中含有多个因素，因此人的智力可以分为 5×5×6=150 种。

吉尔福特认为，这些不同的智力都可以运用不同的测验来检验。例如，给被试一系列四个字母的组合，如 PIAS、FHKY、DSEL，要求其将它们重新组合成熟悉的单词，如 FISH、PLAY、DESK 等。在这一测验中，智力活动的内容为符号，操作为认知（即理解和再认），产物为单元（即按重新组合的字、词、数来计算成绩）。根据产物的数量就可以测出一个人的符号认知能力。如果给被试呈现 10 种语音，然后要求他们立即（或延迟一些时间）复述出来。在这一测验中，智力活动的内容为听觉，操作为记忆，产物为单元。这一测验的成绩可以度量一个人的听觉记忆能力。

吉尔福特的智力三维结构模型同时也考虑到了智力信息加工的内容、操作和产物，这不仅有助于智力测验研究工作的深入，也有助于发现优势能力和非优势能力，对因材施教也是有益的。

第三节　能力具有差异性

一、能力发展水平的差异

在相同条件下，某人在某一活动中比别人得到较好的成绩，有些人则活动的成绩不好，人们会说他是一个在这方面能力低下的人。心理学家对 2904 人进行了测试，把人们智力分成了不同等级和水平。

IQ 140 分以上，智力非常优秀；

IQ 119~120 分，智力中上等；

IQ 90~109 分，智力中等；

IQ 80~89 分，智力中下等；

IQ 70~79 分，临界；

IQ 70 分以下，心智不足。

人类智商分布情况如下：

一般来说最高、最低者都占 3‰左右，这是指个体能力发展水平的差异。各种能力都如此，这种差异可以分为四个等级。

（1）能力低下。轻者只能从事一些较简单的活动，重者丧失活动能力，甚至连生活也不能自理。智力落后也是能力低下的一种特殊情况，一般属于病理的范围。

（2）一般能力。所谓的"中庸之才"，有一定的专长，但只限于一般性地完成活动。

（3）才能。形成较高水平的某种专长，有一定的创造力，能较好地完成活动。

（4）天才。具有高水平的专长，善于在活动中进行创造性思维，表现创造力，活动成果突出而优异。

世界名人的智商如下：意大利文艺复兴时期艺术家达·芬奇的智商在 200 分以上；意大利物理学家伽利略的智商在 180 分以上；英国物理学家牛顿的智商为 190 分；奥地利音乐家莫扎特的智商为 165 分；德国科学家爱因斯坦的智商在 160 分左右；微软创始人比尔·盖茨的智商在 160 分以上；英国理论物理学家斯蒂芬·霍金的智商为 140 分。

1. 对智商优秀者的分析

智商优秀者：智力水平高于同龄人，IQ 在 135 分以上。

现在，对能力超常的少年儿童的发现和培养，已经得到世界各国的关注。我国政府也十分重视对超常少年儿童的培养。从 1978 年 3 月中国科技大学第一届少年班开办以来，截至 1986 年，又有 12 所重点院校试办大学少年班。我国心理学家对全国 29 名超常儿童的调查和追踪研究表明，这些儿童能力超常的表现是多种多样的。他们有鲜明的个性并且各个年龄阶段都有，有的较早地显示出数学才能，有的很小就能大量识字阅读，有的在外语方面有才能，有的擅长绘画，有的会做诗对歌……尽管他们在性格和能力类型上有很大的差异，但都有共同的心理特点。其共同的心理特征表现在以下五方面：

（1）有浓厚的认识兴趣和旺盛的求知欲。这类儿童一般较早地表现出强烈的好奇心，爱问这问那，并追根究底。他们很早就对知识产生了浓厚的学习兴趣，并且兴趣相当广泛。例如，有些二三岁的儿童，不满足于看图画书、听故事，已经对识字、读书产生了兴趣。有个四岁的儿童去动物园时，不满足于看看动物的样子，还要逐个去看关于动物的介绍，了解动物的产地、习性等。

（2）注意力集中，记忆力强。这类儿童的注意力既广又能高度集中，特别是对他们感兴趣的事情，注意力能集中几小时而不受外界干扰。他们的短时记忆明显超过同龄一般儿童的均值且识记快、保持久。例如，一个五岁儿童，对一列 13 位数字（5 138 427 960 358），小声念三遍就能够顺背，再念一遍就能够倒背，时隔半年后仍能正确顺背无误。

（3）感知敏锐，观察仔细。例如，在感知实验中，他们明显地优于同年龄儿童，有的在反应速度和进行方式上还优于比他们大二三岁的同班儿童。又如，有的三四岁的幼儿能分辨大小、长短和左右方位。他们的视觉、听觉辨别力发展突出，主要表现在能清楚分辨汉字在音、形上的细微差别。

（4）思维敏捷，理解力强，有独创性。例如，在概括和推理水平上，他们不仅明显超过同龄儿童，而且超过比他们大二三岁的同班儿童，特别是在解决难度大的课题时，这种差异尤为明显。一个五岁半的儿童在十几分钟内可以算出六位乘六位的数（如 365 427×243 682=89 047 982 214），并能在 3~6 分钟内正确解答鸡兔同笼一类的应用题，思维非常敏捷。他们的理解能力强，有独创性。例如，有个儿童，两岁时玩积木，每次都要将花样翻新，五岁半时造句不因袭老师示范的句型；做数学题也不满足他们的解题方法而试着自己另找解法等。

（5）自信、好胜、有坚持性。这类儿童一般比较自信、有进取心，他们爱和别人比，不但爱和同龄儿童比，有的甚至还要和成人比，比做题、比下棋、比成绩等，处处不甘落后。他们有主见，不易受暗示，干一件事情一般能坚持，不受外界干扰，坚持完成学习任务。人们用《中国少年非智个性心理特征问卷》调查了北京人大附中超常班和常态班学生的个性特点，发现这两个班学生的个性特点有明显的差异。

2. 低能儿童的能力分析

智商在 70 分以下者为智能不足。智能不足并不是某一种心理过程的破坏，而是各种心理能力的低下，其明显的特征是智力低下和社会适应不良。

智能不足可分为三个等级。轻度：智商在 70~50 分，生活能自理，能从事简单劳动，但应付新奇复杂的环境有困难，学习有困难，很难领会学校中抽象的科目。中度：智商在 50~25 分，生活能半自理，动作基本可以或部分有障碍，只会说简单的字或极少的生活用语。重度：智商在 25 分以下，生活不能自理，动作、说话都有困难。

造成智能不足的原因很多。大多数智能不足者都不是生理疾病所致，过去也未有过脑损伤的病史。他们大多健康状态良好，智能不足的程度也较轻微。这些人的父母智力水平也较低，家庭中往往缺乏良好的学习环境或者在成长过程中营养条件较差，这些都可能是造成这一类型智力落后的原因。

比较严重的智能不足大多数是疾病、中毒、内分泌失调和母体疾病所致。较典型的智力落后疾病，如唐氏综合征、苯酮尿症等。唐氏综合征患者脑袋小而圆，面宽扁，眼睛狭斜，鼻梁塌扁，舌尖厚且突出在外，身材矮小，五指短小，智力大多低下。

二、能力类型的差异

当需要完成几种活动时，人的能力的结合不同，采取的方法也就不同。

1. 一般能力在类型上的差异

一般能力在知觉、表象、记忆和思维四方面存在差异。

（1）知觉方面的类型如下：

1）知觉综合型，这种人知觉的特点是，观察时注意事物的概括性，但分析能力较弱，对于事物的细节的感知不足。

2）知觉分析型，这种人知觉的特点与第一类人相反，有较强的分析能力，观察时注意事物的细节，但对于事物的整体性的感知不够。

3）知觉的分析—综合型，这种人兼有上面两种知觉类型的特点，在观察中既能注意事物的整体，也能注意事物的细节。

（2）表象方面的类型如下：

1）表象视觉类型，这种人视觉表象占优势。

2）表象听觉类型，这种人听觉表象占优势。

3）表象运动觉型，这种人运动表象占优势。

4）表象混合型，这种人几乎在同等程度上运用各种表象。

（3）记忆方面的类型如下：

1）记忆视觉型，这种人运用视觉记忆较好。

2）记忆听觉型，这种人运用听觉记忆较好。

3）记忆运动觉型，这种人有运动觉参加时记忆较好。

4）记忆混合型，如记忆的视觉—听觉型、记忆的听觉—运动觉型等，这种人运用多种记忆表象时效果较好。

许多画家、作家、演员往往具有发展较好的视觉记忆，使他们在绘画写作或表演动作中准确地再现瞬息呈现的人物景象。

（4）思维方面的类型如下：

1）集中思维型，这种人思考时，集中性思维占优势，对一个问题可以得出一个正确答案或一个最佳的解决方案。

2）发散思维型。这种人思考时，发散性思维占优势，对一个问题能够得出多种答案。

2. 特殊能力的差异

特殊能力是由若干种不同能力构成的。研究表明，完成同一种活动可以由能力的不同组合来保证。

（1）音乐能力的类型差异。前苏联心理学家 B.M.捷普洛夫认为，音乐能力由三种主要能力构成：旋律感、听觉表象和音乐节奏感。他对三个学习音乐成绩最好的学前儿童的研究表明，其中第一个儿童的特点是有强烈的旋律感和很好的听觉表象，但音乐节奏感较弱；第二个儿童的特点是有很好的听觉表象和强烈的音乐节奏感，但旋律感较弱；第三个儿童的特点是有强烈的旋律感和音乐节奏感，但听觉表象较弱。这显示出音乐能力构成因素之间相互关系的差异。

（2）运动能力的类型差异。例如，击剑运动能力由观察力、反应速度、攻击力量、意志力等多种心理因素组成。普尼对三个击剑运动员的研究表明，他们具有同等水平的职业能力，并达到同样的运动成绩，但他们的击剑运动能力的组成因素的发展水平却不尽相同。第一个运动员具有高度发展的观察力和感觉因素，但反应速度并不突出；第二个运动员以一般的灵活性与坚韧性为突出特点；第三个运动员则具有强烈的攻击力量与必胜的信心。短跑运动能力由动作强度、动作和节奏的配合等因素组成。两个短跑运动员可以达到同样良好的短跑成绩，但其中一个人依靠动作和节奏的更好配合，而另一个人则依靠更大的动作强度。

（3）组织能力的类型差异。A.B.彼得罗夫斯基介绍了关于组织能力的类型差异的具体事例。尼古拉和维克多都具有杰出的组织能力。尼古拉的组织能力由下述心理品质综合组成：主动、敏感、关心人、对人要求合理、有观察力、善于并乐意分析同伴的性格和才能、对集体的高度责任感、个人的吸引力等。维克多的组织能力由另一些心理品质综合组成：严峻、考虑周到、善于利用同伴中每个人的弱点、精明强干等。

总之，构成特殊能力的各种因素之间的关系并不是固定不变的，某种能力的薄弱，可以由其他的能力或能力组合的发展来补偿或代替。

三、能力表现早晚的差异

人的能力有早期表现，也有中年成才和大器晚成。我国汉代哲学家、教育家王充说："人才早成，亦有晚就。"

1. 能力早期表现

能力的早期表现又称人才早熟。古今中外有些人在童年期就表现出了某些方面的优异能力。例如，诗人白居易，1 岁开始识字，五六岁就会做诗，9 岁已精通声韵。唐代诗人王勃 6 岁就善于文辞，13 岁时写了著名的《滕王阁序》，"落霞与孤鹜齐飞，秋水共长天一色。"的名句流传千古。当代我国也涌现出了不少超常儿童。例如，宁铂两岁半时就能背诵诗词 30 多首，13 岁考入中国科技大学少年班，19 岁毕业，留校当助教，给研究生讲授专题课。又如，谭文西（阿西）在 8 岁时画"群猫游戏图"，图上百只姿态不同的猫栩栩如生。他的《桂林山水》荣获第四届国际儿童绘画比赛一等奖。在国外，德国数学家高斯 3 岁时就会心算，八九岁时就会解级数求和的问题（从 1 累积加到 100 的和等于首尾之和乘以级数个数的 1/2，即 5050）。他的具有重要意义的发现大部分是在 14~17 岁这个阶段提出的。德国诗人歌德在 9 岁时就能用德文、拉丁文和希腊文写诗。美国著名科学家维纳在 3 岁时就会阅读，14 岁从哈佛大学毕业，19 岁获博士学位，成为控制论的创始人。

能力早期表现在音乐、绘画等领域中最为常见。根据哈克和齐汉的研究，儿童在 3 岁左右开始显露音乐才能的情况最多。

能力的早期表现，一方面是有良好的素质基础，另一方面与其环境的早期影响、家庭的早期教育和实践活动都有密切的关系。

2. 中年成才

中年是成才和创造发明的最佳年龄，是人生的黄金时期。中年人年富力强、体格健壮、精力充沛、敏锐、少保守，既有较强的抽象思维能力和记忆能力，又有丰富的基础知识和实际经验。中年期是个人成就最多、对社会贡献最多的时期。一般认为，30~45 岁是人的智力的最佳年龄阶段，其峰值在 37 岁左右。

有人对 325 位诺贝尔奖金获得者作了调查，发现其中有 301 人在 30~50 岁之间取得了研究成果。美国心理学家李曼从 20 世纪 30 年代开始一直从事人的创造发明研究。他对大量的科学家、艺术家和文学家等的年龄与成就的相关性进行了研究。他认为，25~40 岁是成才的最佳年龄。他的研究还表明，从事不同学科的人，最佳创造的年龄是不同的，如表 8-1 所示。

表 8-1 学科与最佳创造的平均年龄

学科	最佳创造的平均年龄（岁）	学科	最佳创造的平均年龄（岁）
化学	26~36	声乐	30~34
数学	30~34	歌剧	35~39
物理	30~34	诗歌	25~29
实用发明	30~34	小说	30~34
医学	30~39	哲学	35~39
植物学	30~34	绘画	32~36
心理学	30~39	雕刻	35~39
生理学	35~39		

创造有最佳年龄阶段，但并不是说人在这个年龄阶段之外就不可能有所创造、有所发明，有人早熟，也有人大器晚成。另外，随着社会进步、科学发展和教育质量的提高，创造的最佳年龄将向两端延伸。

3. 能力晚期表现

有些人的才能表现较晚，能力的晚期表现又叫大器晚成。我国医学家和药学家李时珍在 61 岁时才写成巨著《本草纲目》。画家齐白石在 40 岁时才显露出他的绘画才能，50 岁时成为著名画家。在国外，摩尔根发表基因遗传理论时已经 60 岁了，达尔文在 50 多岁时才开始有研究成果，写出名著《物种起源》一书。

能力晚期表现的原因是多方面的，可能因为年轻时不努力，后来加倍勤奋的结果；也可能是小时候智力平常，通过长期的主观努力，智力像菊花一样，到了人生的秋天才显示其绚丽多彩。大器晚成的原因可能还与不合理的社会制度和阶级地位有关。例如，前苏联的古谢娃出生在西伯利亚荒村，40 岁时才开始学文化，她和儿子一起毕业于农业大学，73 岁时才获得博士学位。

第四节　能力的形成和发展

能力的形成与发展受多种因素的影响，既包括先天素质，也包括后天因素（主要指对先天素质产生影响作用的环境、教育和实践活动等）。实际上，能力就是这些因素交织在一起相互作用的结果。

一、先天素质的影响

先天素质是人们与生俱来的，分析其生理特点，它包括感觉器官、运动器官以及神经系统和脑的特点。它是能力形成和发展的自然前提和物质基础。没有这个基础，任何能力都无从产生，也不可能发展。听觉或视觉生来就失灵者，无法形成与发展音乐才能，也不能成为画家；早期脑损伤或发育不全的人，其智力发展会受到严重的影响。

神经系统是素质的重要组成部分，它的特性（强度、灵活性、平衡性）对能力的形成是有影响的。例如，神经系统的强度水平影响人的注意力集中的程度和持续时间，并与学生的学习能力有关；神经系统的平衡性影响注意的分配；神经系统的灵活性影响知觉的广度。

人们承认先天素质在能力形成中的作用，并承认先天素质具有遗传性，但并不能由此而得出能力（主要指智力）是由遗传决定的。第一，先天素质本身就不完全是通过遗传获得的，有些是因胎儿期由于母体环境的各种变异的影响，如孕妇的营养、疾病、药物和受到辐射等，都会给儿童的智力形成和发展带来危害。这些危害是先天因素造成的，而非遗传因素。第二，先天素质只能为能力提供形成与发展的可能性，并不能预定或决定能力的发展方向。例如，人的手指长短是由遗传决定的，手指长为学弹钢琴提供了良好的自然条件，但这不能决定他将来就一定能成为钢琴家，因为成为钢琴家还需要许多主、客观条件。又如，个子矮的人不利于在排球场上拦网，但如果有较好的弹跳力，身体又灵活，就能补偿个子矮这一无法改变的先天素质条件，而成为出色的拦网者。所以，先天素质并不等于能力本身。第三，同样的先天素质可能发展多种不同的能力，而良好的先天素质由于没有受到良好的培养和训练，能力也不可能得到应有的发展。

二、环境、教育对能力形成与发展的影响

1. 产前环境及营养状况的影响

胎儿生活在母体的环境中，这种环境对胎儿的生长发育及出生后智力的发展都有重要的影响。许多研究表明，母亲怀孕期间服药、患病、大量吸烟、遭受过多的辐射、营养不良等，能造成染色体受损或影响胎儿细胞数量，使胎儿发育受到影响，甚至直接影响出生后婴儿的智力发展。

2. 早期环境的作用

在儿童成长的整个过程中，智力的发展速度是不均衡的，往往是先快后慢。美国著名的心理学家布卢姆对近千人进行追踪研究后，提出这样的假说，即5岁前是儿童智力发展最为迅速的时期。日本学者木村久一提出了智慧发展的递减规律。他认为，天生就具有100分能力的人，如果他一出生就得到最恰当的教育，那么就可以成为有100分能力的人；如从5岁才得到最恰当的教育，那么就只能具有80分的能力；若从10岁才开始教育，就只能成为有60分能力的人。可见，发展能力要重视早期环境的作用。

3. 教育条件的影响

一个人能朝什么方向发展，发展水平的高低、速度的快慢，主要取决于后天的教育条件。家庭环境、生活方式、家庭成员的职业、文化修养、兴趣、爱好以及家长对孩子的教育方法与态度，对儿童能力的形成与发展有极大的影响。例如，歌德小时候，歌德的父亲就对他进行有计划的、多方面的教育，经常带他参观城市建筑物，并讲解城市的历史，以培养他对美的欣赏和历史的爱好；他的母亲也常给他讲故事，每讲到关键之处便停下来，留给歌德去想象，待歌德说出自己的想法后，母亲再继续讲。歌德从小就受到了良好的家庭教育，这为他能成为世界著名的诗人打下了基础。

在教育条件中，学校教育在学生能力发展中起主导作用。学校教育是有计划、有组织、有目的地对学生施加影响。因此，不但可以使学生掌握知识和技能，而且在学习和训练的同时促进了其能力的发展。在教育教学中发展学生的能力并不是无条件的、绝对的、自发的，而是依赖教育教学内容的正确选择、教学过程的合理安排、教学方法的恰当使用等。

三、实践活动的影响

实践活动是人与客观现实相互作用的过程，是人所特有的、积极主动的运

动形式。前面提到的素质和环境教育是能力形成的重要因素，但这些因素只有在实践活动中才能影响能力的形成与发展。因此可以说，实践活动是能力形成与发展的必要条件。

我国汉代唯物主义哲学家王充就曾提出过"施用累能"和"科用累能"的思想。前者是说能力是在使用中积累的，后者指从事不同的职业活动可以积累不同的能力。许多关于劳动、体育、科研等实践活动影响能力形成的研究，充分证明了这一点。油漆工在长期的工作中，辨别漆色的能力得到充分的发展，他们可以分辨的颜色达四五百种；陶器和瓷器工人听觉很灵敏，他们可以根据轻敲制品时发出的声音，来确定器皿质量的优劣。同样的道理，人的自学能力是在学习活动中形成与发展的；人的组织能力也是在长期的社会实践中逐渐形成的。人的各种能力，脱离了具体的实践活动是无从提高和发展的。

四、其他个性因素的影响

环境和教育是能力形成与发展的外部条件，外因必须通过内因起作用。一个人要想发展能力，除了必须积极地投入到实践中去之外，还要充分发挥自身的主观能动性——积极的个性心理特征，即理想、兴趣及勤奋和不怕困难的意志力。

许多学者和有成就的人都指出，人的智慧总是同坚强的信念和崇高的理想联系在一起。没有理想和信念，发展能力就缺乏强大的动力；兴趣和爱好是促使人们去探索、实践，进而发展各种能力的重要条件。高尔基说过："才能不是别的什么东西，而是对事业的热爱。"当人们迷恋于自己感兴趣的工作时，就会给能力的发展提供巨大的内部力量。勤奋与坚强的毅力也是能力得以发展所不可缺少的性格因素。歌德说过："天才就是勤奋。"著名的物理学家爱因斯坦在向别人介绍自己的成功经验时写下了一个公式：$A=X+Y+Z$，A 代表成功；X 代表艰苦的劳动；Y 代表正确的方法；Z 代表少说空话。从这个公式可以看出，爱因斯坦把自己的成功归于多种因素的结合，但艰苦的劳动是最重要的因素，因此把它放在首位。

综上所述，优秀的个性心理品质能促进能力的发展。因此，教师在注重发展学生能力的同时，还必须重视学生优良个性品质的培养。

第五节　能力与管理

研究能力差异的目的在于合理地使用人才，尽量做到"人尽其才，才尽其用"。然而，要想做到这一点，首先应注意到如何使"人适其职，职得其人"，因为后者是实现前者的条件。为做到人才合理地开发，提高工作效率，管理者应注意以下几方面。

一、能力应用要注意的几个问题

掌握有关能力的作用、形成和发展的因素、结构与差异等理论及知识，并将其应用到管理工作中去，对提高管理效能具有重要意义。能力的应用，可以从以下四方面着手：

1) 在安排工作时，注意对组织成员的能力进行全面了解，做到人尽其才。任何组织的工作总是多种多样的，而各种工作对人的能力提出了不同的要求。如果一个人的能力符合工作要求，他就能胜任工作。否则，就无法胜任工作。在一个组织中，样样精通、无所不知、无所不能的全才、全能者不多，但擅长某一方面、适合从事某一项工作的人员却不少。所以，提高工作绩效的关键，不在于管理者本人是一个全能者或拥有全能者，而在于管理者能够全面了解组织中每个成员具有什么方面的能力，并根据他们的兴趣和特长，合理地安排其工作，用其所长、避其所短，做到人尽其才。例如，在一个比较大的组织中，高层的管理人员应该选用决策能力高的人，中层管理人员的沟通能力就显得更为重要，而基层管理人员则应该选技术操作能力比较强的人，以便发挥示范作用。

2) 在招聘人员时，注意职业对能力要求的阈限性，避免要求过高或过低。每一项工作对能力的要求总有一定的上限和下限，即能力阈限。在招聘人员时，必须注意被聘人的实际能力对职业能力阈限的满足程度，过高或过低都不利于调动被聘人的积极性，以致降低工作效率。"过低"，即被聘人的能力过分低于职业所要求的能力阈限，会使被聘人表现得"无法胜任"，影响工作效果。"过高"，即被聘人的实际能力远远超过职业能力阈限，不仅浪费人才，而且由于被聘人感到完成任务太轻松，工作缺乏挑战性，成就感无法得到满足，其工作效果必然不佳。

美国心理学家布兰查德曾举例说明了这个问题。美国在建立第一个农业大工厂时，首先须雇佣一批保安人员。由于当时劳力过剩，厂方估计应聘者可能会很多。所以，工厂规定雇佣保安人员的最低标准为高中毕业生，并须具有三年警察或工厂警卫的经验。按这个标准雇佣的保安人员，大多在工作（只检查进出门的证件）中感到单调和乏味，表示无法容忍，因而对工作漠不关心，不负责任，缺勤率和离职率都很高。后来，工厂重新制定雇佣标准，要求保安人员只受过四五年的初等教育就可以。结果，新雇佣的保安人员对工作满意度高，责任心强，缺勤率和离职率都很低，工作很出色。可见，在招聘人员时，不能一味地追求高能力者，要从实际出发，使应聘者的能力水平与工作职位相当，以便更好地调动他们的积极性。

3）在优化组合时，注意能力类型差异的互补性，以发挥团体的协作作用。由于不同类型的能力之间具有相互补偿和相互促进的作用，所以，在进行人员优化组合时，应该充分利用能力的这一特点，尽量把各种类型能力的人员编排在一起，避免同类能力的人员过分集中，以便组织成员之间可以取长补短，促进彼此能力的发展，最大限度地发挥团体的协作作用。

中国人就很善于应用能力的互补性。汉高祖刘邦得天下的重要原因之一，就在于刘邦很了解张良、萧何和韩信的能力（张良擅长"运筹帷幄"，萧何擅长"安抚百姓"，韩信擅长"统率千军"），并充分发挥三种才能的互补作用。现代社会，组织规模越来越庞大，工作任务越来越复杂，决策目标越来越多样，解决问题所必须涉及的知识、技能和能力越来越广泛，更需要特别注意利用不同类型能力的互补性，发挥异类能力团体的协作作用。否则，将很难达到预期的目的。

4）在人员培训时，注意处理好基本能力和综合能力的关系，以提高培训效果。人的基本能力和综合能力之间，存在着相互联系、相互作用的关系。综合能力是特定活动所要求的多种基本能力的结合，是基本能力在具体活动中的具体化。综合能力的提高意味着基本能力的发展，基本能力的提高也会促进综合能力的发展。所以，在人员培训中，既要重视与当前工作或将来可能从事的工作，直接相关的专业知识和综合能力的培训，也要重视对基本知识和基本能力的教育和培养。例如，认知能力、想象能力、分析能力、概括能力、推理能力等，这些能力虽然不能像综合能力那样，立即反映到具体的专业效果上，但它们是智力开发的基础，是发展综合能力的必要准备。

二、不同的工作岗位要求有不同的基本能力

每个工作岗位都有自己相对独立的、对任职者能力的基本要求，如飞行人员的飞行能力，数学家的思维能力，染色工人的颜色辨别能力，汽车司机的快速反应能力，雕刻工人的手指灵巧能力，打字工人的眼手配合能力等。所以，需要对各岗位、各工种所需的基本能力或者关键能力加以确定，为选人、用人提供能力要求的依据。这样一来，选择人员才有明确的标准。做好这一工作，对提高职工队伍素质是很重要的，管理者应该予以重视。

同样的道理，在管理工作中，由于管理层次和工作性质不同，对干部能力的要求也有不同。例如，有研究指出，企业各层次的管理干部都应具备三项基本能力：业务能力（专业能力）、管理能力和人际关系能力。但不同层次的管理干部因工作任务、管理范围、管理对象的不同，对这三种能力的要求水平不同，且各有侧重。对上层管理者要求相对管理能力较高，业务能力要求较低；对基层管理者则相对要求业务能力较高，而管理能力要求较低。但不论哪个层次的管理者，都要有人际交往能力，如图 8-1 所示。这种对不同层次管理者的能力要求，提醒企事业管理者在能力自我修养方面，应结合自己的岗位，并有所侧重。

图 8-1 企业各层次管理干部基本能力分布示意图

三、不同的人才适应不同的工作

人的能力与专长只有与其工作及职位要求的能力相一致时，才能得到充分的发挥。这就要求管理者用人时应根据每个人的专长与能力、志向与兴趣爱好安排工作，做大才大用、小才小用；用其所长，避其所短，发挥人的最大作用。

清朝诗人顾嗣协曾写诗一首："骏马能历险，力田不如牛。坚车能载重，渡河不如舟。舍长以就短，智者难为谋。生材贵适用，慎勿多苛求。"按"量才为用，用其所长"安置人，才会充分调动其积极性。同时，符合人的兴趣、

爱好的工作，会像磁石吸铁一样把人吸引住，使其深入钻研、开动脑筋、发挥才干，干出业绩。

四、人员挑选

人员挑选要尽量做到使其文化、技术、能力水平与实际工作所要求的水平相一致，过高、过低都不利于进行好工作。实践中发现，一个人的能力低于实际工作所要求的水平，会感到无法胜任；相反，其能力高于工作所要求的水平，又会因缺乏满意感、成就感而消极怠工。

在人员录用中，目前有两种形式，即封闭式选择和开放式选择，如图 8-2 和图 8-3 所示。

图 8-2　封闭式选择　　　　　　图 8-3　开放式选择

国外招聘多用封闭式选择，其内容是根据工种性质，确定要求的文化水平的最低与最高标准，然后严格按此标准进行招聘。

我国长期以来的招聘都采用开放式选择，其内容是根据求职者状况确定合格线，凡达到与超过合格线的予以录用。合格线随求职者的人数与水平浮动。

封闭式选择，可以避免人才浪费，这对我国招聘有参考意义。

第九章　人的气质与管理

气质是个性心理特征之一，是先天的。气质并非一成不变的，气质既是稳定的又是可塑的，气质是可以通过后天的培养而有所改变的。现代社会中，越来越多的工作需要采用团队整体去完成，气质的互补和相辅更有利于团体效率的提高。因此，了解员工气质特点，充分利用每位员工气质的积极因素，控制其消极的影响，扬长避短。根据员工气质，安排能够充分发挥其积极因素的工作环境，起到事半功倍之成效。

第一节　先天的气质内在地决定了人的行为

一、气质学说的由来

公元 3 世纪，希波克拉底是希腊医生，在医疗实践中发现不同的人具有不同特点。人身体中有四种体液：血液、黏液，黄胆汁、黑胆汁，如果协调则健康，如果失调则生病，如果某一种体液占优势，则表现出特异的心理特点。

他提出了四种气质类型：多血质（血液占优势）、胆汁质（黄胆汁占优势）、黏液质（黏液占优势）、抑郁质（黑胆汁占优势），并认为每一种体液都是由冷、热、湿、干来配合的，具有朴素唯物主义思想，很朴素、简略，不可能详述其出发点，缺乏依据，但许多名称一直沿用至今。

19 世纪，心理学之父冯特认为，气质是心灵运动的速度和力量的相互关系，不是用生理而是用心理特性来说明气质类型的。

二、什么是气质

气质是个性的心理特征之一，是指人生来就具有的心理活动稳定的动力特征。

（1）气质是生来具有的和其他心理特征所不同的，人出生时就表现出他的特点，又表现在做作业、游戏和交际活动中，形成了每个人特有的心理基础。这些特点的早期表露，要受到生物特性的制约，虽然在环境教育下可以改变，但毕竟是缓慢的、内隐的。但也不是绝对的，它又有后天影响和社会内容。

（2）气质是心理活动的动力特征，主要表现为强度：比如高兴，有人强有人弱，情绪体验强弱不同。稳定性：在知觉速度、记忆速度、心理活动节奏上表现出快慢。指向性：有人外向，喜欢交往，力求从事物中获得新的想象，有人内向，分析自己的思想。这些就构成人的不同的气质特点。人的气质特点影响人的心理活动的风格，表现出独特色彩。在内容不同的活动中，常以不同的风格表现出来。比如，表现怎样与人交往，怎样说话等，不以活动内容为转移，又在行为表现中带有特色，更显出个人的特点。

三、气质类型的特征

（1）多血质。多血质的人在活动中有很高的灵活性。其表现为：情绪兴奋性高，情感容易产生，生活中细小的事都可以引起反应；脾气来得快，去得也快，表情生动、丰富，富有感染力，多愁善感，但是体验不深；容易摆脱忧郁的情绪，从不记仇；待人亲切，朋友面广，但是交情不深；是一个不甘寂寞的人，容易被新鲜事物所吸引，兴趣广泛，各种活动都愿意参加，但是，容易见异思迁，半途而废；思维敏捷，能迅速把握新事物，善于思考，模仿性强，但是深度不够；工作能力强，完成任务快，但是匆忙、质量不高；容易适应新的生活条件，在新环境中不感到拘束，爱表现自己；集体生活中精神愉快、朝气蓬勃、富于幻想、充满乐观，但是事业不为其所爱或事业平凡时热情降至零度以下，忽冷忽热，心如其面，心理活动极易表现出来，典型的外向型，这种人适合从事变化多样的工作。

（2）胆汁质。胆汁质的人心理活动强度大，直率、性急、缺乏耐心。表现为：别人干活不如自己就自己干；情感容易激动而且激烈，难以控制，脾气暴躁，感情用事；说话的准确性差，冲动性强，好胜心强，干什么都想争第一，玩一般的游戏也想争第一，逞能显胜，容易引起别人反感；工作热情、积极，精力旺盛，工作的周期性大，行动强而有力，迅速，但不灵活；思维敏捷，但准确性差；兴奋性强，总从片面来考虑，倔犟。巴甫洛夫称其为"性急而热情的人"。

（3）黏液质。黏液质的人不灵活，稳定性强。他处处表现沉着、冷静，不容易引发做某件事，一旦做又不容易松手；情绪表现微弱，不发脾气，遇到强烈刺激才会失去平衡，面部表情微弱，一旦暴发便非常强而且持久；一般是无动于衷，讲话平淡，无情感渲染，工作细致埋头苦干，不为无关动因分心，注意力集中，善于思考，有一定深度，易钻牛角尖，易因循守旧，固定有余，灵活不均，兴趣稳定，有严格既定的生活工作制度，有条不紊，不慌不忙，有规律地生活。态度持久，交际适度，情感深厚，稳定，善忍耐不紊、克制，对自己力量估计正确，反应快。属于典型的内向型性格。

（4）抑郁质。情感的易感性高，受到微弱刺激就能引起主观的强烈反应，微小事情都能引起反应，善于觉察别人发现不了的事情，细致，多愁善感，情感深沉、持久，性情柔弱，气量狭小，经不起事，既易激动又易消沉；胆小，羞怯，对所能胜任的工作细致，质量高，注意力集中，善思考，难以适应新环境，性格孤僻，难以合群，面对困难优柔寡断。

前苏联心理学家达维多娃曾经形象地描述了上述四种基本气质类型的人在同一情境中的不同行为表现。例如，四个不同气质类型的人来看戏，但都迟到了，他们会表现出不同的行为。多血质的人会立刻明白检票员是不会放他进入剧场的，但进入楼厅容易，就跑到楼上去了；胆汁质的人会和检票员争吵，企图闯入剧院，他会辩解说戏院里的钟快了，自己进去看戏并不会影响他人，并且企图推开检票员进入剧院；黏液质的人看到不让他进入剧场，就会自我安慰地想："第一场戏总是不太精彩的，我可以在小卖部等一会儿，在幕间休息时再进去"；抑郁质的人会说："我运气不好，偶尔看一次戏，就那么倒霉。"接着就回家去了。

一般来说，属于典型的人较少，多数人介于四种气质之间，但有占主导的类型，不能机械地划分类型，主要是看其有哪些特征，不要以一次表现判断其气质类型。

第二节 气质的生理机制

关于气质的几种理论

（1）体液说。体液说在公元 3 世纪，由古希腊医生希波克拉底，在医疗实践中提出。他认为，人体含有四种不同的液体，即血液、黏液、黄胆汁和黑胆汁。它们分别产生于心脏（血液）、脑（黏液）、肝脏（黄胆汁）和胃（黑胆汁）。希波克拉底认为，四种体液形成了人体的性质，机体的状况取决于四种液体的正确配合。在体液的混合比例中，血液占优势的人属于多血质，黏液占优势的属于黏液质，黄胆汁占优势的人属于胆汁质，黑胆汁占优势的人属于抑郁质。希波克拉底认为，每一种体液也都是由寒、热、湿、干四种性能中的两种性能混合而成。血液具有热—湿的性能，因此多血质的人温而润，好似春天一般；黏液具有寒—湿的性能，黏液质的人冷酷无情，好似冬天一般；黄胆汁具有热—干的性能，黄胆汁的人热而躁，如夏季一般；黑胆汁的人具有寒—干的性能，因此抑郁质的人如秋天一般。四种体液配合恰当时，身体便健康，否则就会出现疾病。希波克拉底的理论后来被罗马的医生盖伦所发展。

尽管在现代看来，这种以体液来解释人的气质缺乏科学的依据，但这种分类方法却被沿用至今。

（2）血型说。有些学者认为，人的气质是由不同的血型所决定的。日本古川竹二根据血型把人的气质划分为 A 型、B 型、O 型和 AB 型四种。A 型气质的人内向、保守、多疑、焦虑、富感情、缺乏果断性、容易灰心丧气。B 型气质的人外向、积极、善交际、感觉灵敏、轻诺言、寡信、好管闲事。O 型气质的人胆大、好胜、喜欢指挥别人、自信、意志坚强、积极进取。AB 型气质的人，兼有 A 型和 B 型的特征。日本血型人类学家能见正比古认为："血型的真正含义指的是人体的体质和气质类型。""可以更简洁地给血型作如下定义：血型就是所有生物的体质类型和气质类型。"但是，许多学者认为，这种理论没有多少科学根据。因此，气质与血型关系问题是一个有争议和需要进一步研究的问题。

（3）体型说。德国精神病学家和心理学家恩斯特·克雷奇默，提出了体格类型学。

克雷奇默把人的体格类型分为三种：肌肉发达的强壮型、高而瘦的瘦长型和矮而胖的矮胖型。他认为，不同体型的人具有不同的气质。

矮胖型的人：健壮、矮胖、腿短、胸圆，具有外向、易动感情，有时高兴，有时垂头丧气，善于交际，好活动等特点。

瘦长型的人：体型瘦长、腿长、胸窄、孱弱，具有不善交际、孤僻、沉默、羞怯、固执等特点。

强壮型（运动型）的人：肌肉结实、身体强壮，具有乐观、富有进取心等特点。

简单地说，瘦长型类似于抑郁质，矮胖型类似于多血质，强壮型类似于胆汁质，但不完全相同。

克雷奇默认为，体型与病人所患的精神病类型密切相关。矮胖型的人较多地出现躁狂抑郁症，瘦长型的人较多地出现精神分裂症，强壮型的人较多地出现癫痫症。

（4）巴甫洛夫的高级神经活动学说。高级神经活动类型学说是由俄国心理学家巴甫洛夫提出的。

1）神经类型。下面将介绍神经活动的特点和类型。

①神经活动的特点如下：

强度：兴奋、抑制强，神经细胞工作时，经常起大的制约并且能持久地进行工作。

平衡性：力量的对比势均力敌，这属于平衡；某种占优势时就出现了不平衡。

灵活性：指相互转换、相互代替的速度。

②神经活动的类型如下：

巴甫洛夫在实验研究中揭示，根据高级神经系统活动的兴奋和抑制有强度、平衡性、灵活性这三种特性的结合，将人的高级神经活动分为四种类型，而高级神经活动类型是人的气质的生理基础。与这四种类型相对应，人的气质可分为四种类型（见表9-1），它们是高级神经活动类型的心理表现。

表9-1　高级神经活动类型

神经活动类型	强　度	平衡性	灵活性	气质类型
不可遏制型	强	不平衡		胆汁质
活泼型	强	平衡	灵活	多血质
安静型	强	平衡	不灵活	黏液质
弱　型	弱			抑郁质

2）神经类型和气质的关系。

神经类型和气质类型有一定的联系，但不等同气质心理特征，神经类型指神经活动特点，仅仅构成气质的生理基础，气质类型对神经类型有一定的依存性。

①直接的依存：神经类型直接影响心理活动的指向。比如，弱型的神经类型决定了认识统一，难于分配；强型的神经类型注意范围大，注意力不容易集中。

②曲线依存：神经类型有所变化发展，气质也有所变化发展，但是，到了一定程度神经类型发展了，气质却不变。

③非对应的依存：有的心理特点可依存于几种神经活动特点。比如，自制力既取决于神经活动的速度，又取决于神经活动的平衡性，反之，不同气质特

点又依存于同样神经类型。比如，强、灵活型的人反应速度快，活动效率高。

第三节 研究气质的意义

气质是心理活动的动力特点，会形成一个人特有的风格。气质无所谓好坏。每种气质有积极的一面，也有消极的一面。例如，多血质的人轻浮、胆怯；黏液质的人顽强，固执。人们应扬长避短，做气质的主人。气质不能决定能力的高低、成就的大小和品德的好坏。气质本身不决定人的社会价值。

一、气质特点影响人的适应性

人若有良好的适应状态，会处于最佳的发展条件。但实际上，人在处于矛盾中时，其适应能力会产生困难，从而出现情感、行为障碍。气质类型在一定程度上影响情绪的产生，影响性格的表现特点。因此，对不同气质类型的人，要有不同的教育方法。对多血质的人要培养其坚持到底的毅力。

二、气质特点影响人的智力特征

气质类型不同。不影响智力发展水平，也不影响智力活动内容，只影响智力活动的表现特征，比如，在智力活动中表现出的观察细致，深思熟虑等。

气质不是行为的决定因素，但构成了一个人的风格，是研究个性心里特征必须考虑的因素。

人的气质在幼年时是最原始、最自然的。人的气质是从幼年时开始的，小学时的气质是性格反应的基本形式，单纯、自然。成人的气质则不明显，因为随着时间的发展、外界变化，气质或减弱或加强，有时甚至得到了掩盖，这也显示了人的复杂性。

第四节 气质与管理

一、气质在实践中的地位与作用

要在管理实践中正确地应用气质的理论和知识，首先必须对气质在人类的实践活动中的地位和作用有一个正确的认识。概括地说，人类的行为，主要不是决定于气质，而是决定于在社会环境和教育影响下的动机和态度，气质在人类实践活动中只具有一定的影响作用。

1. 气质类型本身无好与坏的区别

气质作为人类心理活动过程所表现出来的动力特点，虽然有不同的表现类型，但本身并没有好与坏的区别。人们在评定人的气质时，不能简单地认为一种气质类型是好的，另一种气质类型是坏的。任何一种气质类型都有其优点和缺点，而且其优缺点几乎是相伴而生的。比如，胆汁质类型的人，具有热情直率、办事果断、朝气蓬勃等优点，但同时具有脾气急躁、感情用事、任性等缺点；多血质类型的人，具有待人热情、反应灵活、容易适应新环境等优点，但缺点是情感体验不深刻、注意力不集中、兴趣容易转移等；黏液质类型的人，在具有沉着、冷静、坚毅等优点的同时，又存在反应迟缓、固执己见、缺乏活力等缺点；对于抑郁质类型的人，行为孤僻、挫折忍受力低等，是其明显的缺点，但情感深刻、稳定，做事细心，观察敏锐等又是其优点。所以，在管理实践中，不能简单地评价一个人的气质类型，关键是充分认识其气质类型中固有的优缺点，以扬长避短。

2. 气质不能决定一个人成就的高低

气质只是属于人各种心理品质的动力方面，它使人的心理活动染上了某些独特的色彩，却不能决定一个人性格的倾向性和能力的发展水平，因而也不能决定一个人成就的高低。根据研究显示，前苏联的四位著名作家恰好是四种气质类型的代表，普希金具有明显的胆汁质特征，赫尔岑具有多血质的特征，克雷洛夫属于黏液质，果戈理属于抑郁质，他们的气质类型不同，但不影响他们同样在文学上取得了杰出的成就。气质相同的人可以成为对社会作出贡献、品德高尚的人，也可以成为一事无成、品德低劣的人。相反，气质极不相同的人，也可以在同一领域取得高成就并成为具有高品德的人。

3. 气质对工作性质、效率、人际交往方式和教育方式的影响

气质对工作性质和效率以及人际交往方式和教育方式具有一定的影响作用，这种影响主要通过两方面体现出来。一是通过气质的动力特征（包括强度、速度和灵活性）对工作性质和效率产生影响。多血质和胆汁质的人，从事反应速度和灵活性要求比较高的工作时，其效率会比其他气质类型的人高；相反，黏液质和抑郁质的人，从事精巧性和细致性要求比较高的工作时，明显比其他气质类型的人效率高。二是通过气质的心理倾向性（内倾和外倾）对人际交往方式和教育方式产生影响。比如，多血质和胆汁质的人，在人际交往方面较为主动，对公开性的教育和批评较能接受；相反，黏液质和抑郁质的人，在人际交往方面较为被动，比较能接受暗示性的教育和批评。

二、气质的应用必须注意的几个问题

（1）在安排执行特殊工作的人员时，必须注意气质要求的绝对性。一般来说，大多数工作对人员的气质要求并不是十分严格，但有些特殊工作对其人员的气质要求则是绝对的，缺乏某些方面的气质特征的人是不能胜任工作的。例如，宇航员、飞机驾驶员、大型动力系统调度员、矿场救护员等，他们在工作时，要有高度的身心健康，要具有极其灵活和快捷的反应性，具有敢于冒风险和临危不惧的心理素质，能够在正确感知信息的基础上采取正确的措施。一般来说，具有多血质和胆汁质的人比较适合从事这类工作。工程心理学的研究表明，现代化飞机座舱里的仪表、信号、操纵器、开关等多达几百个，而操纵者只有飞行员一个人。在飞行着陆的短短五分钟内，飞行员必须做出一百多个操作动作，注视仪表盘100多次，每次注视的时间平均只有0.4~0.6秒，动作稍微有一点儿差错，就有可能造成机毁人亡。因此，要应用这个原则，以快速飞行气质特征的要求为绝对标准，通过气质测量来选拔飞行员。实践证明，由于应用该原则选拔飞行员，使淘汰率大约从2/3下降到了1/3，避免了在这方面智力投资和开发的巨大浪费。同样，现代化工厂的中央控制室里，其仪表盘、信号和操作器也多达上千个，操作者的反应速度稍微迟钝、稍有疏忽，就会造成重大事故。因此，管理中对从事这类工作的人员的气质要求是绝对的，必须非常严格地评定其气质特征是否符合工作要求。

（2）在一般的工作安排和人员优化组合时，必须注意气质要求的互补性。由于任何一种气质类型都同时具有积极性和消极性，所以不同气质类型之间存在着互补性。这种互补性既可以在同一个体中发挥作用，也可以在不同个体之间发挥作用。

　　首先，在一般的工作安排中，要注意满足工作对同一个个体具有几种气质特征的互补性的要求。社会分工的大多数工作虽然对气质特征也有一定的要求，但并非只要求一种典型的气质特征，而是要求同时具有几种气质类型的某些特征。大多数人也正好属于混合型的气质类型，所以社会分工能够顺利进行。例如，从事纺织工作的人，要求具有多血质和黏液质的互补性。因为纺织工作既需要稳定的注意力，便于发现断头，消除故障，又需要灵活的注意力，能够迅速地转移注意力以同时照看多台纺织机。又如，从事医疗工作的医生和护士，最好是具有多血质、黏液质和抑郁质的互补性。因为这种工作要求医务工作者同时具有沉着冷静、动作灵敏、热情负责、细致耐心等心理特征。

　　其次，在工作分工中，要注意不同职位对气质的互补性有不同的要求。例如，同样在企业工作，厂长和书记的气质互补性要求就不同。具有胆汁质和多血质相结合的人比较适合当厂长，而具有黏液质和多血质相结合的人，比较适合当书记。因为，对侧重于经营决策工作的厂长来说，要求同时具有对市场信息反应迅速，既能科学分析又敢冒风险、勇于创新以及果断决策的心理素质；而对侧重于做思想政治工作的书记来说，必须同时具有热情亲切、态度持重、沉着坚定、埋头苦干等气质特征。

　　最后，在人员优化组合时，要注意集体对不同个体的气质类型的互补性的要求。按个体的气质特征适当地编排班组，使不同气质类型的人在同一个小集体工作，能够发挥彼此气质特征的补偿作用，有利于集体工作任务的圆满完成。在集体的人际关系方面，也要考虑这种互补性。管理人员应当了解每个集体成员与人际关系有关的气质特征，即心理过程的倾向性。外倾性明显（多血质与胆汁质）的人，善于交往，也能主动交往；内倾性明显（黏液质与抑郁质）的人，较不善于交往，表现出一定的被动性和封闭性。因此，在编排小集体时，应考虑到不同倾向性的人的人际交往特质，使多血质、胆汁质与黏液质、抑郁质适当的搭配。这样做有利于在群体中建立良好的人际关系。

　　（3）在进行人员培训时，既要注意气质的顺应性，也要注意气质的发展性。一方面，根据不同气质类型对不同职业、不同工作的顺应性，对具有不同气质类型或偏重于某种气质类型的人，进行有针对性、方向性的培训，减少其成才的心理障碍，加速其成才的过程。比如，在企业中，偏重于多血质的人，更容易培养成为营销人才；而偏重于黏液质的人，则更容易将其培养成为会计人才。另一方面，还要注意人的气质在后天的发展性，虽然人们原始的气质特征是遗传的，要对其加以改变并不容易，但在主、客观条件的影响下，气质特征终究会慢慢地发生某种变化。而且，大多数人都属于中间气质型，更有利于气质行为的改变。因此，对那些经过气质测量而被认为气质行为稍有不合格的人，应该估计到通过培训有可能使其气质行为得到一定程度的发展。例如，有些人原来以黏液质为主，但不够典型化，结合着某些多血质特征，经过某种技术培训后，会进一步发展其多血质特征，使其在技术动作上更加迅速、敏捷和灵活。

第十章　人的性格与管理

了解员工的性格特征，可以充分激发他们特有的天赋和优势。解析员工的性格密码，能够改善成员间的沟通和合作。正视性格的差异性，有利于建设和谐的工作氛围，提高管理者的领导力，得到团队的跟随与尊重。所以，管理者要学会利用性格特征，让合适的人做适合的事。满足不同性格人的需求，让员工快乐地工作是一个管理者必备的管理技能。

第一节　性格是心理特征的综合

一、什么是性格

性格是人对客观现实稳定的态度和习惯化了的行为方式中，所表现出来的心理特征的综合。

性格是个体对社会环境较稳定的态度和行为方式。每个人对人、对事、对社会总会有自己的态度并见之于行动，经过长期的社会生活实践和人们的心理认知活动，这种态度与行为逐渐被巩固下来，并在以后的社会活动中自然地、反复地表现出来，从而形成了个人的一种习惯方式。性格是一个人现实态度和行为方式的统一。

性格是稳定的、独特的心理特征。社会中没有两个性格完全相同的个体，即使是同一性格特征，不同人表现也会不一样。例如，同是勇敢、鲁莽的性格，张飞粗中有细，李逵横冲直撞、不顾后果。性格一旦形成就比较稳定，在个体的生活实践中经常表露出来。

性格是个体的本质属性，在个体心理特征中起核心作用。气质是心理过程的动力特征；能力是个体完成所面临的某项活动所必备的心理特征；只有性格才能使它们带有一定的意识倾向性，作用于客观现实。性格对气质和能力的影响是很大的，它能与后两者结合成个体心理特征这一有机整体。

二、性格与气质和能力的关系

1.性格与气质的关系

（1）性格与气质的区别：

1）从起源上看，气质是先天的，一般产生在个体发生的早期阶段，主要表现为神经类型的自然表现；性格是后天的，是人在实践活动中与社会环境相互作用的产物，反映了人的社会性。

2）从可塑性来看，气质的变化较慢，可塑性小；性格的可塑性较大，环境对性格的塑造作用是明显的，性格的改变相对容易一些。

3）气质所指的典型行为是其动力特征，而与行为内容无关，因此气质无好坏、善恶之分；性格主要指行为的内容，表现为个体与社会环境的关系，因此性格有好坏、善恶之分。

（2）性格与气质的联系：

1）气质对性格的影响。首先，气质给性格特征全部"打上烙印，涂上色彩"。气质正如巴甫洛夫所说："赋予每个个体的全部活动以一定的外貌。"例如，同样是"骄傲"的性格特点，胆汁质的人可能直接说大话，甚至口出狂言，让人一听就知道他骄傲；多血质的人很可能把别人表扬一番，最后显露出他略比别人高明一点儿，骄傲得很婉转；黏液质的人骄傲起来可能不言不语，表现出对人的蔑视。

2）性格对气质的影响。性格在一定条件下可以改造某些气质特征，起码可以起掩盖作用。例如，从体质上和操作速度上来说，胆汁质和多血质的人适于当外科医生，但前者易轻率，后者缺乏耐心。如果经过专业的学习与训练，他们都当了外科医生，在实际工作中，这两种不同气质特征的人都可能经过意志努力而改正缺点。所以，在气质基础上，形成什么样的性格特征，在很大程度上决定于性格中意志的作用。

2.性格和能力的关系

能力和性格的共同之处：

1）能力和性格都是个性心理特征的重要方面。个性包括能力和人格，能力是个体成功完成某种活动的个性心理特征，而性格是具有核心意义的个性心理特征。人们对现实的态度和行为方式总是与他的意识倾向和世界观紧密相连的。性格体现了人的本质属性，它通常最能表现一个人的个性差异，因此人们有时甚至用性格来指代一个人的人格。

2）性格和能力共同受生物因素、社会环境因素、家庭教育因素的影响。这些因素作用于能力和性格的过程中，必然会交互地作用。例如，社交能力强的个体多数表现出真诚、自信、友善等性格品质，而社交能力弱的人就表现出退缩、敌意、攻击等性格特点。

3）人们在多种能力的形成中而发展了相应的性格。由于每个人的实践活动不同，各种能力的发展推动着性格的形成。

第二节　性格的结构和类型

一、性格的结构

对性格结构的分析，可以从性格的静态结构和动态特性两方面着手。

1. 性格的静态结构

（1）性格静态结构的描述性分析。它由认知特征、情绪特征、意志特征和对现实态度的特征组成。

1）性格的认知特征指人们在感知、记忆、想象和思维等认识过程中所表现出来的个别差异。

2）性格的情绪特征指人们在情绪活动时，在强度、稳定性、持续性以及稳定心境等方面表现出来的个别差异。

3）性格的意志特征是性格中的组成部分之一。它由以下四方面组成：

①表明一个人是否具有明确的行为目标的意志特征。

②表明人对行为自觉控制水平的意志特征。

③在紧急或困难条件下表现出来的意志特征。

④在经常的和长期的工作中表现出来的意志特征。

4）性格对现实态度的特征是性格最重要的组成部分。

（2）性格静态结构的数量化分析。奥尔波特认为，人格特质中包含两种特质：共同特质和个人特质。所谓特质是指个人的遗传与环境相互作用而形成的、对刺激发生反应的一种内在倾向；不作严格区分时，也可以把特质理解为性格特征。共同特质是属于同一文化形态下，人们所具有的一般性格特征。人们在共同特质上有多寡或强弱的差异。个人特质是个人独特的性格特征。它有三类不同的层次：第一类称首要特质，它代表一个人人格的最独特之处；第二类称中央特质，这类特质虽不及首要特质的影响遍及个体的每一个行动，但也代表个性的重要特征；第三类称次要特质，这类特质只是个人在适应环境时的某些暂时性行为，而不是一种固定的特征。

卡特尔用因素分析法把特质分为表面特质和根源特质。表面特质是指一组看起来似乎是聚在一起的特征或行为，但是同属于一种表面特质里的特征，其关系也很复杂，因此这些特征虽有关联，但不一定一起变动，也不源于共同的原因。根源特质指的是行为之间形成一种关联，会一起变动而形成单一的、独立的人格维度。每一种表现特质都来自一种或多种根源特质，而一种根源特质却能影响多种表面特质。因此，根源特质是构成人格的基本要素。

2. 性格的动态特性

各种性格特征在每个具体的人身上总是相互联系、相互制约的；在人的各种不同的活动中，各种性格特征又会以不同的结合方式表现出来；有时以某种性格特征为主，有时又以另一种性格特征为主；同时，性格是发展变化的。

性格结构的动态特性，首先，表现在各种性格特征之间，有着一定的内在联系。其中，性格的意志特征和对现实态度的性格特征在性格结构中占主导地位。其次，性格结构的动态特性还表现在性格的各个侧面，在各种不同的场合，有时以某个侧面表现出来，有时又以另一个侧面表现出来。第三，性格结构的动态特性还表现在性格的可塑性上。生活环境的变化是性格发生变化的重要因素之一。人的主观能动性也是性格改造的有利因素。

（1）性格特征在不同条件下有不同的结合。它表现动态变化，表现相对稳定，以不同结合来反映客观事物，这种不同侧面又是静态各方面的组合。这说明了性格的多样性、复杂性，也说明了这些性格特征在某人身上是有机联系的、统一的。

（2）性格的可塑性。有些人似乎天生就乐观，有些人则性格抑郁，这种区别似乎与前额叶左右边的活动有关。经研究发现，活动量左边大于右边的人生性格较乐观，对人或人生的看法偏向光明面，遇到挫折也能很快站起来。右边活动量较大的人则易落入负面、抑郁的情绪，容易被困境击倒，常因无法摆脱烦恼而苦恼，常将微不足道的小事夸大成恐怖的大灾难，容易紧张和情绪化，认为世界充满了挫折与潜在的危险。

研究还发现患过抑郁症的人，前额叶左边活动量比一般人小，右边则较大。忧郁型与乐天型的人差异表现在很多方面。举例来说，有项实验是请参加者观看两段短片。一段是有趣的，如猩猩洗澡、小狗玩耍等。一段比较不愉快，如教导护士手术过程等一些可怕的细节。结果忧郁型的人看了有趣的短片只觉得稍微有趣，对另一则短片中伤口流血的画面却感到极度恐惧与厌恶。反之，乐观型的人对手术短片只有微小的反应，对有趣的画面则表现出强烈的快乐。即使这一基本性状在出生时或出生不久即已决定，并不表示有忧郁倾向的人一生都要过着阴郁的生活。童年时期所受的情绪教导对性格有深远的影响，可以使天赋倾向强化或减弱。儿童的脑部具有高度的可塑性，童年的经验对神经路径的形成可以产生一生的影响。

①客观生活环境变化是性格变化的主要原因。

②主观的自我调节对性格变化有很大影响。虽然外界环境无变化，但是人意识到其性格上的弱点，会要求主动改正。

二、性格的类型

性格的类型是指一类人身上所共有的性格特征的独特结合。按一定原则和标准把性格加以分类，有助于了解一个人性格的主要特点和揭示性格的实质。由于性格结构的复杂性，在心理学的研究中至今还没有大家公认的性格类型划分的原则与标准。下面将有代表性的观点加以简单介绍。

1. 按心理机能优势分类

这是由英国的培因和法国的李波特（T.Ribot）提出的分类法。他们根据理智、情绪、意志三种心理机能在人的性格中所占优势不同，将人的性格分为理智型、情绪型、意志型。理智型的人通常以理智来评价周围发生的一切，并以理智支配和控制自己的行动，处世冷静；情绪型的人通常用情绪来评估一切，言谈举止易受情绪左右，这类人最大的特点是不能三思而后行；意志型的人行动目标明确，主动、积极、果敢、坚定，有较强的自制力。除了这三种典型的类型外，还有一些混合类型，如理智—意志型，生活中大多数人属于混合型。

2. 按心理活动的倾向分类

这是瑞士心理学家荣格的观点。荣格根据一个人的里比多的活动方向来划分性格类型，里比多指个人内在的、本能的力量。里比多活动的方向可以指向内部世界，也可以指向外部世界。前者属于内倾型，其特点是处世谨慎，深思熟虑，交际面窄，适应环境能力差；后者为外倾型，其特点是心理活动倾向于外部，活泼开朗，活动能力强，容易适应环境的变化。这种性格类型的划分，在国外已经应用于教育和医疗等实践领域了。但这种类型的划分，仍没摆脱气质类型的模式。

3. 按个体独立性的程度分类

美国心理学家威特金等人根据"场"的理论，将人的性格分成场依存型和场独立型。前者也称顺从型，后者又称独立型。场依存型的人倾向于以外在参照物作为信息加工的依据，他们易受环境或附加物的干扰，常不加批评地接受别人的意见，应激能力差；场独立型的人不易受外来事物的干扰，习惯于更多地利用内在参照，即自己的认识，他们具有独立判断事物、发现问题、解决问题的能力，而且应激能力强。可见，这两种人是按两种对立的认知方式进行工作的。

4. 按人的社会生活方式分类

德国的心理学家斯普兰格从文化社会学的观点出发，根据人认为哪种生活方式最有价值，把人的性格分为六种类型，即经济型、理论型、审美型、宗教型、权力型和社会型。经济型的人：一切以经济观点为中心，以追求财富、获取利益为个人生活目的，实业家多属此类。理论型的人：以探求事物本质为人的最大价值，但解决实际问题时常无能为力，哲学家、理论家多属此类。审美型的人：以感受事物美为人生最高价值，他们的生活目的是追求自我实现和自我满足，不大关心现实生活，艺术家多属此类。宗教型的人：把信仰宗教作为生活的最高价值，相信超自然力量，坚信永存生命，以爱人、爱物为行为标准，神学家是此类人的典型代表。权力型的人：以获得权力为生活的目的，并有强烈的权力意识与权力支配欲，以掌握权力为最高价值，领袖人物多属于此类。社会型的人：重视社会价值，以爱社会和关心他人为自我实现的目标，并有志于从事社会公益事物，文教卫生、社会慈善等职业活动家多属此类型。现实生活中，往往是多种类型的特点集中在某个人身上，但常以一种类型特点为主。

5. 特质论

特质是指个人的遗传与环境相互作用而形成的、对刺激发生反应的一种内在倾向。特质既可以解释人格，又可以解释性格，因为性格是狭义的人格。美国心理学家奥尔波特最早提出了人格特质学说。他认为，性格包括两种特质：一是个人特质，为个体所独有，代表个人的行为倾向；二是共同特质，是同一文化形态下人们所具有的一般共同特征。美国另一位心理学家卡特尔根据奥尔波特的观点，采用因素分析法，将众多的性格分为两类特质，即表面特质和根源特质。表面特质只反映一个人外在的行为表现，是直接与环境接触、常随环境变化而变化的，不是特质的本质。经研究，他把性格概括为35种表面特质。根源特质是一个人整体人格的根本特征，每一种表面特质都来源于一种或多种根源特质，而一种根源特质也能影响多种表面特质。它通过多年的研究，找出了16种根源特质，它们是乐群性、聪慧性、稳定性、支配性、怀疑性、兴奋性、有恒性、敢为性、敏感性、幻想性、世故性、忧虑性、实验性、独立性、自律性和紧张性。根据这16种各自独立的根源特质，卡特尔设计了卡特尔16种人格因素问卷，利用此量表可以判断一个人的行为反应。

第三节　性格测量（鉴定）

一、性格的表现

性格往往是通过一个人具体的活动、言语、表情、姿态表现出来的。性格的外部表现为客观地了解学生的性格提供了依据。

1. 性格在活动中的表现

性格是在活动中形成的，也是在活动中表现的。儿童的性格常常在游戏、学习以及劳动中反映出来。例如，儿童在游戏中，有的愿意扮演领导别人的角色，处处以指挥者的面貌出现；有的却愿意听从别人的指挥，扮演被领导的角色；有的则不能与其他儿童配合进行游戏；有的喜欢运动型游戏，有的喜欢安静型游戏；有的能坚持把一种游戏进行到底，有的总是在游戏中半途而废。这些不同反映出儿童在独立性、坚忍性、自制力等性格特征方面的差异。

2. 性格在言语中的表现

一个人怎样说话，话多还是话少，用什么方式说话，言语的风格如何，言语是否真诚等都可以表现出他们的不同性格特征。例如，爱与人交谈的学生，可能是性格开朗、善于交际的，也可能是具有同情心的，还可能是自负、妄自尊大的；不善于与人交谈的学生，可能是对自己言谈有较高的责任感的，也可能是掩饰自己的思想、情感的，还可能是孤僻、怯懦的。可见，在言语中，性格表现的意义是多方面的。

3. 性格在外貌上的表现

面部表情、姿态、衣着打扮在一定程度上能反映人的性格特点。面部表情是多种多样的，以笑为例，纵情的笑、辛酸的笑、甜美的笑、含泪的笑、会心的笑、皮笑肉不笑、冷笑、傻笑、嘲笑、苦笑等，都可以表现不同的性格特征。

眼睛是心灵的窗户，眼神是了解人不同性格的信号。列夫·托尔斯泰曾描写过 85 种眼神，如狡猾的目光、炯炯有神的目光、明朗的目光、忧郁的目光、无情的目光、冷淡的目光等，其中每种眼神都包含着丰富的性格内容。

典型的姿态也能反映出一个人的性格，如一个人怎样站，怎么走，坐姿如何，经常用什么手势等，都会表露出他的性格特征。

人的性格差异往往还可以通过衣着、饰物反映出来。性情活泼的女孩一般喜欢色泽鲜艳、线条富于变化的服装；温柔文静的女孩一般喜欢素净淡雅、线条和饰物简单的服装；演员也是依据剧中人物的性格选择着装的。

二、性格评定的方法

性格评定是指对一个人的性格进行描述和测量。正确地评定性格可以帮助教师了解学生的性格特征与类型，预测他们的行为，这对于因材施教、培养学生的良好性格、改造不良性格、调动每个学生的积极性，都是十分重要的。

鉴于性格这一心理现象的复杂性，性格评定往往需要多种方法。下面介绍几种常用的行为评定法方法：

行为评定法主要包括观察法、谈话法、作品分析法、个案法四种方法。

（1）观察法。观察法是在自然条件下通过观察一个人的行为、言语、表情、态度从而分析其性格的方法。采用此方法必须使被观察者处于自然情境中，保持心理活动的自然性和客观性，这样获得的资料才会真实；不论是长期观察还是短期观察，观察者都要做到有计划。

（2）谈话法。谈话法是通过与某人谈话从而了解其性格特征的方法。使用谈话法一定要事先确定谈话目的，对谈话中的内容加以分析，采取多种多样的谈话方式，保持谈话气氛的融洽、和谐、温馨。谈话法在心理咨询中的应用很广泛，它对了解人的性格、搜集资料、确定解决问题的途径具有重要意义。

（3）作品分析法。作品分析法是通过对一个人的作品，如日记、命题作文、信札、传记、试卷以及劳动产品等的分析，来间接了解其性格特征的方法。这种方法一般用来收集资料，对研究人的性格具有辅助性的意义。

（4）个案法。个案法是通过收集一个人的家庭历史、社会关系、个人的成长史等多方面资料，来分析和了解其性格特征的方法。在学校中，使用个案法研究学生性格的步骤大致如下：

1）计划准备：根据班主任的介绍、档案材料与初步观察所发现的问题制订计划。

2）搜集资料：通过各种渠道，采取不同的方式，如对其行为的观察、面谈、分析作业与作文、家访、与任课教师或同学座谈等，来搜集学生各方面的具体表现，重点了解他们对社会、学习、劳动以及对人、对己的态度与行为方式，并做好记录。

3）分析概括：就是对所搜集的资料加以去粗取精、去伪存真、由此及彼、由表及里的分析研究，从中获取有价值的材料。

4）寻找原因：根据对学生性格特征的分析、概括，寻找这些性格特征与家庭、学校、社会环境和教育影响的历史联系，以及它们之间的内在联系。

5）提出教育建议：根据学生的性格特征，提出发展与完善其性格的具体措施与方法。

6）书写鉴定书。

实际上，个案法就是观察法、谈话法和作品分析法的综合运用。

三、自然实验法

自然实验法是目前研究性格采用较多的方法。它是实验者根据研究的目的设计实验情境，主动引起被试的某种性格特征的表露，然后经分析、概括来确定其性格特征的方法。一位前苏联心理学家曾用该方法设计了冬夜拾柴火的自然情境，以研究儿童在困难条件下的性格意志特征。实验者把一部分干柴放到离宿舍不远但需走一段夜路的山谷中，把一些湿柴放到离宿舍较远但一路有灯光的储藏室中。他要求学生定期在夜晚去捡柴火（不指定地点），实验者则藏在岔路口的小房内观察。结果发现，一部分学生勇敢而负责任地到山谷中取干柴；有的学生边走边埋怨；还有部分学生怕黑，宁走远路去储藏室取湿柴。在这个实验中，实验者真实地了解到了学生性格意志特征的差异。

自然实验法最大的特点是简便易行，获得的材料真实可靠。

四、测验法

测验法是用标准化测验测定性格特征的方法，主要包括自陈法和投射法。

1. 自陈法

自陈法也称问卷法，一般是让被试按一定标准化程序和要求，一次回答问卷中的大量问题，最后根据测验分数和常模来推知被试属于哪种性格类型。常见的性格问卷有以下四种：

1）卡特尔16种人格因素问卷（简称16PF）：根据卡特尔提出的16种根源特质编制而成，共有187个题目，适用于具有阅读能力的16岁以上的成人。卡特尔等人后来又设计了分别适用于中学生、小学生、学前儿童的三个个性问卷。

2）明尼苏达多项人格调查表（简称MMPI）：由美国明尼苏达大学的两位教授编制，共566个题目，包括14个分量表。它可以测量人格的各个特征，也可以鉴别癔症、强迫症、精神分裂症和抑郁症等。

3）艾森克人格问卷（简称 EPQ）：由英国心理学家艾森克等人编制。该问卷有适用于 7~15 岁儿童和 16 岁以上成人两个版本。每个问卷包括四个分量表，即精神质量表、内外倾量表、情绪稳定性量表和效度量表。

4）Y—G 性格检查表：由美国心理学家吉尔福德等人编制。该量表由 120 个题目组成，包括 12 个分量表，适合用于 7 岁以上的正常人。

2. 投射法

投射法是利用某些材料（一般是意义模糊的刺激），要求被试对刺激材料进行解释，让他们在不知不觉中将自己的思想、态度、愿望和情感泄露出来，从而确定其性格特征。最常用的投射测验有主题统觉测验（简称 TAT）和罗夏墨迹测验。

主题统觉测验由美国心理学家默瑞创制。它由 30 幅图像和一张空白卡片组成。图像多是人物，也有一部分风景。每幅图像都相当模棱两可，可以做种种不同的解释。但被试所编的故事必须包括四方面的内容：图片中故事发生的情景；图片中故事发生的原因；图片中故事发生的结果；自己的感受。主试根据被试对当前知觉图片所编的故事对其性格作出鉴定。

第四节　性格的形成和发展

性格特征不是天生的，是在先天素质的基础上，通过后天的家庭、学校和社会环境的影响，经过儿童自己的实践活动和积极主动性才逐渐形成的。

一、来自生理因素的影响

性格的形成与发展有其生物学的根源。遗传素质是性格形成的自然基础，为性格的形成与发展提供了可能性，具体表现在以下四方面：

1）一个人的相貌、身高、体重等生理特征，会因社会文化的评价与自我意识的作用，影响到自信心、自尊感等性格特征的形成。

2）生理成熟的早晚也会影响性格的形成。一般来说，早熟的学生喜爱社交活动，责任感强，较遵守学校的规章制度，容易给人良好的印象；晚熟的学生往往凭借自我态度和感情行事，责任感较差，不太遵守校规，很少考虑社会准则。

3）某些神经系统的遗传特性也会影响特定性格的形成，其表现为对性格的形成起加速作用或延缓作用。这点从气质与性格的相互作用中可以印证：活泼型的人比抑制型的人更容易形成热情大方的性格；在不利的客观情况下，抑制型的人比活泼型的人更容易形成胆怯和懦弱的性格特征，而在顺利的条件下，活泼型的人比抑制型的人更容易成为勇敢者。

4）性别差异对人类性格的影响也有明显的作用。一般认为，男性比女性在性格上更具有独立性、自主性、攻击性、支配性，并有强烈的竞争意识，敢于冒险；女性则比男性更具依赖性，较易被说服，做事有分寸，具有较强的忍耐性。

二、来自家庭环境的影响

家庭因素对性格的形成与发展有重要的影响。家庭是儿童出生后接触到的最初的教育场所，家庭所处的经济地位和政治地位、家长的教育观念和教育水平、家长的教育态度与教育方式、家庭的气氛、儿童在家庭中扮演的角色与所处的地位等，都对儿童性格的形成有非常重要的影响。从这个意义上讲，家庭是制造性格的"工厂"。

1. 家庭气氛与父母的文化程度对儿童性格的影响

家庭成员之间，特别是父母之间的相互关系处理得好坏，会直接影响儿童性格的形成。一般来讲，家庭成员之间和睦、宁静、愉快的关系所营造的家庭气氛对儿童的性格有积极的影响；家庭成员之间相互猜疑、争吵、极不和睦的关系所造成的家庭的紧张气氛，尤其是父母离异的家庭对儿童的性格有消极的影响。大量研究表明，在离异家庭的儿童比在完整家庭的儿童更多地表现出孤僻、冷淡、冲动、爱说谎、恐惧、焦虑甚至反社会等不良的性格特征。

研究发现，父母的文化程度对儿童的性格发展会产生很大的影响。父母的文化程度对儿童的自制力、灵活性有很大的影响：母亲的文化程度对儿童性格的果断性、思维水平、求知欲、灵活性四项行为特征有很大影响；父亲的文化程度的影响主要表现在儿童的意志特征上；母亲的文化程度除了在性格的情绪特征、意志特征上有某些影响外，对儿童性格的理智特征也有较大的影响。

2. 家长的教育观念、教育态度与方式的影响

家长的教育观念具体表现为：家长对家庭教育的作用与在家教问题上所承担的角色与职能的认识的教育观，家长对儿童的权利与义务、地位及对子女发展规律的看法的儿童观，家长在子女成才问题上的价值取向的人才观，以及家长对自己同子女有什么样的关系之看法的亲子观。研究发现，家长教育观念的正确与否，决定家长对儿童采取何种教育态度与方式，而家长的教育态度与方

式又直接影响着儿童的发展，特别是性格的形成与发展。有许多心理学家对父母的教养态度与方式对子女性格的影响进行了研究，其结果表明，在父母不同的教育态度与方式下成长的儿童，其性格特点有明显的差异，现概括为表10-1。

表10-1　父母的态度、方式与子女的性格

父母的态度与方式	子女的性格
1. 支配性的	依赖性，服从，消极，缺乏独立性
2. 溺爱的	任性，骄傲，利己主义，缺乏独立精神，情绪不稳定
3. 过于保护的	缺乏社会性，任性，依赖，被动，胆怯，深思，沉默的，亲切的
4. 过于严厉的（经常打骂）	顽固，冷酷，残忍，独立的或怯懦的，缺乏自信心、自尊心，盲从，不诚实
5. 民主的	独立的，协作的，社交的，亲切的，天真，有毅力和创造精神，直爽，大胆，机灵
6. 忽视的	妒忌，情绪不安，创造力差，甚至有厌世轻生的情绪
7. 父母意见分歧的	易生气的，警惕性高的或两面讨好，好说谎，投机取巧

3. 儿童在家庭中的地位与角色的影响

儿童在家庭中所处的地位及扮演的角色，也会影响其性格的形成与发展。例如，父母对子女不公平时，受偏爱的一方可能有洋洋自得、高傲的表现，受冷落的一方则容易忌妒、自卑。

艾森伯格研究认为，长子或独生子比中间的孩子或最小的孩子具有更多的优越感。孩子在家庭中越受重视，其性格发展越倾向自信、独立、优越感强。如果其地位发生变化，原有的性格特征往往会随之产生不同程度的变化。

第五节　性格与管理

研究性格的类型具有管理上的重要意义。性格是多种心理特征的独特结合，性格类型按照一定的标准把性格加以分类，从而加深人们对性格本质的理解。性格的特征结构和分类知识，揭示了性格的优劣及其多样性，为培养良好性格、克服不良性格提供了理论基础，也为合理运用人的性格的多样性和互补性，充分调动人的积极性提供了依据，对提高管理效果具有重要意义。在管理中应用性格知识，需要重视以下几方面。

一、要重视管理者自身性格的锻炼

有效的管理，首先取决于是否拥有有效的管理者。有研究证明，增加一个劳动力与产生效益之比是 1∶1.5；增加一个技术人员与产生效益之比是 1∶2.5；增加一个有效的管理人员与产生效益之比是 1∶6，可见有效的管理者对管理效能的重要性。有效的管理者，必须是具有良好性格的人，拥有健康人格的人。所以，要提高管理效能，管理者本身必须重视性格的锻炼，使自己拥有健康的人格。人格健康的人，也就是具有良好性格的成人，即健康成人。人格心理学家阿尔波特认为，健康成人的特征有以下六方面：

（1）自我广延能力。健康成人的社会活动范围极广，有许多朋友、许多爱好，并在政治、社会活动方面十分积极。

（2）与他人热情交往的能力。健康成人与别人的关系是亲密的，但没有占有感，无忌妒心，富有同情心，能容忍别人与自己在价值观和信念上存在差别。

（3）情绪上有安全感和自我认可。健康成人能忍受生活中不可避免的冲突和挫折，经得起一切不幸遭遇，具有积极的自我评价。

（4）表象上具有现实性知觉。健康成人看待事物是根据事物的真实情况，而不是根据自己的希望；看待情境和顺应情境都是极为明白的，是"明白人"，不是"糊涂人"。

（5）具有自我客观化的表现。健康成人对自己的所有和所缺都十分清楚和准确，能够理解真正的自我与理想的自我之间的差别，也知道如何看待自己与别人之间的差别。

（6）具有一致的人生哲学。健康成人需要有一种一致的定向，为一定的目的生活，有一种主要的愿望。

管理者应该重视通过学习与管理实践，从上述六方面自觉锻炼，使自己拥有一个健康的人格。

二、要重视对组织成员性格的了解和把握

性格是个性的核心，它对人的行为具有很大的影响作用，加强管理的一个方面，就是要了解和把握组织成员的性格，以便预测和控制他们的行为，引导其行为朝着有利于实现组织目标的方向发展。了解和把握人的性格，必须对人的性格进行鉴定。在一般情况下，人们经常依靠自己的经验去鉴定一个人的性格。例如，作家观察人物，教师评价学生等，都是这样做的。但是，比起其他

心理方面的鉴定，性格的鉴定存在着特殊的困难，这是因为环境因素和人的行为表现十分复杂。所以，鉴定一个人的性格，必须对其行为及其环境作系统的观察研究，从中选择典型的行为方式。同时，还要区分一时性的偶然行动和体现性格动力特征的行为方式。性格鉴定的方法很多，如观察法、谈话法、分析法、个案法、实验法等。为了使被鉴定的性格比较符合实际情况，大多数情况下都采用综合研究法。综合研究法是把观察谈话、作品分析、个案调查等结合起来加以运用，有计划地观察一个人的各种外部表现。首先，利用谈话直接或间接地了解被鉴定者在各种情况下的态度和行为表现。其次，通过搜集被鉴定者的资料，如书信、日记、自传、文艺作品等，了解他对各种事物的态度与行为表现。同时，通过对有关人员的访问，了解他过去的情况。最后，把获得的各种材料综合起来，系统地加以分析整理，找出贯穿于其言行与外貌中的性格特征和类型。

三、要重视领导班子及其组织成员的性格互补结构

不同的性格类型，具有不同的行为特点，会对管理工作产生不同的效应。所以，提高管理效能，必须重视领导班子及其组织成员性格类型的多样化结构。首先，要重视不同性格类型的人员在领导班子中的搭配。不同性格类型的人配合在一起，容易合作共事。在一个领导班子中，如果都是情绪型或大部分是情绪型的人，说话、办事情绪特别容易冲动，可能会引起许多误会和矛盾。分散领导班子成员的精力，影响管理工作；如果是独立型或大多数是独立型的人，那么做起事来容易各自为政，商量工作时容易固执己见，最终难以统一指挥。这样的领导班子结构必须调整，重新组合，使不同性格类型的人进入领导班子。其次，还要重视普通组织成员的性格类型的互补性，以利于建立良好的人际关系。一旦发现因成员的性格问题造成人际关系的尖锐矛盾，就必须适当调整人员，发挥不同性格类型的互补作用，促使人际关系的良性发展。

四、要重视创造一个有利于培养良好性格的环境

人的性格对工作具有影响作用，反过来，工作环境和工作方式对培养、改造人的性格也有作用。美国著名学者克里斯·阿吉里斯曾经研究了管理方式及工作环境对性格成熟的影响。他观察分析了工业界经常见到的工人对工作不努力，以及对某些事物漠不关心的情况。他认为这种情况的产生不只是个人性格的问题。在许多情况下，工人受管理方式的束缚而使其性格不能成熟。因为他

们对工作环境只有极少的控制力，仅仅被鼓励做一个被动、依赖及附属的人，所以他们的性格及其行为便不易成熟。阿吉里斯认为，以 X 理论假设为指导的正式组织，具有先天性抑制人们性格成熟的"功能"。因为这种组织的成立是为了使集体达到某种既定目标，正式组织的代表通常就是这些建立组织的人。个人是无条件地被安插在工作之中的，上级是决策者，下级只是执行这些决策而已，缺乏主动性。专业化又通常使工作过于简单而重复、固定，不具有挑战性，这是专制型的管理方式。这种管理方式和环境阻止了人的性格的自然发展。阿吉里斯反对这样的管理方式和工作环境，主张管理者采取麦格雷戈 Y 理论假设的管理方式，为职工提供一种有利于性格成长和成熟的环境，使其在致力于组织成功的过程中，也获得自己心理需要的满足。

第十一章　人的态度与管理

人们的态度在社会生活中占重要位置，它不仅是人际交往中的媒介，而且是社会行为的先导，有了某种态度，就可能跟随产生某种行为。所以态度是预测行为的标志，是了解内心状态的信息。正因如此，组织常需要了解一个人的态度，了解态度形成的原因，通过态度预测行为，了解人的内心状态。

第一节　态度的概述

人们要和各种人、团体打交道，接触事物最终会对团体表现出各种各样的态度，即个人对社会的影响，社会对个人的影响都需要通过态度表现。在心理与行为的管理领域中，没有任何概念能比态度更占据中心位置的了。

一、态度的概念

最早肯定态度的是心理学家朗格。他在研究人的反应时认为如果一个人将要作出反应，则把态度集中于即将来临的刺激上，因此他的反应时间快，即当一个人知道要反应，所以在心理上有了准备，一旦出现刺激，立即反应。这个准备状态就是态度，个人态度决定一个人看到、听到、想到以及将要做的事情。

1. 态度的定义

许多社会心理学家对态度下了具有指导性意义的定义。将这些定义综合概括起来为：态度是对某一对象产生的一种评价性的、较持久的内部反应倾向。对象的范围较广，包括人、事务、制度及代表具体事物的观念，同时还要作出准备，准备去行动的、直观的心理状态。因为态度和行为是不一致的，态度只是一种心理状况。

2. 态度的特征

心理学家纽科姆和谢里夫通过对态度的系统研究，提出了态度具有如下特征：

（1）态度是后天习得的一种心理状态。婴儿一生下来是没有态度的，只是在后天环境及个人经验中积累而成的。态度形成的过程也是社会化过程，是社会学习的过程，即通过后天的环境影响（互动），通过中介因素形成态度。

（2）态度有一定的对象。总是针对一定对象的、无客观对象的态度是不存在的。因此，可以说态度属于个人和外界对象关系范畴，而不属于纯粹个人的主观范畴。动物缺乏意识，没形成和外界的关系，也就很难出现对外界事物的态度倾向，所以对外界和人的关系的意识，只有在高度发展的人身上才能出现。

（3）态度带有判断的成分。人在对待某一个体客观对象时，不是持肯定的态度，就是持否定的态度。也就是说，社会对我有什么价值，表现了我对事物价值的认识，且对这个价值的认识，取决于这个事物对人的意义的大小。

（4）态度含有浓厚的感情色彩。态度和认知不同，人们对某对象形成某种态度，要比关于知觉对象的获得过程复杂得多，态度改变也比认知改变困难，因为人的感情很难扭转。

（5）态度具有一定的稳定性、持续性。态度一旦形成，就将持续一定时间，而且态度还有一种抗变性，一经形成，就不易改变。

（6）态度是内在的心理过程。态度是决定行为的潜在动因，人们通常通过某人的言辞、行为来了解一个人的态度。态度可以有外在表现，但也不一定以外显形式表现出来，甚至有些人对事物的某些态度一生都是不显著的。人的态度可以表现，也可以不表现，任何行为都可以表现为内隐的准备阶段和外显的表达阶段。态度就是一种准备行动的阶段，是内隐的倾向，就是说有态度不一定有行为，但有准备行动的倾向。

二、态度的结构

1. 关于态度的成分

心理学家瓦格纳和谢里夫研究认为：态度包括认知、情感和行为三部分，而其中的行为与个人对态度的评价，和认知、情感都是相符合的。这里的行为指行为倾向，那对某事物进行认知便会产生一定的情感体验，从而导致准备去行动的心理过程。这就是态度的结构，也称为态度的三成分说。

2. 对态度心理成分的分析

（1）认知成分。它是在个体大脑中形成的心理映像，是对各种事物的认识。认知成分是带有评价意义的叙述，包括个体对某对象的认识、理解及赞成和反对。

(2)情感成分。它是对客体的积极肯定和消极否定成分，是个人对态度对象的情感体验。一个人不仅对某些对象有某种认识、想法，而且对某对象有某种情绪上的体验，如尊重、轻视、同情和排斥。

(3)意向成分。意向成分（动机成分）是个人对态度对象的反应倾向，即行为准备对态度的对象作出某种行为反应的准备状态。不是关于人知道什么、相信什么、偏好什么而是倾向于他做什么，即对他的态度对象采取何种行动。这个行动也包括语言方面。

以上三种成分结合在一起，构成了一种稳固的态度。一般来说，态度的上述三种心理成分是相互协调一致的。比如，某年轻人认识到改革的重要性，对有幸参与改革感到高兴，对一些具体的改革活动乐意参加并参与了这种改革活动，这说明知、情、意三者是协调的。但也有不一致的情况，表现出一种矛盾的状态，比如，明知此人不好，但还喜欢他，这显然是情感起了作用。所以，情感成分在态度中占重要地位。情感成分在态度中具有调节作用，肯定的情感调节着他对人的忠贞不渝。同时，认知成分是基础。只有对某对象了解了，判断才能产生态度。对某对象的认识不同，产生的态度不同。

三、态度的功能

态度具有调节行为动机的功能，决定个人主观上对外界影响的选择性。外界情境对个人影响首先受到个人态度的折射和过滤，具体地说，态度对一个人的行为有以下几方面影响：

1. 态度和社会性判断

一个人对某人、某事持有的态度是积极还是消极，会影响到他对那类人或事的判断。

心理学家兰伯特在1939年进行了关于"态度—社会性行为"的实验研究，研究对象是英裔与法裔的大学生。他告诉他们，他想了解大家只凭声音判断说话者的个性特征的准确性，因此请大家特别注意倾听说话人的声音和语调。他告诉大学生有5人在用英文朗读，有5人在用法文朗读，实际上是同样的5个人一会儿用英文朗读，一会儿用法文朗读。结果发现人们对用英语朗读者的评价高，认为他们聪明、亲切、有抱负，而对用法文朗读者的评价不如用英文朗读者高。

造成这种现象的原因是：一般情况下，人们很容易根据某一群体的参照态度来判断别人。由于英裔和法裔大学生给当地人留下了不同的印象，所以他们对英裔人和法裔人态度不同。对英裔人进行肯定的评价，是因为在种族不同的社会里,人们要尽力与他们保持友好,从而获得安全感,对大民族去模仿,去认同,借以提高自己的价值,消除不安全感,使自己获得满足。

具体说明,一个人对某群体持积极、消极的态度影响到对群体中具体的人的评价。进一步可以看出,态度像有色眼镜,当对某人、某事作判断时,就要带上眼镜,受到有色眼镜"过滤",使人对事物的判断带上一定情绪色彩。

2. 态度和耐力

由于态度有感情、行为意向成分,因此态度本身就有了动机作用、定向作用并潜在地决定了个人按某方式对待特定事物,采取特定行为的倾向。

心理学实验证明,个人对团体的忠诚态度,能提高个人为团体利益而增强克服肉体痛苦的忍耐力量。比如,爱国者之所以能忍受皮肉之苦,实际上是对祖国忠诚。

3. 态度和学习

在学习活动中,不同态度影响学习效果,使其产生差异。教师要求学生端正态度,说明态度端正与否影响学习,影响效果。因为,态度往往决定个体对学习材料的选择,这种选择称"过滤"作用。人们的个性结构中的态度相当于过滤器,对来自外界的信息(所学材料)进行"过滤"处理,当这种态度表现在学习上时就会影响到学习效果。

4. 态度和工作效率

由于在共同活动中个人对某事物存在态度上的差异,如惧怕、逃避,因此在从事不同的活动时,个人的态度不同,其活动行为效果也是不同的。这种效果上的差异首先表现在工作效率上,一般来说,工作人员如果喜欢自己所从事的工作、有积极的态度,那么他的工作很可能是有效的。反之,如果对工作不喜爱或持否定的态度,那么他的工作效率可能不高。但许多心理学研究发现,个人工作态度与工作效率的关系并不这么简单,中间变量的影响使其关系复杂起来。假设工作人员对工作喜欢、持积极态度,那么工作效率就高。但是,生产实际中证明事实比设想得要复杂。

心理学家在20世纪50年代运用问卷法对工人进行了有关的调查研究。结果发现工作态度与工作效率并不完全相关,一般对工作满意,可能效率高,但也不完全如此,因为工作效率受群体规范和标准化制约。员工为了不超越群体已定的生产水平,往往以故意降低生产效率来保持群体平衡,维护群体规范,否则就要遭受群体的孤立。有些平时生产效率不高者,为了得到肯定,也只有用保持和群体的一致,来提高自己的工作效率。

5. 态度和行为

总体上说,态度是内在心理过程(结构),是决定行为的潜在动因,对行为起准备性作用，所以态度和行为之间有一定的关系。由此，可以根据一个人的态度来推测行为，也可以通过某行为表现来考察态度。但是应注意，态度和行为之间并不是一对一的关系，某一行为的原因不一定肯定由某种态度引起，态度和行为之间也有不一致的情况发生。根据心理学家拉皮尔的研究显示，一对中国夫妇虽然受到友好的接待，但过后受到歧视，这反映了态度和行为之间有较大的不一致。造成这种结果是因为人人有自己形成的态度，但人们又往往不愿意根据自己的态度去行动。

当然，这只是偶然情况。大多数情况下，态度和行为还是有很大关系的。态度和行为常不一致的原因可能是由于情境作用、某种压力、他人强迫造成的。

就压力而言，环境、气氛、权力会影响一个人公开的言论和行为，压力越强，态度就越不可能真实。人们受社会行为规范、政治状态压力或他人强迫，都可能导致态度与行为不一致。人们为了保持和同伴一致，可能需要做根本不想做的事情，而且必须与大家保持在一个水平上。如果超过了，就会遭受惩罚。这是出于被强迫，不得不和他人保持一致，做不愿意做的事情。

第二节　态度的形成

婴儿是自然个体，需要人们的照料，并且通过和周围人的交往及接受文化影响对世界产生认识，形成价值观，进而对周围世界形成各种各样的态度。由于态度不断形成和变化，人才成为一个符合社会要求的成员。态度形成的过程是一个人社会化的过程。因此，态度就是通过社会学习而习得的。

一、父母、学校、同伴在态度形成中的作用

1. 父母的影响

大量事实表明，儿童早期的态度是从家庭、父母那里，通过联想、强迫、模仿学得的。大人们告诉儿童什么是好的，应该做什么、说什么，使儿童去领会，去接受父母对客观现实的态度，而且，父母对周围现实的看法、意见、行为在无意中会对儿童产生巨大的影响。一个家庭中，父母对接受文化教育是消极的，而对挣钱是积极的，那么他的孩子也会是这样，这是潜移默化或有意影响的作用。如果一个家庭中母亲对奶奶冷漠，那么孩子也会不尊敬长辈。此

外，父母有奖励和惩罚的手段，它们对孩子态度的形成起强化作用。很显然，如果孩子对做家务劳动、对学习是积极的，并表现出了相应的行为，父母就会奖励他，使他意识到这是好的行为，要得到强化；反之，孩子不努力学习，父母就要惩罚他，纠正他这种不好的行为。总之，孩子在童年时期时，父母的举止对他会产生重大影响。心理研究表明，在政治观点、价值观念的选择上，父母似乎对青少年的影响最大。中学生更是这样，一个中学生对社会改革、物价上涨的态度和父母是一致的。有专家研究发现，孩子们在学校谈论的事情，往往是父母在家里谈的事情。

心理学家在 20 世纪 60 年代进行了对高中生的认识和父母的态度之间的关系的调查研究。研究显示，83%的学生和父母在总统候选人问题上的态度是一致的。研究表明，家庭、父母对孩子的影响很大。所以，人们强调父母在对孩子教育时，不能过分溺爱。随着孩子年龄的增长，父母的影响也将逐渐减弱，在 20 岁以后，孩子的态度、信念会发生和以前不一致的变化。

2. 学校和同伴的影响

进入学校学习的学生，他们的态度会受学校教育和同伴的影响。人们常看到当家庭、学校、同伴的要求不一致时，学生的态度往往愿意与学校保持一致。

青少年时期，同伴会成为其主要参照群体，同伴的价值观、群体规范，不仅吸引着他们，而且还迫使青少年依从规范，接受价值观。人们可以看到，青少年学生关心的问题也是同伴关心的问题，同伴对其有一定的影响。学校不仅教学生文化知识，而且指导学生树立正确的社会价值观和态度，特别是大学，还提供给学生一定的信息，教他们进行独立思考。因此，学校在人的态度培养中起重要的作用。事实上，日常生活经验说明，接受教育和没接受教育的人对各种事物所持的态度有很大的不同。

二、影响态度形成的具体因素

态度除了受家庭、学校、同伴和社会机构的影响外，还受下面许多具体因素的影响。

1. 需求的满足

一个人对需求的满足是形成态度的重要因素。一般情况下，个体对那些能满足自己需求的事物以及达到自己目标的对象会形成满意的态度，而对那些不能满足自己需求的人持否定态度。孩子对父母一般都持积极肯定的态度，虽然有时父母也对他进行惩罚，但毕竟关心大于惩罚，对于孩子来说，需求满足量是大于不满足量的。

2. 知识和信息的影响

态度是在接受了各种事物的知识信息后形成的。个体如果认为某知识、某信息是可信赖的，而且和自己原有的倾向与判断是一致的，那么就会对于接触的对象、新接触的人和集体产生满意的、肯定的态度。如果对知识不认可，就会对新接触的对象、人和集体产生不满足态度。总之，态度在某种程度上是由接受信息的种类和数量影响而产生的。

3. 关联群体的制约

个人对事物的态度的形成受关联群体的制约。个人对某事的态度和其属于哪个阶层和集团有关，个人家庭出身、工作单位、所属社会团体、娱乐性文化团体、体育团体都会影响态度的形成。由于人生存在一定群体中，对自己所属群体会产生认同感，会对群体的价值观、规范、信念产生认同，当他把对群体的认识当做自己的价值规范时，会形成和群体一致的态度。

4. 文化背景的影响

态度的形成和文化背景有密切的关系，包括某社会团体、某民族、国家的各种各样的文化知识、风俗习惯、行为规范和宗教信仰等。

正是由于文化素养和生活方式的不同，才使得在不同文化背景中成长起来的人对许多事物形成不同的态度。各民族的喜好不同显然是受本民族文化的影响，特别是亚文化群对一个人的态度有更直接、重要的影响。

5. 经验的作用

个人在生活学习中积累经验，这些经验会使人形成一定的态度。有人认为人的态度往往是由一次创伤性经验的刺激而形成的。

三、态度形成的阶段和层次

一个人态度的形成是由低到高、由浅入深、由外到内，分阶段、有层次的逐渐形成的过程。下面是态度形成的几个阶段：

1. 服从

服从指在外界环境影响下，一个人仅仅从表面上转变自己的观点、态度，在行为上表现出和别人的一致性。这是态度形成的第一个阶段。这个顺从仅仅是表面的、外显的行为，态度的顺从谈不上情绪、情感的顺从。因此，这种顺从是外在的，直接受外界环境和压力的影响，只是一种表面的外显顺从，从而接受社会的肯定，避免否定，这时的态度只是暂时的。

2. 认同

认同指一个人不是被动的,而是自愿地接受他人的观点、信念和态度。一个人由于喜欢某人、某团体,会在内心的自我小天地中和这个人保持一致的行为和态度,会使自己的态度和某人、某团体相认同。这个认同阶段和服从不同,这时带有较多的情感成分,但是不一定深刻。

3. 内化

内化是真正从内心深处相信并接受他人的观点,使自己形成真正和某人、某团体一致的态度。这是因为他真正相信新观点、新思想,并将其纳入自己的思想体系、价值、信念之中,成为自己态度体系中的有机组成部分。

第三节　态度的改变及理论

态度虽然是持久的、稳固的,但也会随着外界变化而变化,在外界影响下而改变,形成新的态度。

一、态度改变的含义

态度改变指个人所具有的对人、对事物的态度发生了变化。态度改变分两种情况:一致性改变和不一致性改变。

一致性改变指个人对某人、某事的态度在程度上发生的改变,而方向不变。比如,由极反感到稍微反感,由喜爱到深深喜爱。

不一致性改变指个人对某人、某事以一种新的态度代替旧的态度,这种态度改变是方向上的转变。比如,由赞成到反对,由仇恨到喜爱。

心理学研究态度改变的目的在于控制、调节态度的变化,增进对别人、对社会有益和积极的态度,消除对别人、对社会无益和消极的态度。

态度是存在于人的无意识中的,家是一个人的影子,时刻都跟随一个人,影响一个人的行为、言行、活动。不良态度倾向常阻碍人取得预定的目的。比如,"失败定式"就能导致比赛者在类似情况下又一次失败。保守的态度阻碍个人按新事物研究新问题,对于社会上某一籍贯、种族、性别、职业的偏见也会导致人际交往中的障碍。改变消极的态度,形成健康、积极的态度,可以给人们以克服困难、增强信心的勇气,可以使人们消除偏见、歧视,增进人们之间的沟通和合作。态度改变问题是具有现实意义的课题,宣传者、教育者都是态度的改变者。

二、影响态度改变的因素

传达者总是企图通过宣传、说服来改变某人的态度，这种方法有时可以奏效，但有时会受到某人抵制，导致宣传失败。

1. 态度的特点

态度对人本身来说具有一种表现个人价值观、人生观的功能，还具有满足个人需要及实现行为目标的手段的功能。因此，态度的改变还取决于某人的态度在其个性结构中的地位及态度在人的个性系统中的位置。许多研究表明，原来的态度是否容易得到改变，与下列特点有关：

（1）与态度的形成时期有关。幼年、少年时期形成的态度往往不容易改变，这个论点和心理学的一般观点相吻合，都认为人的一生中早期经验最重要。

（2）与极端性有关。一种态度越极端，态度改变的可能性就越小。

（3）与多重性有关。如果一个人的某种态度仅仅是依赖于一种事实而形成的，那么一旦这个事实被证明是错误的，态度就较容易改变；但是当某种态度是依赖于许多事实、许多认识而形成时，这种态度就较难改变。

（4）与一贯性有关。当人们根据自己多年的经验形成了某种态度，而且这个态度多年来又是一贯的、较稳定的，则这个态度的改变也是较困难的。例如，一个人一生喜欢听戏，如果让他不要听，是很难做到的。

（5）与欲求满足的数量和力量有关。人的态度形成往往和欲求满足有关联，如果某个人、某件事的欲求满足越多、力量越强，那么形成的这种态度就难以改变；相反，与人欲求联系松散的态度则容易改变。

（6）与协调一致性有关。当认知、情感、意向三者无矛盾、表现协调一致时，则态度较为稳定，要想改变也是难的。如果不一致时，要想改变，相对来说就比较容易。

（7）与关联者的价值中心有关。态度来自价值，也离不开价值，因此凡和某人基本价值观相连的态度就较难改变，特别是当某种态度有社会文化传统支持时，则更难改变。比如，一个人的价值观决定了他对面貌、衣着的态度，如果他认为美在于心灵，而不在于外表，那么就算有人让他打扮，他也可能不肯接受。

2. 个体的人格因素

每个人已经具有的人格特点不同，所以态度改变也有差异。在同一情景中，有人容易接受改变态度，有人则不易，唯恐改变态度，这说明态度改变的难易和个人有很大关系。具体与以下三方面有关：

（1）智力。就一般常识说，智力水平高的人和智力水平低的人相比，较高的人难以接受宣传，不易改变态度。有人认为智力水平高的人能更多地对事物进行分析、判断，而且他的知识经验相对来说也要丰富一些，比较善于辨别宣传者、说服者讲的话是真是假，是否有道理，并能根据别人的话来判断自己的态度是否正确。智力水平低的人缺乏分析、判断能力，容易盲目地接受宣传，轻易改变自己的态度，也容易在态度上摇摆不定或顽固地坚持自己的态度，固执己见。

研究证明，复杂、意义深奥的宣传内容，智力低的人不易接受，而意义简单、缺乏说服力，仅仅强调去执行、去接受、去改变的宣传，智力高的人不易接受。

（2）性格。态度是有个性差异的，态度改变的难易和性格有关，有些人由于性格特点，使其比别人更容易改变或更不容易改变。研究认为，具有依赖性格的人、容易接受劝导的人、易相信权威的人则容易改变自己的态度。独立性强、自信、不见风使舵、不顺从权威的人，不容易改变态度。在自我尊重和自我防御方面，具有较低自我尊重的人，往往比有较高自尊的人，更容易被说服。因为低自尊的人的态度和见解当中的价值趋向水平是较低的，他们不知道自己的各种见解具有什么意义，所以在遇到说服、攻击时，容易放弃自己的态度，作出相应的改变。此外，低自尊的人容易轻信别人说的话，也会因此改变自己的态度。人在态度转变中，会遇到自我防御机制的阻碍，就是说人有一种保护自己不受消极、否定的信息损害自己的防御机能。它在某种程度上决定着外来的说服和劝导对人发生影响的程度。研究表明，自我防御强烈的人随时存有戒备心理，随时都会维护自我的尊严，所以不容易改变态度和看法。考虑个人得失较少的人对外界的戒备较少，因此较容易改变自己的态度。

（3）认知的需要和方式。具有较高认知程度的人有强烈的求知欲望，善于寻找和接受新信息，并能将新信息、认知纳入自己的态度系统中，就是说，当某一态度与一个新认知矛盾时，认知需要不促使人去弄清事实后，再考虑是否接受这种知识。认知欲求不高的人，对外界的知识、信息常表现出无所谓的态度，并对新的知识、信息以拒绝的方式来保持自己的态度。

3. 个人与群体的关系

许多人持某种态度和改变某种态度，往往是因为他处于一个群体中，受到了群体的影响。当一个人对自己所属群体有情感依恋并肯定群体价值时，就会和他所属群体产生认同，承认群体规范，接受群体影响，在态度上和群体保持一致，群体的准则就成了他的行为准则。个人受群体的影响表现在：个人尊重群体意见，对某人、某事作出和群体一致的态度；当个人态度、意见和群体不一致时，群体可以有效地改变他的态度和意见；群体可防止个人受外来的宣传和说服的影响，支持他抵制各种差异较高的信息。群体对个人的影响是有差别的，并不是任何群体都有影响，影响的大小取决于以下三方面：

（1）群体对成员的吸引力。个人越是重视群体因素、价值，则对群体越具有情感上的依恋。群体凝聚力越强，对个人也就越具有吸引力，所以个人会自觉地和群体产生认同，保持一致。

（2）群体对成员的约束力。有严密群体规范、行为准则的群体会对成员产生较有力的约束力、影响个人的态度、对个人的态度进行有力的控制，使个体成员必须遵从，必须和群体保持一致。

（3）个人在群体中的地位高低。如果某个人在团体中处于较高地位，并认为群体所有的规范、意见是有道理的，则更加乐意遵守这些规范、意见。

上面讲了影响态度改变的多种因素，这些因素有心理的、社会的、主观的、客观的，它们对态度的改变有一定的制约，表明了态度本身的复杂性，也表明了个人态度的改变并非是件轻而易举的事情。如果需要改变某个人的态度，就应当考虑制约态度改变的因素，并应用一定的方法、技巧，从而使其改变态度。

三、改变态度的方法和技术

尽管日常生活表明态度和行为是不一致的，但并不能由此否认态度对个人生活的重要性。态度作为一种心理上的准备状态，的确支配着个人记忆、思维、判断和选择，也影响个人的思维，是行为的基础和行为产生的重要原因。所以，许多社会心理学家都致力于研究态度的改变，企图通过改变态度来消除人们之间的隔阂，促进人与人之间的沟通与合作，清除群体之间的偏见和歧视，促进群体之间的和睦相处。改变态度既要做到外观的改变，又要达到内在的认识，使内在认识和情感与外在表现达到协调一致。研究认为，正确认识、分析影响态度改变的因素，并运用一定的方法、技术进行态度的改变是有可能的。

1. 增加信息源的可信度

对企图说服自己改变态度的人，首先要考虑是否可靠、真假程度，有可信的传达者比不可信的传达者更容易引起目标靶的态度改变。

传达者的可信度越高，产生态度变化的可能性就越大；人们越是信赖、赞成传达者，则越有可能改变态度。综合研究结果表明，传达者的下列特点影响人们对他的信任程度：

（1）传达者的威信。传达者的威信对于改变他人的态度有很大关系。它由两方面因素构成：专业性和可靠性。研究发现，传达者的专长极大地影响了目标靶态度改变的程度。一般来说，传达者越具有专长，威信越高，目标靶态度改变的可能性就越大。

心理学家泊洛的实验研究证明了专业性对态度改变的影响。他要求被试对九节现代诗作评价，当被试对其中的一节作出否定性评价时，实验者告诉他，有人认为这首诗写得好，并对其中一组说认为它好的人是一位美国诗人，对第二组说认为它好的是师范学院的一位女士。然后让所有的被试重新评价这首诗，结果发现第一组被试的看法比第二组改变了很多。这证明，有专长的传达者威信高，比起无专长的传达者来说其意见引起的态度改变的可能性大。

可靠性也体现了传达者威信的另一个方面。心理学家霍夫兰德通过实验表明，来源于高度可信的传达者的信息比来源于低度可信的传达者的信息更能引起人们态度的变化。他给被试提出了几个问题，让他们听录音。然后他告诉第一组被试某个问题是由法官提出的，告诉第二组被试这则消息是出自一个普通人之口，并再次听取他们的意见。结果发现第一组被试比第二组明显发生了态度改变，且由原来的否定变为了肯定和拥护。可见，信息传达者可信度越高，听众态度改变的可能性越高。具有社会特权、地位及来自官方的文件具有影响心理的力量，能迫使人不再怀疑信息的可信性，对态度改变有很大帮助。

（2）传达者的动机。有人认为当听众知道传达者是在有意改变他们的态度时，就可能产生更多的猜测和怀疑，从而更容易抵制信息，更少地改变态度。当听众知道传达者有意不让人听到某消息，而他又恰恰听到时，就可能会更相信消息是真的，有可能改变态度。心理学家的实验证明，当一个人作出不符合自己的利益的宣传时，能产生很大说服力，引起更大的态度改变。

（3）传达者本人的人格特征。它包括性格、智力、言语表达能力及和听众的相似性。一个传达者性格软弱、缺乏主见、不自信、讲话唯唯诺诺，别人就不容易相信他，而另一个人讲话干脆利索，别人就容易相信他。现实生活中，人们总是愿意和自己喜欢的人保持态度的一致。一个受人喜欢的传达者能够引起对方态度的变化，而一个不受人喜欢的传达者常使别人的态度不能改变。所以，传达者的行为方式、服装样式都可能成为态度改变的潜在原因。

2. 改变信息的传播方法和提高信息的传播效率

改变信息的传播方法和提高信息的传播效率有以下两种途径：

（1）单方面说服和双方面说服。传达者要注意恰当地选择宣传内容，根据内容判断需要做单方面说服还是双方面说服。例如，对汽车做广告的实验研究。实验对一些顾客说明汽车的优点，以及不足之处是方向盘稍向右；对另一些顾客则只讲优点，希望顾客能购买。结果发现，顾客更相信第一个广告，因为人们认为双方面说服是真实的，从而获得了人们的信任。受教育程度低的人容易相信单方面说服，受教育程度高的人容易相信双方面说服。

（2）激发情绪。心理学家认为，传达者提供的信息必须能够激发人们的情绪，使人感到有内在的压抑、有威胁，这样听众只有听从劝告，改变态度，才能消除内心的紧张和压力。这种方法经常被应用，如政府通过宣传安全防范，来激发人民的爱国之心。但是，不能使人感到威胁太大，否则态度不容易改变。

心理学家做了关于使用三种不同方法说明虫牙和身体健康的关系，强调饭后刷牙和不刷牙的危害的实验。对高度恐惧组，让其看录像，说明得病的痛苦，而且强调会传染；对轻度恐惧组，宣传时只有不可怕的画面，而且以中等强度的口气讲解；对无恐惧组，宣传时无可怕画面，讲解口气轻松。结果发现，看了第三组录像的人最遵守口腔卫生的保持，大多数人对虫牙采取了措施，而看了前两种录像的人态度改变很少。实验说明，当过分强调危险时，容易引起人的焦虑和恐惧，使人们产生否认的防御机制，对宣传加以回避，从而来消除焦虑。

3. 增强群体对个人的影响

群体的态度是影响和改变个体态度的来源，根据社会心理学家研究，只要增强群体对个人的影响力，群体就可以起到改变个体态度的作用。改变人和群体的关系，增加个人对群体的依恋，可以使成员保持同群体的一致性态度，也可以使成员抵抗外来信息的影响，支持群体的意见。群体对个人的作用，依赖个人和群体关系纽带的强度，个人越希望成为群体成员，越是高度估价这个群体，所受群体信念的影响越大。

四、态度转变的理论

1. 平衡理论

海德于 1958 年提出了平衡理论。平衡理论的一个重要特点是重视人际关系对态度的影响力，强调一个人（P）对某一对象（X）的态度常受他人（O）对该对象的态度的影响，即 P-O-X 模式。P，O，X 三者之间的关系可能处于平衡或不平衡的两种状态之中。

海德认为，人类普遍存在一种对平衡、和谐的需要。一旦人们在认识上有了不平衡性和不和谐性，就会在心理上产生紧张和焦虑，从而促使他们的认知结构向平衡、和谐的方向转化。显然，人们喜欢完美的平衡关系，不喜欢不平衡的关系。

通常，认知主体对单元中两个对象的态度是趋向一致的，如果喜欢某人，则对某人的工作也很赞赏；如果不喜欢某人，则认为他的朋友也不好。所以当认知主体对一个单元内两个对象的看法一致时，其认知体系将呈现平衡状态；当对两个对象有相反看法时，就会产生不平衡状态。例如，人们喜欢某人，但对他的工作表现不能赞同。不平衡的结果会引起内心的不愉快和紧张。消除不平衡状态的办法将是赞同他的工作表现或不再喜欢此人，这就产生了态度转变的问题。

现将上述 P-O-X 关系列成图解形式，以"+"号表示正的关系，以"-"号表示负的关系，共有 8 种结构，其中 4 种是平衡结构，4 种是不平衡结构。判断三角关系平衡与否的根据是：平衡的结构必须三角形三边符号相乘为正；不平衡的结构则三角形三边符号相乘为负。如图 11-1 所示。

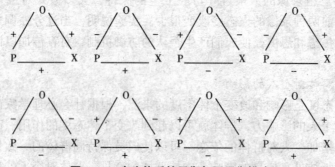

图 11-1 态度体系的平衡与不平衡模式

下面举例说明这种三角形关系。今有认知主体 P（女青年），态度对象为 O（男青年，P 的男朋友）和 X（男青年 O 自愿当清洁工）。

对此，可能存在以下三种情况：

1）P 对 O 与 X 皆持赞成态度，这是一种平衡状态。

2）P 对 O 与 X 皆持不赞成态度，这也是一种平衡状态。

3）P 对 O 持赞成态度，对 X 持不赞成态度，这就造成了不平衡状态。

在第三种情况下，P 要达到平衡的解决办法如下：

①P 改变对 O 的看法，认为 O 很老实，肯干。

②P 改变对 X 的看法，认为 X（清洁工）也是工作的需要。

③P 劝说 O 不要去做清洁工。

由此可见，不平衡状态会导致认知结构中的各种变化，所以态度可以凭借这种不平衡的关系而形成和改变。

2. 认知失调理论

认知失调理论是社会心理学家菲斯廷格于 1957 年提出的。他认为认知元素由若干个因素组成，包括思维、想象、需要、态度、兴趣、理想和信念等。其中，任何两种元素不一致就称之为失调。失调主要来自两方面：一是个人的决策行为，二是与自己的态度相矛盾的行为。这种失调能够产生某种力量，使人们逐渐改变自己的态度。菲斯廷格把上述任何两种元素单位之间的关系分为协调、不协调和不相关三种情况。

例如，认知元素 A：下星期要审查项目方案，应该抓紧准备好可行性分析报告。认知元素 B：我想通宵工作，准备好可行性报告。认知元素 C：我感到疲倦，想休息。认知元素 D：明天可能要来台风，下大雨。

显然，认知元素 A 与 B 成为协调状态，认知元素 A 与 C 则成为了不协调（或失调）状态，而认知元素 D 与 A 处于不相关状态。一般来说，人们都力求将认知中的各种元素统一和协调起来，但要做到这一点并不容易，因为认知元素间难免产生矛盾，呈现不协调状态。例如，某员工确实付出了很大努力，但结果并不理想；某管理者多次与某员工谈话，帮助解决他存在的思想问题，不但没有达到目的，反而引起了他的反感；某经理制订了工作计划，因遇到一些意外的困难未能完全实现等。

认知不协调是一种不愉快的情感体验，具有动机的作用，可以驱使个体设法减轻或消除这种不协调状态，使认知系统尽可能协调起来。消除这种不协调的方法很多，其中主要有三种：改变行为，使对行为的认知符合态度的认知；改变态度，使其符合行为；引进新的认知元素，改变不协调状态。当人们的认知系统产生不协调时，只有找不到适当的理由加以解释，行为与态度才会失调，从而引发行为与态度的改变。

第四节　态度的表现形式——意见与成见

态度除了从行为倾向感与情绪表现外，在日常生活中，还经常可以看到以下几种态度的表现方式。

一、意见

意见是用语言表明态度，是个体对某一事物对象的解释、评价，是将态度明朗化了的指导行动。

1. 意见与态度的关系

意见虽然是用言语表明态度的一种表现形式，但意见与态度之间是有区别的。

（1）不是一切态度都可以用意见这种形式表明，因为许多态度是不能表明的，态度不仅有外露的行为倾向，而且有属于内在的态度。态度可以不受社会的道德准则、行为规范所支配，而意见是用言语表明的态度，因此凡与社会标准、道德规范相冲突的言语行动，就不能得到自由的发表。

（2）意见所表明的内容可以不符合个体的真实思想，甚至在人类社会中，随大溜、违心去附和或顾及自己的身份而不得不自圆其说等现象很多。所以，意见并不完全是一个人真实态度的说明。

由此可见，意见与态度存在差异。意见只是借用语言发表的对任何人与事的明确的判断，包括正确的、错误的、含糊其辞的、自圆其说的、违背本意的等。它有时表明人的态度，有时表明人的思想观点。

2. 意见对行为的影响

意见对行为主要有以下几方面影响：

（1）指导行为。正确的意见对行为具有指导作用。

（2）纠正行为。当组织中人们的行为发生偏离时，意见可以有效地防止行为偏离轨道。

（3）激励行为。意见所含的刺激作用很强，可以挑动人的情绪，使人产生奋发行为。

（4）加强行为。个人行为常受到他人意见的肯定或宣扬，从而得到一股加强力量，如战备动员等。

（5）阻止行为。意见具有停止某种行为的作用。

二、成见

成见是用过去已经形成的态度判断事物，而不管自己的认知和见解是否正确，也可以理解为原先固有的看法。人因为有了这种看法而在思想上受到牵绊，只能看到或注意到一个方面，而不能看到或注意到其他方面，使人在行为上表现出比较固定的倾向。成见是社会成员难以避免的，因为个体在已有的社会生活中，其信仰、感情、思想、意见会受到社会环境的特殊制约，从而形成这种特殊的行为倾向。这种倾向的性质、力量的强弱、时间的长短因人、因地而异，一般不易戒除，时间形成越长越牢固。牢固的成见会形成一个人的态度，顽固地左右着人们对新技术、新信息的接受。

<h1 align="center">第五节　态度与管理</h1>

组织管理工作中，员工态度转变是人们努力实现的美好愿望。态度问题的研究为人们改进组织管理提供了一个有效的视角和方法。在心理与行为管理中，员工积极态度的形成和消极态度转化，是组织管理工作的焦点，员工对工作的认同、依附、参与和投入都归结为工作归属感。因此，本节重点探讨工作归属感的形成。

一、什么是组织归属感

员工的组织归属感是指员工对自己的组织从思想、感情及心理上产生的认同、依附、参与和投入。是对自己单位的忠诚、承诺与责任感。从本质上说，员工的组织归属感主要是他们对自己工作单位的一种态度、一种心理取向。据行为科学研究，态度是指人们对某一特定对象以喜、恶、亲、疏等方式而表现出的行为倾向。态度含有认知、感情与行为倾向三个成分。

组织归属感作为一种态度，也包括有这三个成分：它的认知成分主要指员工对自己在这个组织中所处地位的感受，以及他们对这个组织所奉行的目标和宗旨及所尊崇的价值观和文化的高尚性的认识与接受程度。其感情成分便是基于这种认识而产生的对本组织的热爱，其行为倾向也是由这种认识与感情衍生出来的。

二、员工对组织归属感的形成

员工对组织归属感的形成是由员工对变革的认知、情感、意向三个成分构成。认知因素是指员工对组织的性质、意义的了解和评价。表现为对组织规章制度的认识、理解、支持和反对，特别是组织变革发展是由外部环境的压力造成的，为了考虑自身发展，不能求稳怕乱，要打破现状改变原有的习惯行为，顺应时代的要求。有变革，组织才可以进行再造，才会出现组织的最佳状态和高效化。对组织的情感因素是指员工对企业组织变革的喜爱或厌烦，是一种内在的情感体验。比如，认识到组织变革、发展的重大意义后，员工产生喜爱、兴奋、愉悦的情绪，支持变革并积极投身于变革的工作程序中。如果对组织变革的意义认识不足，则会产生厌烦、反感、愤怒的情绪，表现为消极、被动、怠工甚至破坏一切与变革相关的措施实行。对组织变革的意向因素决定着员工将要在组织变革中采取何种行为，表现为将要做什么和怎样做的准备状态。比如，切实履行各种新规章制度，身体力行服从组织调配。

三、归属感与工作绩效

对于管理者来说，关心员工的工作归属感，主要是因为员工不满意会带来工作低效率、高旷工率和离职率。员工的消极怠工和频繁跳槽将会给组织造成损失。对于员工本人来说，对工作的归属感将带来愉快的心情、较高的工作效率，以及可能从工作中获得个人生活的满足。

1. 组织归属感与工作效率

组织归属感与工作效率呈正相关关系。如果从个体的水平上研究工作归属感和工作效率的关系的话，很难区分哪个是原因哪个是结果。但如果从组织的水平上进行研究的话就会发现，拥有高组织归属感员工的组织比那些低满意度的组织更有效。

2. 组织归属感与流动率

一般来讲，归属感和流动率之间存在负相关关系。但研究表明，当引入员工的绩效水平时，对影响高绩效者的流动率的因素来讲，满意度水平并不重要。不管满意度水平如何，高绩效者更可能待在组织里，因为他们接收到的认可、表扬和其他报酬为他们待在组织里提供了更多的理由。此外，一个人对生活的一般态度调节着归属感和流动的关系。具体来讲，那些比别人抱怨更多的员工，与对生活持更积极态度的员工相比，他们对工作不满意时，更不愿意辞职。

四、组织归属感的培养

组织中归属感的建立与维持，成为了管理者和员工之间相互支持与信任的纽带，是建成一个对信念、态度与准则的共同认识和理解"公共话语空间"的前提条件，是保证现代管理理论强调的"以人为本"、充分发掘员工的积极性和创造性、实现员工对组织热爱和奉献的管理理念的有效措施。组织归属感的建立需要员工和管理者彼此知道期望的内容和为满足期望应履行的义务。双方都要对对方的期望尽职尽责，对对方期望的内容予以"应答"，实现劳资双方的心理契合。

　　首先，管理者要重视沟通，营造广泛交流氛围。其目的是让员工与管理者更详尽地相互了解组织与个人的精神、理念和事业追求。只有在相互认识、了解的基础上，不断调整双方的认知、行为和利益，产生相互满足对方需求的、步调一致的行为，才能使双方的期望体系处于协调状态。需要建立一种上下沟通的良性机制，定期或不定期地与员工进行深层次会谈，关心员工的成长，辅助员工作出理想的职业生涯设计。对员工存在的问题，积极引导，分析问题，找出对策，并创造机会让员工发挥个性和自主意识，从参与决策，反映建议，到使他们在关心组织发展过程中，自我价值得到认可。通过建立"学习型组织"可以使组织结构趋向扁平化，方便沟通和交流，从而实现组织的"血脉畅通"。梅奥教授的霍桑研究早已充分证明，工作生产效率的提高不取决于工作条件等，而主要取决于人与人之间和谐的人际关系。因此，要为员工创造平行的沟通环境，满足员工的亲和需求，让他们感受到来自同事的亲情、领导的温暖，感受组织大家庭真实的存在，在愿意认同集体内成员价值观的基础上，认同组织的方针、政策和管理模式，产生与认识相一致的回报行为。良好的沟通不仅能使信息迅速交流，而且可以及时发现矛盾，消除冲突，更重要的是可以强化组织与员工之间的互相认同，培养员工的组织归属感，提升员工的忠诚度。

　　其次，满足员工的成长需要。有研究表明，职业培训可以满足员工的成长和发展需求，可以提高员工的工作熟练程度、技术等级，以及对工作的热爱和责任感，促使员工的绩效有更大幅度增长，报酬与福利有得到增加的机会。为员工提供培训的组织和未提供培训的组织员工的工作满意感是不相同的，由此导致对组织的奉献精神也不同。一个员工对组织一旦产生了奉献精神，就会随时维护组织的声誉，并愿意为组织牺牲个人利益，在工作态度上表现为对组织目标和价值观的信任和接受，心理契约间接地得到维护和"保养"。

　　第三，启动多样化激励机制。奖酬是激励最直接有效的手段，是组织对其员工为组织所做的贡献，包括他们实际的绩效，付出的努力、时间、学识、技能、经验与创造所给予的相应回报或答谢。员工对奖酬的期望要受到组织所处的宏观环境和微观环境的制约。根据亚当斯公平理论，员工对组织给予的报酬是否满意，取决于相对性，即员工通过自身与他人或现状与历史的"收支比率"对照，产生公平知觉和相关的情感体验。从宏观环境看，组织的地位、知名度的提高、利润的增长是决定员工对报酬产生满意的首要条件。从微观环境看，组织内人员报酬分配的合理公平与员工对报酬的满意感成正比，员工对报酬分配的认识又直接影响绩效水平。同时，组织内绩效评估和报酬体系也影响员工的留任率和流动率。所以，奖酬设置重点是"绩"，形式要"活"，及时强化员工为组织创造绩效的行为，调动员工的积极性，充分体现按贡献付酬的原则。激励除奖酬外，还有其他因素，一项对员工 10 大离职原因的调查结果表明，除了"对薪水不满"和"公司福利不佳"这两项外，其他 8 项均与"经济利益"无关。它们分别是：想尝试新工作、公司没有提供成长学习环境、与当初所期望工作不合、追求升迁机会、对公司看法与上司不一致、工作单调、职业倦怠、与公司理念不合。因此，要创造宽松的人性化的工作环境，传播一种文化，允许员工有过激的言辞，使内心压抑的紧张情绪得以宣泄，允许从事特殊工作的员工实行弹性工作时间。"金钱是有形的，但不是万能的"，要尝试无形的、力量巨大的多样化激励手段，满足员工的多样化需求。

案例：

工作态度决定了你的成就

有人问三个砌砖的工人："你们在做什么呢？"第一个工人没好气地嘀咕："你没看见吗，我正在砌墙啊。"第二个工人有气无力地说："嗨，我正在做一项每小时 9 美元的工作呢。"第三个工人哼着小调，欢快地说："你问我啊，朋友，我不妨坦白告诉你，我正在建造世界上最伟大的教堂！"

你可能很不喜欢眼下的工作，从工作中得不到丝毫的乐趣，也毫无创造性可言。"简直烦透了！"你觉得百无聊赖。但你要记住，这并不是老板或单位领导的错。

老板没有逼着你来他的公司上班，领导也没有强迫你在他的手下吃饭。当初，是你主动应聘到了这家公司；或者是你托了关系好不容易才挤进了这家单位。你的历史是自己写成的。

老板待你很刻薄，领导压根儿就没把你当人才看。那么，你就辞职好啦！

如果你不想辞职，就说明他们可能还没你说得那么可怕，需要改变的就是你自己。

具体的做法就是：爱你眼下的工作！

有时候人们应该站在老板或领导的角度换位思考一下，你挣别人的钱，拿别人的薪水，就得给别人一个交代。这是做一个人最起码的职业道德和职业素养，也是良心与道德的问题。如果你的员工偷懒懈怠，你有何感想？再从自己的角度想一想，如果你想做一番事业，那就应该把眼下的工作当作自己的事业，应该有非做不可的使命感。你也许认为自己志向远大，要做轰轰烈烈的大事，而不适合做这些具体、琐碎的小事。可是，你有没有想过，如果连这些琐碎、具体的事情都做不好，你又怎么可能去做轰轰烈烈的大事呢？"一屋不扫，又何以扫天下？"

　　一个人的工作态度折射着人生态度，而人生态度决定一个人一生的成就。你的工作就是你生命的投影。它的美与丑、可爱与可憎全操纵于你的手中。一个天性乐观、对工作充满热忱的人，无论他眼下是在洗马桶、挖土方或者是在经营着一家大公司，都会认为自己的工作是一项神圣的天职并怀着高昂的兴趣。对工作充满热忱的人，不论遇到多少艰难险阻，都会像希尔顿一样：哪怕是洗一辈子马桶，也要做个洗马桶最优秀的人！

第十二章　人的心理健康与管理

　　管理活动中，如何保证人的心理健康也是关键因素，也就是说人除了身体健康外，还应该有心理上的平衡，在平衡中求得进取和发展。那么，这里就有必要先看一下心理健康的含义。心理健康是指一种持续的心理情况，当事人在某种情况下，能很好地适应，具有生命的活力，而且能充分发挥其身心的潜能，在不违背规则之下，对个人的基本需求能作出恰如其分的满足。但事实并非如此，并不是所有的事情都一帆风顺，会达到理想的彼岸，有时可能要费一番周折才能达到，有时则根本无法达到，从而导致失败，因此便产生了心理的不健康。

第一节　健康心理的特征

　　人的心理健康包括以下几方面：智力正常、情绪健康、意志健全、行为协调、人际关系适应、反应适度、心理特点符合年龄等。

　　心理健康的智力标准是：在日常生活中，一个人的智力与同年龄的大多数人智力发展水平相当，能基本适应生活、学习与工作，则其智力正常。

　　心理健康的情绪标准是：一定的事件引起相应的情绪是情绪健康的标志之一，情绪的持续时间随客观情况变化而转移。人们学会转移情绪，能适当保持情绪稳定、心情愉快是情绪健康的表现。相反，一个人如果出现不同于正常的情绪反应，长时间持续生气或愤怒等情绪，经常情绪变幻莫测或低落，则可能是情绪不正常的表现。

　　美国著名心理学家马斯洛和米特尔曼认为心理健康的人有下列几种表现：

　　(1) 有足够的自我安全感。

　　(2) 能充分了解自己并对自己的能力有适度的估价。

　　(3) 生活的目标切合实际。

　　(4) 与现实环境能保持接触。

（5）保持人格的完整与和谐。

（6）善于从经验中学习。

（7）能建立良好的人际关系。

（8）能适度地控制情绪。

（9）在不违背集体利益的前提下有限度地发挥个性。

（10）在不违背社会规范的前提下适当地满足个人的基本需要。

这些标准对人们衡量人的心理健康状况提供了一些有价值的线索。但是，它们太笼统了，在实际考察人的心理现象时，还必须把这些问题具体化。特别是对于一些比较复杂的心理现象，如情感、性格等，往往受社会历史条件、文化背景的制约。在某个社会、某个国家中是正常的心理现象，而在另一个社会、国家中却可能被视为不正常。例如，在古代，人们把杀人祭祀、把从敌对部落中捉来的人杀死吃掉视为正常；在现代文明社会中，如果有人这样做，则毫无疑问会被认为是野蛮和犯罪的行为。又如，在一些国家中把一夫多妻、禁止妇女参加社交活动视为正常，而在社会主义制度下，这一切都是不道德的和违法的行为。所以，对于这些比较复杂的心理现象，如果离开具体的社会历史条件和文化背景（包括民族的传统习惯等），就很难说它是正常还是不正常了。

健康心理有一些具体特征，其表现为以下几方面：

一、健康心理与大多数人的心理是一致的

事物的差异性是在比较中存在和表现的。一个人的心理是否健康，一个最明显的标志，就是拿他的心理活动与大多数人的心理活动进行比较、对照。看看在某种情况下，他的心理活动同大多数人是否一致。就像每个正常的人都只有一个头和两只手臂那样。如果某人长成"三头六臂"，大家就会认为他不正常，他也会觉得自己有缺陷，心里不安。同样的道理，假如一个人的思想、言谈、举止、好恶、态度等都与众不同，就会被认为心理不健康。

正常的心理必须与众相同。还有另一方面的含义，正常的心理要与同年龄人的心理状况大致相同。一个人出生后，由软弱无能发展到能独立行走，从不识不知到有识有知，从知之不多到知之甚多，从意识的朦胧状态到思想开窍，再从思想敏锐而后发展到思想迟钝等，他的心理和行为总是随着年龄的增长而不断发展、变化的。不同年龄的人的知觉、思维、记忆、情感、行为方式等都有不同的特征。例如，在正常的情况下，儿童都天真活泼，爱蹦爱跳，难于安安稳稳地坐着不动。如果一个孩子经常独坐一隅，默默无言，委靡不振，像个小老头，他的心理发展就可能有问题。反之，如果一个四十多岁的成年人，还

像小孩子那样喜怒无常，好吵好闹，经常耍小孩子气，那么这也是心理不正常的表现。

　　当然，所谓与众相同或与众不同，都是相对的。因为人们的心理总不可能完全一致。不能因为与别人稍有不同，就认为这是病态的表现。与众不同也有两种不同的情况：一种是病态的表现；另一种则不仅不是病态，而且是人的心理达到了最高度、最完善的发展。例如，马克思、恩格斯根据他们对于社会经济发展规律的认识，特别是对于资本主义社会各种矛盾的深刻认识，提出了共产主义必然要战胜资本主义，无产阶级专政必然要代替资产阶级专政的论断。这种认识就大大超越了当时绝大多数人的认识水平，充分表现了马克思、恩格斯非凡的智慧和才能。哥白尼的太阳中心说、达尔文的进化论等许多科学理论的创立也都是与当时的世俗观点相对立的，但这却是他们的智慧最完善发展的结果。所以，健康心理最重要的标志，是人的思想、意识能否反映客观事物的本质和规律，其行为是促进社会的进步，还是阻碍社会的进步。

二、健康心理应该能够坚持正常的学习、工作

　　人的心理是在各种活动中形成和发展起来的，也只有通过具体的活动才能获得表现。离开人的各种实际活动，人们既不能确定心理活动的有无，也不能判断心理活动是否正常。假如一个孩子到了八九岁还不能上学或上课时不能安静地坐在自己的位置上；老师所教的东西，绝大多数孩子都能理解和掌握，而他却根本不知道老师讲的是什么；问他班上同学的情况，他也一无所知。这样的孩子，多半是智力有缺陷。又比如，某个学生原来在学校中的学习成绩和行为表现都不错，但从某个时期开始成绩突然下降，经常不及格甚至留级或者在行为上有异常的表现。这些现象说明该学生的心理活动可能发生了障碍。一个工人平时生产积极、任务完成得很出色，但后来由于某种原因，他在劳动中经常心不在焉、发生事故。他周围的同事和领导给予其帮助、教育，他也知道自己表现得不好，但身不由己，难以改正。这就可能是心理疾病的早期征兆。一个负责干部，参加了上级领导召集的会议后，回来就忘了上级的指示精神，且不能贯彻执行；听了下级或群众的反映，当时答应研究解决，过后又忘得一干二净，或者到了办公室，碰到这样那样的问题就觉得脑子受不了，叫苦连天，这一切说明他不是由于一般的不负责任或官僚主义，而是心理有了疾病，使其丧失了正常工作的能力。

　　总之，有了心理、精神疾病，就会使人部分地丧失或完全丧失学习、劳动和工作的能力。因此，能坚持正常的学习、劳动和工作可以作为心理正常、心

理健康的一个标志。

三、健康心理是能与他人保持正常的关系

人是社会的动物。有人说过群体生活、与人交往是人类的"天性"，这是有道理的。实际上，只要有人类存在的地方，就一定有人与人之间的交往活动。婴儿出生后，离开了父母和成年人的养育便不能生存。如果说个体的发展是由生物实体向社会实体不断转化的过程，那么人与人交往就是完成这个转化的必由之路。因为人在交往的过程中不仅满足了各种生物学的需要，而且使其学习了生活和劳动的知识、技能，逐步掌握符合社会要求的行为方式，并根据社会的规范主动地调节自己的行为。

在正常的情况下，儿童或成人都喜欢过群体生活，而不喜欢孤独。例如，在日常生活中，人们常常可以看到这样的情况：在邻居间，大人由于某种原因吵架、闹矛盾，双方都对自己的孩子说"你不要到邻居家去，不要同邻居的孩子玩。"孩子们当时可能答应了，但过不了多久他们就忘记了父母的嘱咐，又在一起痛痛快快地玩了起来。因为孩子们觉得和大家一起玩，比单独玩更有趣。其实，成年人又何尝不是这样呢？每个人都希望自己能得到别人的了解、信任和尊重，希望自己所做的事情能得到别人的赞同。自己的思想、感情也总想通过一定的方式向一定的人（知心朋友、亲属和其他有关的人等）表达出来，否则心里就会很闷。假如一个人的思想、情感在正常的环境中没有表达的机会，那么他就会从不正常的环境中去寻找补偿。正常的人际关系应该具有如下几个特点：

（1）别人了解他，他也了解别人。心理正常的人，通过相互交往应该知道彼此之间有什么长处和短处、优点和缺点。如果一个人生活在集体中，总把自己的思想感情"封闭"起来，别人都不了解他对事物的观点和态度，这就不正常了。如果一个人只关心自己的利益，对别人的痛苦和欢乐、兴趣和爱好都漠不关心，也不可能与别人相处得好。

（2）应该受到他人的悦纳。这就是说，他在集体中是受欢迎的，起码不被看成是多余的或者是有害的。当然，任何一个人都不可能被所有的人喜欢，获得所有人的信任，但是对多数人来说，他应该是一个有益的人，应该由于他的存在而给集体或别人带来好处。如果有一个人，大家都不愿意与他接近，而是希望与他疏远，这个人的心理就一定有某些缺陷。

（3）在集体中有自己的朋友。人们在时间、空间上的结合，并不能说明他们在心理上的联系。因为有些结合可能是被动的，没有共同的思想基础。彼此

的交往只是由于某些偶然的因素引起的，或者纯粹是因为公务的关系。如果人们相互交往时具有共同的理想和目标并采取协调一致的行动，这就成为了同志。当这种关系进一步渗入了"喜爱"、"好感"等情绪因素后，还可以发展成为亲密的朋友。心理健康的人在社会生活中都应该有自己的朋友。被排斥在友谊之外，过着孤独的生活，是不可能有幸福的。

(4) 健康心理应该是积极的情绪多于消极的情绪。人与周围现实的关系是相当复杂的。有些事物与人的需要相一致，使人得到物质上或精神上的满足；而另一些事物却与人的需要相抵触，妨碍它得到满足。倘若人的需要能够得到满足，就会产生积极的（肯定的）情绪，如愉快、满意、高兴、欣慰、欢乐等。当人意识到自己的需要得不到满足或者为满足需要所做的努力受到阻碍时，就会产生消极的（否定的）情绪，如忧愁、焦虑、苦闷、悲伤、恐惧等。一般说来，积极情绪能提高活动的水平，有利于身心健康，而消极情绪则降低活动的水平，不利于身心健康。例如，一个人心情愉快时，就学习效率高，工作劲头足，考虑问题思路开阔，遇到困难也容易克服，即使工作时间长一些、劳动强度大一些也不觉得劳累。反之，当一个人心情不佳或处于忧虑、恐惧状态时，注意力就很难集中，记忆效果不好，思维也比较迟缓，不仅学习和工作效率低，而且还容易出差错或事故。有关研究材料表明，财会人员的账目错误、工厂里的工伤事故，都同工作人员的不良情绪状态有一定关系。心情不愉快，工作中就不可能发挥主动性、积极性和创造性，生活也会显得死气沉沉。消极情绪长期积累起来还可能产生心理、精神疾病。

每个人都可能遇到一些令人不愉快甚至痛苦的事，如工作中的失败和挫折、疾病、亲友死亡等，这是不可避免的。心理健康和不健康的主要差别，不在于是否产生某种消极情绪，而在于这些情绪持续时间的长短，以及它们在人的整个情绪生活中所占的比重。如果消极的情绪长期积压在心头，使人陷入悲观、失望、忧愁、恐惧的深渊不能自拔，那就是心理不健康的表现。

四、健康心理应该有正常的行为

人的行为具有自觉的目的，受人的意识所支配，这是人不同于其他动物的本质特征之一。在正常的情况下，人知道自己做什么，也知道自己为什么做，并能预见行动的过程和结果，使自己的行为服从于一定的目的要求。心理健康的人，他的行为有如下特点：

(1) 行为方式与他的社会"身份"相一致。每个人的行为方式都应当同他在社会生活中所充当的"角色"相匹配。例如，父母应该抚养和教育自己的子女，疼爱自己的子女；而子女应该孝敬自己的父母，当父母丧失独立生活能力以后，能够尽到赡养父母的责任。作为一个教师，不仅应该把最丰富、先进的科学文化知识传授给学生，而且要关心、爱护学生，处处成为学生的表率；学生则应勤奋好学，虚心求教，表现出对教师应有的尊敬。医生应有革命人道主义精神和认真负责、体贴病人的作风；病人则要善于同医生合作，不讳疾忌医等。如果一个人不能根据自己所担负的"角色"而采取适当的行为方式，或者说常常行为不当，就意味着他心理上发生了某些不正常的变化。

（2）反应的程度和刺激的程度一致。生理学的研究表明，在一定范围内，刺激的强度和反应的强度之间存在着相对稳定的关系，即强的刺激引起强的反应，弱的刺激引起弱的反应。例如，医生打针前用酒精对注射部位进行消毒时，一般只能引起肢体不明显的运动，而当注射针刺入肌肉时，往往就会引起明显的肌肉收缩。如果在不用麻醉药的情况下给病人开刀，病人会因为经受不住强烈的疼痛而大喊大叫。从科学的意义上说，刺激的范围非常广泛，它包括一切作用于人们感官的事物和现象，如光线、声音、气味、温度、语言等。有时，刺激也可以来自人体内部生理状态的变化，如由于吃饱喝足或饥饿所引起的血液中化学成分的变化等。这些变化同样可以通过感受器反映到头脑中来，影响人的行为。刺激的强度既指它的绝对强度（即物理量的大小），也指它的相对强度（即这些事物、现象与人的需要、兴趣之间的关系，它们对于人具有多大的意义）。虽然有些东西的物理量不大，但由于它与人的关系密切，所以它的出现或消失对人的生活和活动会产生重大影响，这就是一个相对的大强度的刺激。此外，同样一个物理量的刺激，对甲来说可能很弱，而对乙来说则可能又很强。

心理健康的人，对刺激的反应应当是适度的，该激动时激动，该冷静时冷静，恰如其分。这样就能与外部环境取得平衡。如果刺激与反应之间失调，往往就是心理异常的先兆。例如，有些人对小危险、小损失、小不幸、小失败感到非常严重；对不可笑的事情大笑不止，不可悲的事情又悲痛欲绝；对一句无关痛痒的话，就以为是攻击和侮辱他，而暴跳如雷；对别人多疑，长期闷闷不乐，日不思食，夜不能眠，这些都是反应过分强烈的表现。有些人在失去亲人或精神上受了重大打击之后，不知道悲伤、若无其事、感情麻木，这种过于冷淡的反应，也是心理不正常的表现。

（3）行为一贯和统一。人是一个统一的整体，人的各种心理现象之间，心理和行为之间都是相互联系、不可分割的。例如，一个对学习和工作的目的有正确认识的人，必然会对自己的学习和工作具有高度的热情，同时在学习和工作中也会表现出坚强的意志品质。反之，一个对自己所做的工作缺乏认识的人，往往容易产生急躁、泄气的情绪，并在行动上表现出犹豫不决和动摇不定。人的各种行为、活动也应该是首尾一贯和始终如一的。这种一贯性和统一性，反映着一个人对客观事物相对稳定的态度。例如，一个对待工作一贯积极热情、认真负责的人，在行动中也必然会表现出踏实肯干和不怕困难。不论有没有别人的监督，他都会自觉、努力地完成任务。随着人的认识发展和实际情况的变化，其态度和行为方式也会发生相应的变化，但只要这种变化是以对事物更全面、更正确、更深刻的认识为基础，心理和行为的一贯性和统一性就必然会得到维持和加强。

第二节 异常心理的表现

心理活动异常可能有两种情况：一种是心理活动的水平和品质都比一般人优越，这种异常实则是"超常"，它是心理健康水平最高的表现；另一种是心理活动的水平和品质都比一般人差，这是心理发展的一种缺陷，一般心理学和精神病学中所说的心理异常就是指这种情况。

人的心理异常不一定都是精神病。心理异常可能是心理活动的某个方面，某个部分出了问题，而且严重程度也有不同。例如，对于生理疾病来说，有些只是轻微的不舒适，有些病情较重，有些甚至相当严重，不能把一切心理异常的现象都说成是"心理疾病"甚至说成是"精神病"。

一、感知觉异常

感知觉异常有两种情况，一种情况是错觉，偶然产生是正常的，但经常产生就是异常心理了，如病人将挂着的衣服以为是吊着一个人而大吃一惊等。另一种情况是幻觉，这是一种较为严重的心理过程障碍。例如，某病人整天愁眉苦脸，认为自己是废物，没有任何用处，并经常听见别人这样说他，因此就凭借幻觉大声说："我是偷懒，我是白拿工资。"这种情况每个人都有，正常人是片断的，但如果一个人反复出现大量的幻觉而且持续时间很长，就应看作是病态。例如，有些病人有幻觉，自认为嗅到了难闻的气味而用手捂着鼻；有些则认为自己身体的某部分发生了病变；甚至有些病人经常在头上贴块胶布，认为自己的头部膨大起来，会要裂开。

二、记忆异常

记忆异常表现为记忆增强、记忆减退或记忆错乱。

(1) 记忆增强是指能清楚记得已经遗忘的、久远的经验或对一般人根本记不起来的事情都能记起，而且很清楚，如患系统妄想的精神分裂症病人，对周围的任何事物都很警觉并专心注意。

(2) 记忆减退主要是遗忘，记忆力明显衰退，由近事遗忘发展到远事遗忘，严重者对自己刚吃过什么饭也忘记了。

(3) 记忆错乱表现为张冠李戴、胡乱地扯在一起，如患者首次与医师见面便说他与这位医师在某处见过面，实际上与他在某地见过的是另外一个人。

三、思维异常

思维异常包括思维淡漠、思维迟缓和思维错乱。

(1) 思维淡漠是指受到刺激，对任何事都较少反应。

(2) 思维迟缓是指延迟回答，拖延回答。

(3) 思维错乱表现为思维逻辑错误或写作时思想内容多少有点儿联系，但缺乏必要的联系，叙述中肯但不切题，使人对其用意不易理解，这是精神分裂症的早期症状之一。

四、情感异常

情感异常主要表现在以下几方面：

(1) 情感高涨。情感高涨表现为对一切都很乐观，平时积极主动，对任何事情都感兴趣，但有时也会突然转怒，不过这种变化往往转瞬即逝，而且这种心情开朗、舒畅的情绪会令周围的人产生共鸣。

(2) 抑郁。抑郁表现为情绪低落，心境抑郁悲观，不与他人交往，连一些小困难也克服不了，常常自卑，自己感觉脑筋迟钝，肢体无力，不愿参加各种活动，对完成工作任务缺乏信心，甚至认为生不如死。

(3) 焦虑。焦虑表现为经常处于紧张状态，认为大祸将要临头了，经常彻夜难眠，饮食乏味、心悸、出汗、四肢发凉、坐立不安。

(4) 表情倒错。表情倒错表现为遇到高兴的事大哭，遇到悲伤的事大笑。

(5) 矛盾情绪。矛盾情绪表现为对自己亲爱的人又喜欢又讨厌。

五、意志活动异常

意志活动异常主要表现在以下几方面：

1. 随意动作异常

随意动作异常主要有木僵状态、心理木僵和紧张性木僵。木僵状态表现为僵立、僵坐、僵卧，甚至不主动进食和大小便。心理木僵表现为心理上遇到挫折，不能回忆，紧张性木僵。

2. 意志行为和其他兴奋性行为的异常

意志行为和其他兴奋性行为的异常主要表现在以下两方面：

（1）强迫动作。病人明知道这些动作的重复是不必要的，但无法去控制。强制性动作不受患者意识的影响，比较自然，突然发作，随即消失，对此病人并不在意，不感到烦恼，也没有要摆脱的愿望。

（2）躁狂性兴奋。病人的整个心理活动增强，言语、动作、行为都有所增加，联想迅速，心情愉快，动作轻松，好管闲事，主意很多，兴趣广泛，随境转移，做事爽快利索，但较轻浮，坚持性差，有始无终，整天来来去去，忙忙碌碌，一会儿干这一会儿干那，没有安静的时候。其行动有意识、有目的，与周围环境配合协调，可以为人所理解，但目的不能贯彻始终。

六、病态人格

病态人格是一种人格发展的内在不协调，是在没有认知过程障碍或没有智力障碍的情况下出现的情绪反应、动机和行为活动的异常。

其表现为认识、情绪、意志三方面的不协调。这种人常常难以正确估计社会环境的形势对自己的要求，难以正确评定自己的行为反应方式，难以正确处理复杂的人际关系，难以对周围环境作出恰如其分的反应（过分或不足），而且倾向于病理性反应。病人经常与周围的人甚至自己的亲人发生冲突，在生活、工作中不能和群众、同事友好相处，对工作缺乏责任感、义务感，经常独守，甚至超越社会的伦理、道德规范，作出扰乱他人和危害社会的行为。

病态人格不是真正的精神病，它缺乏发病原因、发病日期、病程等。但这种人确实有不正常的表现，不能算是正常人，而且许多病态人格与精神病有些类似，因此需要诊断、治疗。它主要包括以下几种类型的人格：

（1）偏执型病态人格。其主要特点是固执、多疑、情感不稳定、心胸狭隘、好嫉妒、对自我评价过高；对受到挫折、羞辱和遇到阻碍的情况过分敏感，而且在遇到挫折时容易责备别人；容易把别人本来中性的、友好的表示看作敌视或蔑视行为；经常与别人发生冲突，别人常对他敬而远之。

（2）分裂型人格。其主要表现为退缩、孤僻、胆怯、沉默、怪癖、不爱进行社会交往，从不关心别人对他的批评、鼓励或赞扬，缺乏知己，对现实的认识能力并未丧失但常做白日梦；沉溺于幻想之中，缺乏进取心；尤其回避竞争性处境，保持漠不关心的态度。这种人对人少的环境可以适应，但很难适应人员众多的场合和与交际有关的工作。

（3）强迫型人格。其主要表现有平时常有不安全感、不完善感，过分自我克制，过分自我关注，责任感过强，常追求完美，同时又过分墨守成规，缺乏随机性等能力，过分拘谨和小心翼翼；处事方面谨小慎微，常考虑过多的小事而忽略大事，并常要求别人按自己的方法办事，过分地注意工作，怕犯错误，遇事优柔寡断，难以作出决定。

（4）癔病的人格。其主要特点是过分夸张，通过戏剧性行为而引人注意，暗示性和依赖性强；高度地以自我为中心，情感容易变化，容易激动，对人的情感肤浅，有高度的幻想性。病人在应激状态下，易发作癔病症状。

（5）衰弱性人格。其主要表现为缺乏信心和主动精神，被动地服从别人的愿望，精力不足，容易疲劳，常为小事伤感，缺乏乐趣，这种人易产生精神衰弱和焦虑症。

第三节　挫折理论与管理

一、挫折及起因

1. 挫折的定义

挫折是指一种情绪状态，是个体在从事有目的的活动过程中遇到障碍或干扰，致使个人动机不能实现、个人需要不能满足时的情绪状态，是一种内心的体验。

挫折并非是坏事，生活的道路中充满坎坷，关键是如何看待挫折。人们常说："吃一堑长一智"，受到挫折更能磨炼人的意志，使其从失败中吸取经验教训，以提高克服困难、适应环境和战胜挫折的能力。作为管理者，应该了解挫折产生的原因、挫折的表现及对待挫折的方法，更好地做好人的管理工作，调动人们的积极性。

2. 挫折产生的原因

引起挫折的原因是多种多样的，有些因素会引起某人的挫折，有些则不会引起某人的挫折。所以，一些因素对一个人来说可能是至关重要的，而对另一个人来说却可能无关紧要。引起挫折主要是由于以下两方面因素的影响：

（1）客观因素的影响。这是由外界事物的情况阻碍人们达到目标而产生的挫折。

1）自然界环境因素的影响，如空气和水。

2）社会因素的影响，如个人在社会中受到政治、经济、法律、道德、宗教、风俗习惯等人为因素的影响。

（2）主观因素的影响。这是由个人因素引起的挫折。

1）个人生理因素，指个人具有的面貌、身材以及某些生理上的缺陷所带来的限制。

2）心理原因造成的挫折比较复杂也比较常见，如人际冲突、实际目标与愿望相差甚远等。

二、挫折的表现

生活中历尽艰辛的人比一帆风顺的人更能忍受挫折。此外，人们对挫折的情境有不同的判断。对同样的情境，一个人可能认为是严重的挫折，另一个人可能认为是无所谓的事情。挫折产生，就会有一些表现，从表现可以看出某人是否受到了挫折。

（1）攻击。1939 年，美国耶鲁大学心理学家多拉德提出了挫折—攻击假说。他指出任何挫折必然导致攻击行为，这取决于下面四种因素：

1）受挫折驱力的强弱。

2）受挫折驱力的范围。

3）以前遭受挫折的频率。

4）随着攻击反应而不受到惩罚的程度。

有了挫折就会产生攻击行为，他要被试拉一个把柄，并以金钱作为报酬。但是在拉的过程中如果听到声音，必须要做两种动作中的任何一种以停止声音，或者用手轻轻按一下电钮，或者用很大力气敲击一个垫子。当拉把柄可以得到钱时，他们都偏好选择用不必用力地按电钮的动作来中止声音。但多次后，当实验者取消了酬偿时，他们则通过用力敲击垫子来中止声音，这种异乎寻常的用力动作就是攻击行为的指标。当被试预期得到的酬偿没有得到时，即是一种挫折，被试得不到酬偿后的用力动作就表明了挫折。但是挫折只是可能而不是肯定引起攻击行为。挫折不是引起攻击行为的直接动因，攻击也并非一定由挫折引起。

（2）倒退。倒退即回到一种不成熟的行为模式，回到年龄较轻时的行为特征。对成年人来说，当面对挫折的情境时，他们的行为方式粗鲁，可能会咒骂起来，或者大声叫嚷，或者握拳相斗，有时他们还可能找些人来帮他们解决纠纷。

（3）焦虑。任何能够引起有机体挫折的情况都会引起焦虑，它是指某种特定的、不愉快情绪的体验。这种情绪状态分为两种：个体内部无意的冲突（神经病焦虑）和客观焦虑（一种觉察环境危险时的现实反应）。人们一般所说的焦虑主要是指客观焦虑。

（4）病态的固执。固执通常是指被迫重复某种无效的动作，尽管反复进行某种无任何结果的动作但仍要继续。由于这种行为有强制性特点，它们往往不能被更适当的反应取代。例如，人们处于惊慌失措的状态下往往会发生固执行为。当发生火灾时，人们往往拼命推拉上锁的大门，越重复这种动作，就越可能丧失逃跑的机会，但人们往往还要继续这种动作。实验认为：人们在受到轻度的挫折后，学习新问题的能力大为降低，这是因为挫折的效应之一是使其原有的行为凝固化，从而阻碍了习得新反应。在企业中，人们受到挫折后往往会抵制经济或技术上的变革，执拗地认为老办法好。一般来说，挫折情境较少的企业，职工的士气较高。

三、减轻应激的方法

人们受挫折后会产生情绪的紧张状态，这种状态在心理学上称"应激"。一般来讲，应激是正常的，但如果长期处于过度应激状态，就会引起各种疾病。减轻应激的方法主要有以下几种：

（1）正确对待。承认自己的情感，不要努力压抑，而应该认为不愉快的情绪是对许多情境的正常反应，应该承认它们并找到放松紧张情绪的方法。散步、发泄和寻找替代、妥协的措施可以缓解应激。人们应该认为这是人生路上的一点儿小挫折，大风大浪还多着呢，要勇于承认并面对现实，转变情境，振作起来。

（2）对受挫折者的攻击行为管理者一定要重视。管理者要建立情绪发泄室，帮助受挫者改变内心的焦虑和不安。这主要是精神发泄，是让受挫折者自由表达他们所受压抑的情感。因为人们处于挫折情境时，会以紧张的情绪反应代替理智行为，所以只有使这种紧张的情绪发泄出来，才能恢复理智状态。

（3）寻求帮助。每个人都会遇到逆境，它甚至是周期性的，关键是要及时进行心理咨询，及时转换自己的情绪状态，不要等被压垮了再去寻找帮助。

（4）改变情境。当今的社会生活为人们提供了许多施展才能的环境，如运动和体育技能、音乐、艺术、戏剧等。这些活动会使人感到没有受到集体的排斥，减弱了挫折的强度。

第四节　应对挫折、缓解压力、预防心理不健康

一、建立心理防御机制

1. 心理防御机制的定义

心理防御机制是指处在挫折与冲突的紧张情境时，在其内部心理活动中具有的自觉或不自觉地解脱烦恼、减轻内心不安以恢复情绪平衡与稳定的一种适应性倾向。

在人们的精神生活中存在着一种倾向，即自觉或不自觉地把主体与客观现实所发生的问题，用自己较能接受的方式自我解释和处理，而不至于引起太大的痛苦与不安。例如，虎落平阳被犬欺，藏龙卧虎，成为精神上的优胜者，阿Q精神等，都是这类倾向的表现。

这些从防御机制来看，不能被认为是异常状态，但如果在日常生活中运用不当或过分，就会影响个人对周围社会环境的适应，就会成为病态的表现。例如，认为自己了不起，别人是在向他争夺什么，这种想法会造成一种妄想状态。

一般认为，心理防御机制的运用有两种作用：消极作用，它是一种自我欺骗，因为现实存在的问题仍然没有解决，只起到逃避现实的作用，有时还会使问题更加复杂化，使人处于更大的挫折、冲突之中；积极作用，它可以起到暂时的缓解作用，消除心理的紧张。

2. 具体表现

心理防御机制主要有以下表现：

（1）合理化作用。它是指每个人都有自己的理由，将不能实现的事实进行自圆其说。

（2）压抑作用。压抑作用是把意识所不能接受的、使人感到困扰和痛苦的

思想、欲望或经验，不知不觉地压抑到无意识之中，以致在一般情况下，使人不能觉察和回忆。

（3）投射作用。投射作用是指个人将自己不喜欢的、不能接受的而又具有的性格特点、观念、欲望和态度转移到别人身上，把自己的缺点转移到别人身上，在无意识中减轻自己的内疚并维护自己的事实和安全感。

（4）升华作用。升华作用是指将一些本能的意识所不能接受和不能实现的、而且与社会道德规范和法律相违背的冲动和欲望，改头换面地表现出来。

（5）否认。否认指把已经发生的、令人痛苦的事实当成根本不存在的东西，从而避免了心理的不安和痛苦。

二、开展心理卫生教育，保护人的心理健康

1. 心理卫生的概念

心理卫生是使人获得心理健康的方法和手段，是一种为保护和促进人类心理健康，保持人类对环境的良好适应、预防和治疗心理疾病的综合学科。

现代社会，医院卫生事业蓬勃发展，像结核病、疟疾、天花已被消灭，而随着人类的进步，人类自身制造的、并非医药所能治疗的各种心理失常和心理疾病却很严重。据美国的一些调查发现：每 10 个人中就有 1 个人患心理疾病，每 20 个人中就有 1 个人因心理疾病而住院。心理卫生对于今后的社会生活越来越重要了，因为现代的工业化生产及严密的行政机构，需要素质较高、心理健康状态良好的人。

2. 心理卫生的手段

（1）心理健康咨询。心理健康咨询通过咨询者与来访者的交流，给来访者以心理学、心理健康知识的指导和帮助，从而提高来访者的适应能力，缓解心理紧张与焦虑，对心理疾病起到预防、治疗作用。心理健康咨询并不是一次就可以完成的，它要经历一个过程。

心理健康咨询帮助来访者疏导他们的感情，以缓和情绪上的压力，鼓励他们说出内心的痛苦和产生痛苦的原因；帮助他们提高认识水平，树立对人和事的正确观点和态度；鼓励他们积极参与社会活动，教导他们如何与人友好相处；帮助他们克服不良的行为习惯，养成良好的行为习惯。

（2）心理治疗。心理治疗主要应用心理学的原则、技巧，通过医护人员的言语行为及与人的交往，改善患者的情绪，提高其认识，解除其顾虑。心理治疗主要有以下几种方法：

支持性心理治疗也称"一般性心理治疗"，它集中在对患者进行劝解、疏

导、安慰、解释、鼓励、保证和具体的行为指导上。支持性心理治疗方法的适用对象极为广泛，几乎所有的门诊和住院患者都适用，也适用于生活中遭遇挫折、打击或陷入困境的人。它是主动的干预方式；以解除患者的一般疑虑为重点，只涉及心理的表浅层面；适用人群较广，能够一次帮助更多的人。

暗示治疗是治疗者通过一定的手段，使患者受到积极的暗示，利用暗示对人的心理、行为以及生理产生影响，从而达到治疗目的的一种心理疗法。成功的暗示可以对人的心理和生理产生双重效应，所以要利用积极的暗示去治疗疾病。暗示治疗能否成功，主要取决于以下四点：同患者建立良好的医患关系，取得患者的高度信任；选好适应症，该疗法适用于癔症和一些功能性疾病的治疗；患者要有足够的受暗示性，即接受暗示的能力；使患者处于强烈的期待状态。暗示的手段是多种多样的，既有单纯的言语暗示，也有药物暗示、针灸暗示、仪器暗示、手术暗示、榜样暗示和情境暗示等。

催眠疗法。由于催眠疗法主要依靠暗示的作用，所以有些著作也把催眠疗法视为特殊的暗示疗法。进入催眠状态的人精神恍惚，意识域狭小，受暗示性极强，与外界失去联系，只与施术者交往。被催眠者的行动几乎完全受施术者的操纵，在施术者的暗示下甚至可以出现人格转换现象。正因为催眠状态下施术者的语言暗示有如此的威力，所以催眠术也可以用于疾病的治疗。

此外，还有精神分析疗法、分析疗法和娱乐疗法等。

三、压力管理

从前有个又穷又愚笨的人，在一夜之间突然富有了起来。但是他有了钱，却没智慧，不知道要如何来处理这些钱。那个人就去城里，逢人就问："哪里有智慧可以买？"

有位僧人收了他一笔钱，然后告诉他："倘若你遇到疑难、复杂的事情，先不要急着处理，可以先向前走七步，然后再后退七步，这样进退三次，智慧便来了。"

"智慧"就这么简单吗？那人听了将信将疑。他当夜回家，推门而进，黑夜中发现妻子居然与人同眠，顿时怒起，拔出刀来便想行凶。这时，他忽然想起白天买来的智慧，心想何不试试。于是他前进七步、后退七步各三次，然后点亮了灯光再看时，竟然发现那与妻子同眠的人原来是自己的老母亲。这位暴发户有幸买到了智慧，避免了一场杀母大祸。这个智慧就是"冷静"。以上一则故事向人们阐述了压力管理的意义与作用。

1. 压力管理的原则

（1）适度性原则。压力管理的内容包括：一是维持"良性压力"；二是消除"恶性压力"；三是在良性压力过大时开展"减压"活动。适当的良性压力，对任何人和企业都是一笔财富。竞争出活力，就是指良性竞争的压力很快转化为员工进取的动力。如果哪个企业没有压力了，一定会是松松垮垮、懒懒散散的，不仅会造成低效率，而且会造成人才的退化乃至毁灭。没有压力不行，压力太大了也不行，因此压力管理必须掌握好"度"。适度的压力管理是一个系统工程，组织要慎重考虑这一问题。组织要做到以下几点：

1）高度重视人与岗的合理匹配。企业应该在人力资源管理中认真做好工作分析，建立岗位说明书和岗位规范，并观察员工是否与岗位匹配，以免低素质的人在高标准的岗位上不堪重负。

2）科学地设计企业的绩效考核目标、任务和各种考核标准；注意不断营造绩效考评的和谐氛围，不断完善和修正绩效考评方案，以缓解员工由于绩效考核引起的压力。

3）积极提倡压力与奖励并存，在给员工压力的同时，也要注意适时地给予员工奖励。

4）关心员工的身心健康，不能长期给员工以高压力。

（2）渐进原则。渐近原则主要有以下几点：

1）建立工作压力的三级预防体系。初级预防是用行动减少或消除压力源，积极建立健康的工作环境；中级预防通过增加对员工个人的关注及改变减压技巧、心理测试及管理，缓解抑郁及焦虑感；高级预防主要关注承受压力导引严重病态的员工的康复及痊愈。

2）有效评估工作压力。首先，要进行初级评估。例如，这个因素是否与我有关？对我有没有威胁性？其次，进行中级评估。例如，我对威胁或挑战的压力是否有充足的心理准备？有哪些应对压力的措施？最后，选择聚焦情绪的应对策略或者聚焦问题解决的应对策略。汤克斯和夫格森结合应对的两种功能（聚焦情绪和聚焦问题）和两种形式（认知和行为），提出了较为全面、具体的应对策略（见表12-1）。

表 12-1 压力应对的有效与无效策略

应对功能	有效策略	应对方式	无效策略
聚焦问题	行为	设法控制 解决问题	回避 消极应对
	认知	重新描述环境 重新组织调整	愿望性思维 隔离、疏远

续表

应对功能	有效策略	应对方式	无效策略
聚焦情绪	行为	情绪调整 行为训练 寻求社会支持	寻求替代性满足 分散注意力
	认知	情绪宣泄	抑制情绪 压抑 否认

3）积极调节工作压力。调节压力包括培养自信心、保持乐观的性格、修身养性、保持主控性格、多和家人沟通、建立真诚的友谊、经常运动等。积极主义心理学的研究发现，具有正面、积极心态的人能有较好的心理健康水平及工作表现，即"快乐能增加生产力"；良好的心理品质在身体及行为上对压力症状起调控作用，工作满意度及就业安全等心理因素对于工作压力的调节有积极的影响。具体程序包括：针对外部压力源本身去处理，即减少或消除不适当的管理和环境因素；处理压力反应，即进行情绪、行为及生理等方面症状的缓解和疏导；改变个体自身的一些弱点，即改变不合理的信念、行为模式和生活方式等。

2. 压力管理的策略

（1）员工层面上的管理策略。员工层面上的管理策略有以下两方面：

1）预见和评估压力源。员工在工作过程中，要作好个人的职业生涯规划，熟悉企业文化或内在潜规则，对可能出现的压力作好评估和预测，提高工作积极性，保持乐观的生活态度。只有这样，才能有效地降低压力源，以减轻外界可能出现的压力。

2）接受和释放压力。有些员工总是抓住过去的失望、挫折或与他人的不和不放，不愿正确地面对和接受压力，只是陷入过去而回不到现在。如果他愿意改变对某种情况的感觉和态度，就会发现接受它比较容易。在接受压力的过程中，要永远记住"祸兮福之所倚，福兮祸之所伏"，知道"有所为，有所不为"，表现出"难得糊涂"，做到"退一步海阔天空"等。在释放压力的过程中，人们可以采用主动寻求外界援助、适当抱怨、适当休息等有效方法。

（2）组织层面上的管理策略。组织层面上的管理策略有以下几方面：

1）建立组织沟通和信息分享的有效机制，以实现无缝沟通。有效的组织沟通是缓解和释放压力的重要途径。企业要建立有效的横向沟通渠道和纵向沟通渠道。横向沟通可以使员工之间加强联系、彼此了解、相互信任；纵向沟通可以使员工更深刻地了解高层管理者，也可以使高层管理者更好地了解下属，使他们相互之间建立起信任。这既有利于高层管理者保持工作的针对性和高效性，又有利于员工及时掌握组织内外部环境的变化，从而作适宜性调整。组织无缝沟通模式的建立需要：领导者或管理者向员工提供组织的相关性信息，让员工参与与他们息息相关的一些决策，使员工知道企业里正在发生什么事情，他们的工作完成得如何等，从而增强其控制感，减轻由于不可控、不确定性带来的压力；各级主管应与下属积极沟通，真正关心下属的生活，全方位了解下属在生活中遇到的困难并给予尽可能的安慰和帮助，减轻各种压力源给员工带来的不利影响和压力，缩短与下属的心理距离；沟通方式要多样化，如面谈、集体讨论会、设立意见箱、总裁热线等；有效授权能减轻管理者的工作压力，还能使员工得到充分的信任，不断增强其责任感和工作能力。

2) 建立有效的绩效反馈机制。罗宾斯教授认为："压力是一种动态情景。在这种情景中，一个人要面对与自己所期望的目标相关的机会、限制及要求，并且这种动态情景所产生的结果被认为是重要而又不确定的。"高度的不确定性容易使人紧张、焦虑，因此使员工及时了解其工作绩效以及上级对其工作的评价和期望，有利于缓解压力。20 世纪 90 年代以来，许多知名企业采用的 360°绩效反馈计划就是一个成功的范例，通过这个计划可以使员工从与自己有相互关系的所有主体那里获得关于自己工作绩效信息的反馈，进而缓解其责任压力。

3) 制定员工职业生涯发展规划。员工在成长过程中，经常要面临职业发展的困惑和压力，这就要求企业制定员工的职业生涯发展规划。通过"职业发展阶梯"和"职业生涯通道"，在尊重员工意愿的基础上，帮助员工了解各种知识、开发技能，解决员工成长过程中面临的职业发展压力。

4) 工作再设计。这可以给员工带来更多的责任，提供更有意义的工作和更大的工作自主性，从而有助于减轻员工的压力感。因为这些能使员工对工作活动有更强的控制力，降低员工对他人的依赖性。减轻压力的工作再设计包括工作轮换制、工作扩大化和工作丰富化。

第三篇

群体心理篇

第十三章 人际沟通中的心理与行为管理

沟通无处不在。在工作中，很多人每天花在沟通上的时间占到了一半以上，有的人甚至高达80%。沟通时出现分歧是正常的，对于同一个问题，每个人都有自己的想法。也许大家都没错，只是双方看问题的角度不同，或者是双方对同一问题的表述不同。此时需要将沟通的双方拉到一起，站在同一个视角看问题，如让自己转到对方的位置上或者将对方转到自己的位置上。沟通从心开始，如果有了换位思考，有了共赢的思维，就会想方设法达成共识。有了这种心态、这种思维方式，每个人都能找到最适合自己的沟通方式。

第一节 沟 通

一、沟通与人际沟通

1. 概念

沟通就是传递和交流信息的过程，它可以在通信工具之间进行，也可以在人机之间进行，还可以在人与人之间进行。人是有思想、有感情的，这种人与人的互动，两个或者两个以上的人传递和交流信息的过程，就是人际沟通。

2. 人际沟通的特点

1）人际沟通的主体是积极的，不同于两套设备间的信息传输。人们在向沟通过程的参加者发送信息时，必须判定对方的情况，也就是分析对方的动机、目的和定势，而且必须能预料到对方怎样对信息作出回答、回答什么，同时也要得到对方的新信息。因此，人际沟通的过程是一种积极的信息交流过程。

2）沟通双方能借助于符号系统的相互影响。这种相互影响是以改变对方行为为目的，是一个沟通者对另一个沟通者的心理作用。

3）只要沟通双方在发送和接收信息时掌握了统一的编码、译码法则，享有共同性符号的条件下沟通才能产生。

3. 人际沟通的功能

人际沟通的功能包括：传达信息、传达思想和传递感情。

4. 沟通双方的相倚关系

人际沟通不同于通信设备之间的信息传输，由于人际沟通中的发送信息者和接收信息者都是人，而不是机器，所以并非形式上具有发送信息者和接收信息者就能实现人与人之间思想和情感的交流。其中，还存在着沟通双方的相倚关系。

心理学家进行研究后，得出了两个和两个以上的人相互作用时所产生的四种相倚类型。它们分别是假相倚、非对称相倚、反应性相倚和彼此相倚。

假相倚：沟通双方主要是对自己的计划作出反应，一方的反应并不取决于另一方的信息。比如，讨论会上的发言。它不能达到交流思想和情感的目的，不是真正的人际沟通。

非对称相倚：沟通的一方以对方的信息作为自己反应的根据，而另一方则主要根据自己的计划作出反应。比如，应试中的问答。这是一种单向的沟通，也不能很好地交流思想。

反应性相倚：无视和忘掉了计划，人们只对其他人正在说的话和做的事作出反应。例如，吵架就是思想上的交流，即交流了思想，但针锋相对不是正常的沟通。

彼此相倚：在沟通中双方都针对对方的信息作出反应，但同时又受自己原计划的调节。这才是一种正常的、一般的沟通情境。比如，谈判。

5. 沟通障碍

人际沟通的双方，都是生活在社会群体中的、有思想意识的社会的人，他们主要使用语言进行沟通，并且从人际沟通的特点出发进行剖析。从信息传送者到信息接收者的沟通过程并非都是畅通无阻的，其结果也并非总能如人所愿，这是由于沟通要素的存在。沟通过程中因为存在这样或那样的障碍，所以会出现沟通失败或无法实现沟通目的。信息沟通中的障碍是指导致信息在传递过程中出现噪声、失真或停止的因素或原因。心理学家认为，造成人际沟通困难的原因来自以下四方面：

1）地位障碍。它包括政治差别、宗教差别和职位差别，不同党派、不同宗教信仰的人以及处于不同地位的人进行沟通时，往往从自己的立场出发，对不同事件往往有不同的看法。

2）组织结构障碍。它是由于组织强大，层次重叠、层层传递，中间环节太多，而造成的信息损耗及失真和沟通渠道堵塞。

3）语言障碍。它包括由于接受者的知识水平、传送者的语言修养或者发送者的表达不清晰而构成的语言障碍。

4）心理障碍。它是由于个性倾向性的差异而导致的沟通难以进行，如需要动机、兴趣、爱好的不同。由于个性心理特征的差异导致沟通难以进行，如气质、能力、性格的不同。

二、沟通过程

沟通是信息传达和理解的过程，同时也是感情交流的过程。

1. 沟通的过程

人们可以把沟通作为一个过程或流程看待。如果在这个过程中存在偏差或障碍，就会出现沟通问题。

在沟通发生之前，必须存在一个意图，人们称之为"要被传递的信息"。它在信息源（发送者）与接受者之间传送。信息首先被编码（转化为信号形式），然后通过媒介物（通道）传送至接受者，由接受者将收到的信号转译回来（解码）。这样信息的意义就从一个人那里传给了另一个人。

图 13-1 描述了沟通的过程。这一模型包括七个部分：沟通信息源、编码、通道、解码、接受者、反馈和信息。下面将对一些主要部分进行介绍。

图 13-1　沟通的过程

（1）信息。信息源把头脑中的想法进行编码，从而生成了信息，被编码的信息受到四个条件的影响：技能、态度、知识和社会—文化系统。

人们能成功地把写作的信息传递给读者是依赖于写作技巧。如果教科书的作者缺乏必要的技能，则很难用理想的方式把信息传递给学生。另外，成功的沟通要求一个人具备听、说、读、写及逻辑推理技能。个体的态度影响着行为，人们对许多事情都有自己预先定型的想法，这些态度影响着人们的沟通。沟通活动还受到人们在某一具体问题上所掌握的知识范围的限制。他们无法传递自己不知道的东西，反过来，如果其知识极为广博，则接受者有可能不理解传递者的信息。也就是说，人们关于某一问题的知识量影响着他们要传递的信息。最后，与态度影响行为类似，人们在社会—文化系统中所持的观点和见解也影响着行为。人们的信仰和价值观均是文化的一部分，它们都会影响到沟通信息源。

信息实际上是经过信息源编码的物理产品。当说话的时候，说出的话是信息；当写作的时候，写出的内容是信息；当绘画时，图画是信息；当做手势时，胳膊的动作、面部的表情是信息。人们用于传递意义的编码及信号、信息本身的内容，以及人们对编码和内容的选择与安排这三方面都影响着信息。

（2）通道。通道是指传送信息的媒介物，它由信息源选择。信息源必须确定何种通道是正式的，何种通道是非正式的。正式的通道由组织建立，它传递与工作相关的活动信息，并遵循组织中的权力网络。另一种信息形式，如个人或社会的信息，在组织中通过非正式通道传递。

（3）解码。接受者是信息指向的客体，但在信息被接收之前，接受者必须先将其中加载的信息翻译成他所理解的形式，这就是对信息的解码。

（4）接受者。与编码者相同，接受者同样受到自己的技能、态度、知识和社会—文化系统的限制。信息源应该擅长写或说，接受者则应该擅长读或听，而且两者均应具备逻辑推理能力。一个人的知识、态度和文化背景不仅影响着他传送信息的能力，同样也影响着他的接受能力。

（5）反馈。沟通过程的最后一个环节是反馈。如果沟通信息源对他所编码的信息进行解码，信息最后又返回到信息源，这就意味着反馈。反馈是对信息的传送是否成功以及传送的信息是否符合原本的意图进行核实，它可以确定信息是否被理解了。

2. 沟通的类型与特征

组织和群体中的沟通形式是多样化的，按照不同的分类标准，沟通可以分为不同的类别并具有相应的特征。

（1）按照沟通的表现形式来分，沟通可分为口头沟通、书面沟通和非言语性沟通。

口头沟通是人际沟通中最普通的形式，人们借助于口头语言的表达和交流，彼此传递着不同的信息、情感、思想和行为意识。口头沟通缩短了人际交流的距离，使沟通的双方处在同一沟通状态中，在传递沟通内容的同时及时地反馈，增强了沟通的理解和接受过程。

书面沟通与口头沟通同属于言语沟通的范畴，只不过前者更为规范、正式和完整。书面沟通涉及的沟通内容多是组织或群体中正式的信息传递，并由此构成组织的文献和文件资料。通常，规范化的沟通内容总是以书面语言的形式在组织和群体中进行传递的，因此书面沟通较少地带有个人的人际交流和感情色彩。

此外，在人际交流的过程中，除了言语的沟通以外，人们还借助于一些其他形式的沟通方法影响沟通的效果，如身体特征、人际距离、符号、情感表达等。人们把这些沟通方法统称为非言语性沟通，它们是言语沟通的重要补充形式。在某些时刻，这些非言语性沟通的作用会超过言语沟通。据研究表明：在一般的人际沟通中，非言语的沟通传递了30%左右的沟通信息。由此可见，非言语沟通的地位十分重要。

（2）按照沟通的方向来分，沟通可分为上行沟通、下行沟通和平行沟通。

由于组织是分等级的，所以，不同等级人员间的沟通必然会带有等级的特性。一般而言，组织的指挥、协调、控制、命令和传达总是由组织的较高层次向较低层次传递，即表现出由上到下的下行沟通。这种下行沟通的行为结果，是使组织成为一个运行一致的整体，是组织的有序特征。组织和组织中各个层次的管理者利用下行的沟通渠道传递必要的管理和工作信息，同时利用沟通的机会加强对下属的了解。

但是，组织中仅仅依靠下行沟通是不完备的，任何沟通都具有双向的特征。相对于下行沟通，必然存在从组织的较低层次向较高层次进行沟通传递的机制，即表现出由下向上的上行沟通。上行沟通，一方面是指在下行沟通的同时，下级人员以反馈的形式对下行沟通的信息作出反应；另一方面是指下级人员将自己对组织管理、工作和其他信息向上级反映的过程。组织对上行沟通的支持程度，表明了组织成员参与管理的水平，也表明了领导的行为方式。如果上行沟通受阻，就会极大地影响管理的效率和组织成员的满意度。特别是在现代的组织中，上行沟通成为了一种必要的沟通机制。

此外，组织成员同一等级间的沟通被称为平行沟通。它是组织中更为大众化的沟通形式，通过平行沟通加强了群体间和群体内部的交流，有利于各种关系的平衡和沟通。三个方向的沟通互为补充，成为了组织沟通和人际沟通的三种基本形式。

（3）按照组织的结构特征来分，沟通又可以分为正式沟通和非正式沟通两种。

正式沟通是指组织和群体中正式的沟通过程，它按照组织的结构和功能特性进行沟通传递，如组织和群体的管理行为、例行的汇报、总结、工作任务分配等均属此列。

管理心理学家莱维特曾对组织的正式沟通进行了较为全面的研究。他的研究结果表明：组织和群体中正式的沟通网络存有五种基本形式，如图13-2所示，它们分别是：轮式沟通、Y式沟通、链式沟通、圆式沟通和全方位沟通。

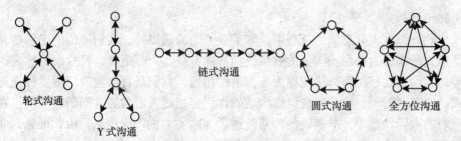

轮式沟通   Y式沟通   链式沟通   圆式沟通   全方位沟通

图 13-2 正式的沟通网络

轮式沟通表现出沟通的层次较少，并形成了一个沟通网络的中心。因此，位于沟通中心的人物表现出较强的权力特征，通常是组织和群体的领导或管理者。轮式沟通的特点是：沟通速度快而准确，容易出现领导核心，信息传递比较集中，但由于沟通的来源依赖于中心人物，因此存在沟通信息的丰富性、饱和性较差等缺点。

Y式沟通增加了沟通的层次。它集中表现了组织的结构特征，一方面强调了沟通的集中性、层次性，另一方面则表现出更多的信息失真，沟通的每一个层次都可能会导致信息的传递准确性下降，同时降低了沟通的速度。这种沟通网络是组织中最普通、最常用的沟通形式。此外，它有一个很重要的特点，即位于沟通网络中间环节的人物的重要性突出。这个中间人物的存在使得组织的权力运行系统变得更为复杂了。

链式沟通更加突出了沟通的层次性。因此，它除了强调沟通过程中的权力特性外，几乎没有什么益处。但是，如果是一种保密程度要求较高的沟通，那么采用这种沟通是最合适的，它保证了沟通传递的单一性或直线特点。

圆式沟通的最大特点是沟通网络中成员的平等属性。这种沟通的优势在于参与沟通的成员满意度比较高。但与此同时，由于缺少沟通的集中性，使沟通的效率较低，不利于群体的领导。

全方位沟通是最民主、最畅通的沟通形式。它强调的是沟通成员进行充分的信息交流和民主讨论，是一种内聚力式的沟通方式。它是参与或民主管理的集中体现。

总之，五种不同的正式沟通网络，代表了组织和群体的多种沟通方式。每一种沟通又表明了群体或组织的权力特征和管理方式。

因为组织或群体中存有非正式群体，所以非正式沟通普遍存在于组织的沟通之中，它是正式的沟通渠道的补充。非正式沟通主要用于传播一些非正式的信息或不易公开的信息。因此，它或多或少地带有某种保密特性。组织行为学家戴维斯曾对组织中的非正式沟通进行了研究，发现它同样具有一定的沟通形式，如图 13-3 所示。

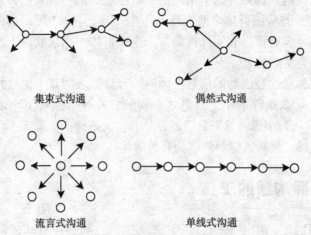

集束式沟通　　　　　　　　偶然式沟通

流言式沟通　　　　　　　　单线式沟通

图 13-3　非正式沟通网络

　　集束式沟通是指在非正式沟通中，信息的传递以几个人为传递中心，这些中心人物有选择地将信息转达给他的朋友或相关的人。因此，信息是在一定的范围内传播的。

　　偶然式沟通不同于集束式沟通，它的传播是以偶然的方式进行的，传播的对象选择性较差。此外，它有一些"道听途说者"的成分。

　　流言式沟通是指沟通网络中有一个主要的信息源，他或她主动地将某些信息进行广泛的传播，以扩大信息的影响力。

　　单线式沟通最强调非正式沟通的保密性，信息按照最亲密的人际关系进行单线传递，最后终止于某个人。如果传递的时间足够长，往往会使传递的信息成为一种不公开的秘密。

　　通常，最普通的非正式沟通形式是集束式沟通。在非正式系统中，信息通过小道消息的方式传播，从而使流言也大量滋生。

　　小道消息有三个特点：首先，它不受管理层控制；其次，大多数员工认为它比高级管理层通过正式沟通渠道解决问题更可信、更可靠；第三，它在很大程度上有利于人们的自身利益。

　　有关小道消息的一项著名研究是对一家小型生产厂的 67 名管理层人员的沟通模式的调查。调查使用的基本方法是：从每名信息接受者那里了解他是怎样获得某一信息的，并追踪到信息源。结果发现，尽管小道消息是信息来源的一种重要途径，但仅有 10% 的管理人员担任联络员角色（即将信息传递给其他人）。比如，当一名经营人员决定辞职去保险公司工作时，81% 的经营人员知道此事，但只有 11% 的人将该信息传递给了其他人。

这一研究所得到的另外两个结论也值得注意：第一，人们普遍感兴趣的信息倾向于在主要的功能群体之间流动（即生产、销售），而不是在功能群体内部流动。第二，没有证据表明任何成员一直在群体中担任联络人的角色，不同的人传递不同类型的信息。

沿着小道消息途径流动的信息精确吗？有证据表明其中加载的 75% 的信息是准确的。在什么条件下小道消息是有利的？在什么条件下小道消息是不利的？人们常常认为小道消息来自于搬弄是非者的好奇心。其实不然，小道消息至少有三个目标：建构、缓解焦虑和自然解体。

三、人际沟通的工具

人际之间的互动主要是通过语言来实现的，同时还有非语言系统。以下介绍几种人际沟通的工具：

1. 语言符号系统

语言是最强有力的交际手段。语言的使用如何，会影响到人际交往的效果。语言本身特有的意义、语法、语词都会表达出双方的意见，语言表达者的抑扬顿挫，也会产生影响对方的效果。但有时语言也产生错误，这主要不取决于语言本身，而取决于人们说话时是否会运用语言。有时一句话本身并无恶意，可说者无心、听者有意，结果造成人际关系的紧张；有时一句话可能有恶意，可说话的人拐弯抹角、含沙射影地让对方来领会，反而不会造成有害的后果。所以，每一个使用语言进行人际交往的人，都要注意语言的艺术性、幽默性，既要使对方理解你的用意，又能够做到人际关系的和谐。例如，在公共场所发生争吵、打架多半是由于一句话不中听引起的，可见注重语言的幽默性十分必要。

2. 非语言符号系统

非语言符号系统对人际交往中的语言起着辅助作用。

（1）视—动符号系统。它包括手势、体态、面部表情，如皱眉、微笑、抚摸、站立、倚靠、眼镜、口红和发型等在交往中都会起到一定的作用。有研究认为，仅人的脸部就至少能作出约 250000 种不同的情绪表现。一个人的姿势对人际交往也有重要作用，侧立、坐立等可以看出一个人真实感情的表露。例如，某人说对考试不紧张，可他比平常多舔嘴唇、眨眼睛等；某人在等待审查录取，不住地搭起二郎腿，正领带、摸脸或捋头发等，都说明他十分焦急，非语言的姿势暗示掩盖了谎言，证明姿势是一个主要的交际手段。

（2）时—空组织系统。当双方处于一种特殊的空间关系时，往往会讲述某些关于自己的情况，因此空间距离成为了交往的原因，而且也能够通过交谈双方的距离来观察人际交往的程度。

1）文化水平不同，空间交往距离也会不同。研究表明一般大中专男性和男性的空间距离要比高中生空间距离大，女性和男性的空间距离也要比高中生所需要的空间距离大。

2）陌生人之间交往的空间距离比熟悉的人要大。总体上说，男性对女性的空间距离最大，并且常保持一定的距离。

3）人们对正前方的空间距离要求大一些。无论性别、文化水平差异怎样的不同，但这一点是共同的。因为正面站着的人容易产生一种压迫感，所以人们总是面对面保持一定距离。一般来说，侧面接触的距离小于后方接触距离，而后方接触距离又小于正面接触距离。

（3）目光接触。这是非语言交往中特别有趣的形式。眼睛是心灵的窗户，它是非语言交往中不可缺少的手段。

首先，目光接触经常用于调整谈话。比如，演讲者开始演讲时总是转移目光，结束时总是抬起目光。前者是为了怕反问、打扰，后者是表明问题的结束和肯定。目光接触还表明对说话有无兴趣，如果感兴趣则保持目光接触，如果不接触则表明没有兴趣或心不在焉。当然也有例外，不接触表明某人害羞或害怕。

其次，目光接触可以用来吓唬人。研究表明：被盯着走过大街的人要比没被盯着的人走得快一些。开车的人也是一样，被盯着的人开得快一些。显然，延长的目光接触会产生威胁、恐吓，会促使人们逃脱或者作出调和。

（4）辅助语言和类语言。辅助语言指语言的非词语方面，即声音的音质、音量、声调、语速、节奏等；它可以表达语言本身所不能表达的意思。通过注意一些人的语调，可以辨别他是否在说谎，因为一个人说谎时的平均音调比说真话时要高。类语言是指固定语义的声音，如哭声、叹息、呻吟及各种叫声，都属于类语言。类语言沟通思想、感情的作用丝毫不比言辞逊色，"此时无声胜有声"说的就是类语言的复杂性。

（5）艺术性的语言手段。艺术性的语言手段主要指舞蹈语言和音乐语言。

舞蹈语言指的是身段，即手臂的动作、脚腿的动作、头和躯干的动作，是无声的姿势，可以用来传情。

音乐语言主要是指以音符记录的旋律来表达语言要表达的思想感情，如二泉映月、万马奔腾等音乐。但是，对音乐语言的理解程度主要取决于发信者和受信者是否有同样和类似的文化背景和境遇，他们彼此了解的程度越高越可能产生共鸣。比如，当国歌响起的时候，每个中国人都会产生共鸣、热泪盈眶、心潮澎湃。

以上是人际交往中辅助工具的运用，在运用时必须结合实际情况灵活运用。语言是人类共有的，是全世界人民交际的工具，任何人都得通过语言来交往。语言属于全体社会成员，但是每个人在应用语言表达思想时却有所不同，从而形成了语言的变异。语言变异包括社会变异和风格变异。社会变异是指不同社会集团在语言表达方式上的差异。风格变异是指由于语言使用的场合不同而发生的变异。

语言表达思想感情的效果最好，喜、怒、哀、乐，不论多么复杂的道理都能通过语言表现，任何复杂的感情也都可以通过语言表达出来。如果改用手势，效果就差了一些，离得太远看不清，而且一些深奥的哲理用手势是无法表达的。语言可以变化无穷，人类的语言具有开放性和创造性，因此选择语言作为交际工具可以达到方便、容量大的效果。

四、沟通心理

人际沟通中，主客体都是人，都有心理活动，心理活动贯穿人际沟通的始终。

1. 沟通动机

沟通是从发信者发送信息开始的，为何发送、向何处发送都会产生沟通动机。

沟通产生的主要原因是当双方态度不一致时，招致了群体活动的无效率，使社会实在性受到了威胁。社会实在性是指自己的态度、意见的判断没有明显标准的时候，以自己的态度、意见同周围人保持一致作为妥协性的依据。因此，为了确保社会实在性，沟通便产生了。

另外有些学者认为，沟通动机的产生还由于群体内成员地位和改变地位的愿望导致。群体内地位低的成员具有提高地位的愿望，总是先与地位高的成员沟通，以表明自己有能力、不低于或落后于其他人。希望有高地位的人也往往与地位高的人沟通，以获得补偿和机遇。

2. 选择信息的心理

接收信息者对信息并不是一视同仁，而是有选择地接触，接收信息者有一种倾向，即在可能的情况下选择自己赞同的信息，而不接触自己不赞同的信息，这种选择也叫"动机型选择性"。

此外，接收信息者容易受发送者有意识的影响。因此，发送信息者如果采取一些策略、技巧就可以影响接收信息者。

3. 接受和理解信息心理

1）接受信息首先与仿源的权威性有关。

2）接受信息还与信息的可信度有关。

3）接收信息者在理解过程中主要表现为求"真意"。这种"真意"从语言中是无法获得的，因为语言是发送信息者有意识发出的，非语言表现虽然也具有同语言一样的固定象征性意义，但多数是半无意识甚至无意识地显示出来的。这种无意识地显示出来的东西，能够帮助接收信息者更有效地理解发送信息者的"真意"，因为无意识的东西里面掺入虚假成分的机会很少。因此，利用非语言的表现能够帮助表达语言文字无法表达清楚的意思。比如，使用言辞说明赞成、反对态度时，由于赞成、反对的程度不等，就不免有些暧昧，如果加上一些非语言判断如姿势、动作等，就可以理解发信人的"真意"了。

4）对信息的理解同一个人的知识、经验、个性心理特征有关，在解释信息时，常以适合自己的口味、不抵触自己的想法或符合常识的解释来理解。

第二节　人际交往

每个人都害怕孤独，人具有合群性。在社会生活中，一个人不可能脱离他人而独立存在，人总是要与他人进行接触、交往，建立一定的人际关系的。戴尔·卡耐基说过："一个成功的企业家只有15%是靠他的专业知识，而85%是靠他的人际关系和领导能力。"可见，人际关系对每个人来说都很重要。

人际交往是人们共同生活的基础。心理学家赫伦曾经做过"感觉剥夺"试验：将自愿参加的被试关在一个杜绝光线、声音的实验室里，身体的各个部位都被包裹起来，以尽可能减少触觉。实验期间除给被试必要的食物外，不允许获得任何其他刺激。结果，仅几天，被试的整个身心就出现了严重障碍，甚至连大动作的准确性也受到了严重损害。

也有研究表明，由动物哺育并在不与任何人接触的情况下长大的人类婴儿，无论日后怎样精心地培育，也很难使其消除智力迟钝的症状。

现在，老年人退休后衰老过程加快的现象，也得到了人们的普遍重视。心理学家研究发现，与退休前比较，退休人员交往的机会、频率、广度大幅度减少，是导致衰老加快的关键原因。与此相对应的，退休后仍坚持工作、保持适当的社会责任的老人，衰老明显减缓。所以，可以肯定地说，人类需要与自己的同伴进行社会接触，才能保持正常的心理调节。人们只有不断地进行人际交往、传播社会思想、吸收有关信息，才能使得个体心理由低级向高级发展。

一、人际关系的理解

按马克思主义的观点看，人与人的关系是社会关系中的一种。社会关系一般分为：人与人之间的生产政治、阶级等较深刻的社会关系；在活动过程中，直接可以观察到的人与人之间的心理关系即人际关系，如亲属、同学、朋友等。这种关系最主要的特点是具有情感基础，人际关系是在人们相互间产生一定感情的基础上出现和形成的。人际关系是人们进行社会交往的基础，对于日常生活的各种活动都不可缺少，如社会关系等较深刻的关系是通过人际关系这个中间环节发生作用的。同时，人际关系中又反映了深刻的社会关系，深刻的社会关系制约着人们直接的心理关系。

1. 人际关系的概念

人与人之间在交往中形成和表现出来的、比较稳定的关联方式称为人际关系。它是人与人之间心理上的距离、关系，反映个人或团体去寻求满足需要的心理状态。人际关系的变化和发展还决定了交往双方需要满足的程度，如果双方在社会交往中都获得了一定的满足，那么双方就会出现并保持相互之间的接近；如果双方在社会交往中各自的需要都没得到满足，那么双方就会产生并保持一定的心理距离或出现疏远和排斥的心理关系。

2. 人际关系的组成

人际关系包含着相互联系的三个成分：动作、情感和认识。

（1）动作。动作指活动或行动的结果、举止的作风、表情、手势及言语，指那些能表现个性的一切外观活动。

（2）情感。情感包含主体情绪状态，情绪敏感性，对自己、朋友、工作、人际关系的满意感。

（3）认识。认识包含与认识过程相关联的一切心理活动，如知觉、表象、记忆、思维和想象。

这三种成分是人际关系中共有的，但是在社会团体、一般群体中上述三种成分之间的关系及性质各不相同、各有特色。正式团体中人们虽然存在着某些情感成分，但动作成分占主导地位；非正式团体中情感成分调节着人际关系。

3. 人际交往的功能

任何人都同时属于一个或几个小群体，在小群体中人与人之间存在一定的、带有情感成分的人际关系，也就是心理上的相容或不相容关系，接近或疏远关系。小群体中个人和他人接近、排斥、融洽、冲突，这样一些人际关系的心理状态往往具有动机的作用，反映了个人和群体之间在心理上是平衡还是不平衡的关系。一般来说，作为个人总要力求自己与群体之间保持一定的平衡状态。因此，在小群体中，个人与他人的关系，对于个性的发展、行为的表现以及心理上的健康都有着巨大的影响。

人际之间的感情关系是个人生存和发展的基本条件，每个人都需要人际间的温暖，如同需要阳光、空气和水一样，可见，人际间的感情关系，对于每个人来说都非常重要。

动物界为保持和自然的平衡，也会作出调剂来保持生理上的稳态。生活在群体中的个人和他人也存在心理上的稳态，当人际关系的气氛发生变化时，个人就会力求恢复这种稳态，因此就会有一方主动寻求和对方讲和。如果这一点做不到，那么他就会到其他人那里寻求感情支持以保持稳态。心理的稳态是动态的平衡过程，出现暂时的稳态失调是正常的，但是如果这种失调状态过于严重或持续时间过长，就会影响个人身心健康及其社会适应性，所以人要在冲突中达到平衡。

二、人际交往的定向类型

人在社会生活中与他人相处，会产生一定的人际关系。这个关系依据范围的大小可分为：两个人之间、两个人和群体之间、个人和群体之间以及个人与组织机构之间四类。每个人对待别人的方式是各不相同的，正如每个人有不同的动机、思想和态度一样，在每个人各自的生长过程中形成了其特有的对他人关系的基础倾向。心理学家对倾向做了研究并进行了下列分类：

1. 舒茨的分类

他认为每个人都需要别人，因此都具有人际关系的需求。需求可以分为三类，每种类型的需求都会发展出不同的人际反映的特征。

（1）包容的需求。包容的需求是指希望与别人来往、结交，想和别人建立并维持和谐关系的一种欲望。以这种动机为基础而产生的对待他人的行为特征是：交往、沟通、融和、相属、参与和出席等。与包容的需求相反的人际特征是：孤立、退缩、疏远、排斥和忽视等。

（2）控制的需求。控制的需求指在权力上与别人建立并维持良好关系的欲望。以这种动机为基础理论而产生的对待他人的行为特征是：权威、超越、影响、控制、支配和领导他人运用权力等。与这种动机相反的人际特征是：拒绝权威、忽视秩序受人支配和追随他人等。

（3）感情的需求。感情的需求指在爱情、感情上与他人建立并维持良好关系的欲望。以这种动机为基础而产生的对待他人的行为特征是：喜爱、同情、友善和热心照顾等。与其相反的行为特征是：憎恨、厌恶和冷淡等。

从这三类需求的人际关系行为特征上分析，可以把人际行为分为两方面：主动表现型和被动期待他人型。例如，包容动机强的人是行为上主动的人，是外向的、喜欢与他人交往的、积极参与各种社会活动的人；而一个感情强的人是对他人表示亲密的人，不仅喜欢与别人相处而且关心爱护别人，因此这个人在人际关系上也一定能受人爱戴。

2. 霍尼的分类

霍尼依据个体和他人的关系把基本人际关系定向分为三类。

（1）逊顺型。其特征是朝向他人。这类人无论遇到任何人首先会想到别人喜欢吗，然后就会作出种种努力，尽量让别人喜欢自己，以社会工作者、教育工作者和医务工作者常见。

（2）进取型。其特征是对抗他人。这类人总想知道别人力量的大小或别人对他人有无用处，以商业、金融、法律或从事竞争性工作的人常见。

（3）分离型。其特征是疏远他人。这类人常考虑别人是否在干扰、影响他，以自我为中心，以艺术、科研工作者常见。

以上三种分类是互相关联的，每个人并非绝对属于每个类型，其中有相互交叉性，只是某人带有某一类型的倾向性。学习、了解人际反应特征，可以预测人与人之间可能发生的相互反应，使人们针对反应采取适当的行为，这样就可以为建立良好的人际关系奠定基础。

三、人际关系的建立、维持和改变

下面介绍人们在人际交往中和哪些人相互来往，为什么能和这样的人相互来往，来往依赖于哪些因素。

1. 建立人际关系的条件

建立人际关系要有一些条件，不是说一个人随便就能和某人建立起人际关系。其中，主要有以下几方面条件：

（1）邻近性吸引。邻近性吸引指距离的远近对建立人际关系具有重要作用，人们相互间工作、学习、居住的接近都可能建立密切的人际关系。

怀特于 1956 年调查研究发现，在几乎是完全偶然地住到一个居民区的人中，成为朋友的多是居住得比较近的人。费斯汀格等人也做过类似的研究，他们发现居住在同一层楼上的人认为自己和隔壁邻居要比隔一个门的邻居更亲密一些。人们选择邻居作为朋友中 41% 是隔壁邻居，而隔一个门的邻居只占 22%，住在走廊尽头的邻居只被选择了 10%。西格尔于 1974 年在马里兰警察训练学校的一项研究也说明了这种邻近作用。在这个学校里，学员是按照名字的字母拼写顺序被指定教室的座位和宿舍的。这样，名字在字母拼写顺序上越是接近的人，在课内外就越容易相处在一起。6 个月后，学校要求每个学员确切地写出其最亲密的朋友，结果发现他们的朋友大多是名字的字母顺序和自己相近的人。

邻近性产生喜欢的原因有两方面。首先，邻近是有用的。因为邻近的人们在生活上彼此之间可以有更多的互相帮助和照顾。从邻近的人那里可以得到更多的报答，所以邻近的人也就更容易成为朋友。其次，邻近作用还在于人们的积极性偏见。当某个人知道他要处在某一环境时，常常会试图说服自己，这个环境是令人愉快的，至少不特别让人难受。他期望在这个环境里愉快地生活下去，就需要和自己邻近的人保持友好的关系。这样，人们就会从积极的方面去认识和自己邻近的人，所以在以后的交往中就会增加他们之间的喜欢程度。

（2）熟识吸引。熟识吸引指相互作用的频率和相互交往的次数。相互交往的次数越多，关系越密切，特别是刚开始接触阶段，接触次数越多，越能产生共同经验，在感情上发生共鸣。

熟悉是喜欢的重要条件。查琼克于 1968 年研究发现，被试对于看到次数多的突厥语单词强烈地倾向于赋予它以好的意义。另外还发现，被试看到某张人像照片的次数越多，就越喜欢这个人。可见，熟悉在人们的相互吸引中有着特殊的意义。因为，当人们非常熟悉某人时，实际上对他也就更加了解，这样就能更好地预言他在不同情况下的行为反应。当人们非常清楚地知道某人如何行为，以及他如何对人们所做的事作出反应时，就不太容易作出令他烦恼的事。同样，当他了解人们的情况后，也就不太容易使别人烦恼。在相互熟悉的情况下，每个人都会学着如何行动，避免不愉快的相互作用，并有意识地不去造成不愉快的后果，所以熟悉的人最容易成为朋友。

（3）相似性。相似性指两个人在种族、信仰、社会经济地位、能力、需要、价值上有相互近似之处，就可以使他们产生相互吸引，并建立和维持良好的人际关系。人们总是喜欢和与他们有相似性的人在一起，在友谊、婚姻，甚至是简单的喜欢、不喜欢中，人们都强烈倾向于和与他们相似的人在一起。

"物以类聚，人以群分"，强化理论对于人们为什么喜欢与自己相似的人在一起的解释是：他人表现出的与自己相似的态度以及其他一些特征，对自己是一种社会性支持，具有相当高的强化力量，所以彼此之间的吸引力便产生了。从认知理论来考虑，类似的东西往往被作为一体来感知。一般来说，人们是喜欢自己的，所以就会对被归纳为与自己同一类的人怀有好感。另外，人们在相似引起喜欢的问题上有一个重要现象，即存在对于相似性过分夸大的倾向。如果一些人与人们有相似性，并且人们喜欢他们，这种相似性往往会被夸大。因此，人们在喜欢与其相似的人的同时，往往会把他看得比他的实际情况与自己更相似。同样，如果人们不喜欢某人，也会夸大这种区别性。结果就是，人们喜欢的人最终被认为与自己极端地相似，而不喜欢的人最终被认为与自己极端地不相似。所以，这种倾向已经强烈地影响了喜欢和不喜欢的程度，相似性的作用就被更大地加强了。

研究证明，由于价值观和态度的相似，人们在其他方面不太合意的情况下，甚至也能产生喜欢。伯雷达在1974年做的实验发现，给被试一张问卷，假设问卷是另一个人填写的，只要问卷的回答符合被试的态度，即使这个填写人有其他方面的缺点，也能引起被试对这个人强烈的喜欢。

（4）需求的互补性吸引。需求的互补完全可以产生人际间的吸引。人们往往选择那些能够补充自己人格的人。例如，支配型的男性和服从型的女性能相处得很好，爱唠叨的女子也许会嫁给一个少言寡语的男子而生活得很安宁。在某些人格范围内，相反的品质会使人们更加喜欢。许多研究发现，一个个性专断的人，其配偶往往是一个个性温柔的人。因此，促使两个人吸引的条件就是这种互补性。

研究认为以下原因使两个需求不同的人会产生相互之间的吸引：

1）由于需求的相互满足，一方渴望扮演被照顾的角色，渴望依赖；另一方扮演去照顾的角色，这样双方都得到了满足。

2）由于对方和自己具有不同的性格、爱好和特长，因此对这种品质的人容易产生倾慕之情。

（5）个人品质。个体的个性品质也会对其人际吸引产生影响。一般来说，人们总是倾向于喜欢具有"好"的个性品质的人，而讨厌具有"坏"的个性品质的人。

1）诚实是人际之间吸引的主要因素。诺曼·安德森将555个描绘个性品质的形容词列成表格，让大学生被试按喜欢程度由高到低排序（见表13-1）。在这一序列表中，有代表性的个性品质被分为三类，排在列表最前面的是最受人喜欢的品质，位于列表中间的是介于积极与消极之间的中性品质，排在末尾的是最令人讨厌的品质。调查发现，虽然人们对真诚和诚实的评价普遍很高，但不同的个人可能表现为喜欢不同的个性品质。也就是说，在对个体个性品质的评价中也存在着很大的差异。

表13-1 影响人际关系的主要个性品质

最积极品质	中间品质	最消极品质
真诚	固执	古怪
诚实	刻板	不友好
理解	大胆	敌意
忠诚	谨慎	饶舌
真实	易激动	自私
可信	文静	粗鲁
智慧	冲动	自负
可信赖	好斗	贪婪
有思想	腼腆	不真诚
体贴	易动情	不善良
热情	羞怯	不可信
善良	天真	恶毒
友好	不明朗	虚假
快乐	好动	令人讨厌
不自私	空想	不老实
幽默	追求物欲	冷酷
负责	反叛	邪恶
开朗	孤独	装假
信任	依赖别人	说谎

从表13-1可知，和真诚有关的个性最受大家的欢迎，而最不受大家喜欢的个性品质是说谎、装假和不老实。

2）能力吸引——人们一般喜欢聪明能干的人，而不喜欢愚蠢无能的人，但是一个极其聪明能干的人，会使其他人产生一种卑微感，令人敬而远之，从而降低了吸引力。心理学实验表明：不论是否犯错误，能力高的人都比能力低的人更招人喜欢；能力高的人犯点儿小错误，会招人喜欢；能力低的人再犯一些错误，吸引力会大大降低。

（6）外貌、服饰、仪表等也能产生人际之间的吸引。仪表是指一个人的外表，包括身材、容貌（即长相）和姿态风度。仪表在人际交往初期，是一个重要的吸引因素。在日常生活中，人们常说："人不可貌相，海水不可斗量。"然而，仪表所起的作用仍然微妙而又明显，其中尤以人的外貌对人际吸引的影响较大。亚里士多德说过："美丽比一封介绍信更有推荐力。一般来说，朴素、大方、整洁的仪表会给人留下良好的第一印象。美丽的容貌、翩翩的风度，会使人产生愉悦的情感，增加人际吸引力，异性之间尤其是这样。外貌会在人际吸引中产生如此大的效应，原因有三点：其一，爱美是人的一种本性，因为美可以引起人们心理的愉悦，产生精神上的快感；其二，外貌美会产生"晕轮效应"，就是扩大的效应；其三，外貌美能强化人们的第一印象，从而产生再次接触的需要。

仪表吸引力在人际交往初期的作用很大，而交往时间越长，这种吸引作用会越小。另外，一个人也并非长相越英俊、漂亮吸引力就越大。实验证明，人们常常觉得外貌与自己相差不多的人，对自己才有较大的吸引力。同时，一个人若只有美丽的长相，而无美好的心灵，同样也不会具有吸引力。正如奥斯特洛夫斯基所说："要是没有美的心灵，我们常常会厌恶他漂亮的外表。"

2. 人际关系的维持

人际之间的关系能得以维持的原因可以用社会交换论的观点进行解释。G.C.霍曼斯在1961年提出了社会交换理论。他认为人际间的交往活动具有社会性，当个体作出某种行为时，必然会引起交往对方的相应的反应行为；对方的反应给个体带来直接的奖赏或惩罚；交往双方所得到的报酬必须高于所付出的代价，两个人相处如果双方都得到好处、彼此都有友好的意愿或彼此发现有相似性时，两个人的互动就可能持续下去，如果一方给另一方带来不安或一方对另一方表示不友善，双方各自所得都小于所失，那么互动关系就难以维持。

四、人际关系的平衡和改变

当人际关系不协调时就应设法调整、改善，使之重新恢复平衡与协调。为使良好的关系得以建立，交往双方需不断调整自我，以适应对方的特点和要求。就企业而言，人际关系有上下级人际关系、同级人际关系和职工个人之间的人际关系等不同层面。不论哪一层面的人际关系出现问题，都应及时调整和改善。

1. 感情投资

感情投资是对人倾注真挚、炽烈的感情，舍得在密切感情方面花本钱、下工夫，以争取人心，更好地发挥群体成员的积极性。感情是人际关系的纽带，人际关系出现问题往往首先是交往双方感情出现裂痕。作好感情投资，可以使企业上下级之间和职工之间的关系裂痕得到弥合，甚至形成更为密切的关系。作好感情投资，就是领导者要以平等的态度与职工多交谈，并在政治思想、技术、文化和生活等方面关心职工，尊重职工，设身处地地为职工着想，以情感人。职工个人则应与交往对方多面谈、沟通，一同回顾隔阂所在和成因，共同探讨消除办法，同时对对方要热情关心与帮助，用炽热的心去感动对方，使隔阂早日烟消云散。

2. 心理吸引

心理吸引是建立一种"心理磁力场"，设立一个吸引的中心，吸引群体成员团结一致，共同努力。这种心理"磁力"，可以是众望所归的个人，可以是催人奋起的目标，也可以是良好的物质、精神和生活环境。在企业中，创名牌、建设企业文化、提高经济效益、提高物质待遇等，都能起到心理吸引作用。这样可以将大家的注意力引向同一方向，使其为目标实现而努力，使人际关系在目标实现的过程中获得改善。因此，企业要尽可能创设那些能满足人们某种高级需要的"心理磁力场"，以期发挥更大的作用。

3. 取长补短

取长补短即以他人的长处，补自己的不足。中国有句俗话："金无足赤，人无完人。"每个人都有优点和长处，也都有缺点和短处。人们在人际交往中，要注重学习别人的长处，克服自己的短处，从而做到互相帮助、互相协作、互相关照，大家同处平等位置，好的人际关系才能建立和保持，当人际关系出现问题时才能正确调整和改善。取长补短的关键是正确地进行自我评价，而正确的自我评价的关键就是以人为镜。

4. 求同存异

求同存异指政治原则、价值观、基本倾向应争取一致，但个人兴趣爱好、性格特点、生活习惯等方面则不能要求样样一致，而是要采取求大同、存小异的态度，也就是人们日常说的"大事讲原则，小事讲风格"。在枝节问题上不苛求他人，同样可以使性格不同的人成为好朋友。现实生活中，有些人对人际关系处理不好，其中某种原因就是他们不能以求同存异的态度接纳对方，而是要求对方什么都跟自己一个样。要想调整、改善人际关系，求同存异是不可或缺的一条原则。

5. 排忧解难

排忧解难指交往双方都应帮助对方排遣忧愁、解决困难。交往中，当一方遇上愁事、难事，在其最需要帮助的时候，另一方不能袖手旁观，要及时地给予安慰和帮助，表示同情和支持。这就好比雪中送炭，最能感动对方，获得对方的感激，容易结成亲密的友谊。当人顺利时给他帮助，固然可贵，但当人困难时给予帮助，更难能可贵，即"患难见真情"。在现实生活中，雪中送炭比锦上添花更能使人感到温暖，对人际关系的建立和调整更有好处。

第三节 人际关系的测量

社会测量法是一种测定个体在人际交往与相互作用的过程中形成喜爱、冷淡或反感的数量指标的方法。1934年莫里诺首次使用了这种方法，后来经过许多心理学家的进一步探讨，这种方法有所改进，应用范围也越来越广。社会测量方法的目的就是要了解群体内，人与人之间心理上的关系并予以数量化的表示，这是对小群体心理结构研究特别有效的一种方法。

一、社会测量标准

要进行社会测量，需要对群体中各成员提出一系列的问题，如"你愿意跟谁同座位？""你希望跟谁一起准备考试？"诸如此类的问题称为社会测量标准。标准有强弱之分，涉及被试生活中最重要与意义最大的方面的标准称为强标准，如工作、学习、公益活动等；涉及情景性因素方面的问题，就是弱标准，如完成一次性的任务、挑选值日、游戏等。

在进行社会测量时，经常使用的强标准主要有以下几种：第一，角色标准，即要求被试从自己的角色或职位出发，来选择自己喜欢的人作同伴。例如，"假如你是一个组长，你选择谁为自己的同伴或组员？"第二，感受标准，即让被试设想，对于某一个职位或角色会有谁选择自己。例如，"如果在你们班里挑选一名同学作为班长，你认为会有谁提你的名？"第三，功能标准，即让被试选择适合某种功能活动的角色人选。例如，"你们的团体将参加竞赛，你认为谁会被推选为代表？"

至于在进行社会测量时使用几个标准，没有确定的数目，通常多则5~7个，少则2~3个，需要视具体情况而定。被试的选择使用数目对测量的准确性也具有重大意义，选择数目可以是自由的，也可以是固定的。一般来说，在成员数目是10~15人时，不限制选择的数目会更好一些，而在成员是30~40人时，允许选择的数目最好是3~5人。还有一个重要的问题就是选择的顺序，选择的先后次序对分析人际交往的性质与规律性具有重大意义，如在选择中有人6次名列前茅和有人10次名次靠后，这两种情况是完全不一样的。因此，在测量时选择次序一定要清楚，统计要准确。

二、社会测量图解

1. 社会测量矩阵

社会测量矩阵又叫人际关系矩阵。首先将群体中的成员进行编号，按照编号把群体中每个人所作的选择填入事先印制的卡片上，然后填入矩阵。矩阵的张数与选择标准的数目应是一致的，即每个选择标准有一份单独的表格。肯定的选择用"+"表示，否定的选择用"–"表示，没有选择用"0"表示。下面是对一个高中班提问"你愿意同谁一起去夏令营度暑假"的矩阵，没有规定选择人数。矩阵可以采用两种形式。

根据矩阵资料可以获得一个群体的如下指标：

（1）群体中某个成员的社会关系状况指数 S_i。它是某成员得到的选择数的总和除以总人数减1，其公式为：

$$S_i = \frac{\sum(M_{i+} + M_{i-})}{N-1}$$

其中，M_{i+} 表示其他成员对成员 i 的正选择；M_{i-} 表示其他成员对成员 i 的负选择，其值为负；N 表示群体总人数。

表13–2 社会矩阵测量表 I

	1	2	3	4	5	6	7
1					+	+	
2	+		+	–			
3		+		–			
4	+						
5	+					+	
6	+				+		
合计	4	1	1	–2	2	2	

表13–3 社会矩阵测量表 II

编号	他选择谁		谁选择他	
	正选择	负选择	正选择	负选择
1	⑤⑥		②④⑤⑥	
2	①③	4	③	
3	②	4	②	
4	1			2 3
5	①⑥		①⑥	
6	①⑤		①⑤	
7				

（2）群体内聚力指数 C。它等于成员之间实际相互选择的总数目除以可能存在的相互选择的数目，其公式为：

$$C=\frac{\sum M_{i+j}}{C_N^2}$$

其中，$\sum M_{i+j}$ 表示群体中成员 i 和成员 j 相互正选择的数目，C_N^2 表示群体中可能存在的相互选择的总数目。

（3）群体的参照性指数 R。它等于相互正选择的总数目除以一切正选择的总数目，其公式为：

$$R=\frac{\sum M_{i+j}}{\sum M_+}$$

其中，M_+ 表示各个正选择。

（4）群体的离散性指数 D。它等于未获得任何选择的成员人数除以总人数，其公式为：

$$D=\frac{N_0}{N}$$

其中，N_0 表示未获得任何选择的成员人数。

（5）群体整合性指数 I。它等于 1 与未获得任何选择的成员数之比，其公式为：

$$I=\frac{1}{N_0}$$

2. 社会测量图

被试对某一标准的回答结果还可以用社会测量图来表示，社会测量图比社会测量矩阵更直观、明了地表示了人际关系的结构情况。例如，上述矩阵可用社会测量图表示，如图 13-4 所示，虚线表示否定选择。

从社会测量矩阵和社会测量图可以明显地看到，社会测量是一种极为有效的方法。借助这一方法，可以很清楚地描绘出群体内部的各种情绪倾向的图景。但是，这种方法也有局限性。首先，这种方法并不能使人们进一步了解为什么在一类共同体中个体与群体产生对立，而在另一类共同体中却没有这种对立对象。另外，这种方法也无法测得成员的选择动机，即成员在选择一些人而拒绝另一些人时他们所持的动机是什么，在"好感"与"恶感"背后隐藏着什么原因等。

社会测量法有很大的局限性，它只凭人们的主观选择描述人际关系的结

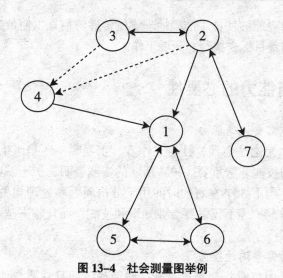

图 13-4 社会测量图举例

构，而不能揭示人们相互作出选择的实际动机，也不能反映主观选择和客观选择之间的差别。因此，人际关系的测量还要用其他方法来补充。

第四节 人际沟通与管理

组织对人际关系的管理突出表现在营销管理上。因为营销是一个与人高度接触的行业，在此行业中，必须要有良好的对内和对外的信息联系和沟通。只有有效的信息沟通和联系才能使得与决策有关的信息在企业内外得以畅通地传递。因此，良好的沟通是执行决策、达到目标的基础。销售人员只有具备良好的对外沟通能力，才能够与客户联系并进行有效的交流，做好销售工作。

一、沟通能力是销售的前提

沟通能力是指通过有效地听、说、谈、写获取并传达信息的能力。人是社会的动物，社会是人与人相互作用的产物。马克思指出："人是一切社会关系的总和。一个人的发展取决于和他直接或间接进行交往的其他一切人的发展。"因此，沟通能力是一个人生存与发展的必备能力，也是决定一个人成功的必要条件。在管理工作上的沟通与信息传递有下面两个目标。首先，沟通要能够准确传递希望要传达的信息。这包括组织的目标、决策、对员工的工作要求等信息。其次，沟通要能够使员工准确地理解所传递的信息，使员工能够了解组织的目标，并且朝着目标去执行、开展工作。

二、沟通能力的必要性

1. 职业工作需要沟通能力

各行各业，无论是会计、社会工作者、工程师，还是医生、护士、教师、推销员，沟通的技能非常重要。护理活动的实践表明，护士需要70%的时间用于与他人沟通，剩下30%左右的时间用于分析问题和处理相关事务。很显然，同其他职业一样，护理不仅需要专业知识和技能，而且越来越需要与他人沟通的能力。

2. 社会活动需要沟通能力

人们在生活中每时每刻都离不开实践活动，而且总要与他人沟通。但是，沟通本身也不是非常容易的事。要向他人表达一个意思，可能始终说不清楚；要为他人办一件好事，但有可能弄巧成拙；本来想与他人解除原有的隔阂，但可能弄得更僵。所以说，现实的实践活动需要有一定的沟通能力。

3. 沟通也是个人身心健康的保证

与家人沟通，能使你享受天伦之乐；与恋人沟通，能使你品尝到爱情的甘甜；在孤独时，沟通会使你得到安慰；在忧愁时，沟通会使你得到快乐。英国著名文学家、哲学家培根有句名言："如果把快乐告诉朋友，你将获得两个快乐；如果你把忧愁向朋友倾吐，你将被分担一半忧愁。"

三、沟通能力的培养

1. 沟通语言的培养

沟通语言包括两方面的要求。首先要善于倾听，其次要善于表达。这是因为沟通语言是双向交流的过程，而不是单方面的行为。

（1）倾听的技巧。倾听是语言实现正确表达的基础和前提。在沟通中，沟通的目的决定了沟通者必须重视、关心、引导对方的需要，而了解对方需要的有效手段之一就是倾听。

许多谈判专家，一些政治家、学者都十分注重倾听给其带来的好处。富兰克林说："与人交往取得成功的重要秘诀是多听，永远不要不懂装懂。"日本松下电器公司创始人松下幸之助把自己全部经营秘诀归结为：细心倾听、集思广益。美国沟通学家卡洛斯也说："如果你想给对方一个丝毫无损的让步，这很容易做到，你只要注意倾听他说话就可以了。倾听是你能做到的最省钱的让步。"这些名言说明有效的倾听是事业成功的重要因素。

不少人存在一个致命的缺陷——倾听障碍。这个障碍常导致人的互相不理解、互相埋怨、互相指责、狭隘自私、僵化迟钝。因此，人际交往中，善于倾听会给人留下有礼貌、尊重人、关心人、容易相处和理解人的好印象。

1）妨碍倾听的原因。心理学研究与观察都表明善于倾听的人容易给人以良好的印象。但在实际生活中，善于倾听却不容易。归纳起来，有以下原因：

①环境干扰：噪声、通信器材故障、外来者打岔。

②由谈话者造成的：它是由谈话者的"表现欲"造成，表现为抢话题、易争执。因此，他所说的可能是未经整理过的零散的片段，不容易让人抓到要点。

③沟通者的注意力结构：谈判学家斯科特指出人们在交谈时，其注意力的变化都有内在规律可循的。沟通之初，沟通者的精力十分充沛，但持续时间很短，在这段时间里，每个人的注意力都高度集中在相同的一些问题上。但随后注意力会明显下降。当人们意识到双方达成协议的时刻就要到来时，精力会突然复苏、高涨，但时间很短。如果沟通者需要拖延，沟通者的精力会处于很低的水平。斯科特经过试验证实，人们注意力集中的时间占整个沟通时间的 4%~6%。他和另一专家都表明：绝大多数倾听者能记住的讲话内容不足 50%，而一些内容是按原话听取了，另一些被曲解地听取了，还有一些则丝毫没听进去，并且不同的人对于已听取内容的 1/3 会出现理解上的偏差。

④对事物先入为主的印象和偏见、沟通者受教育的程度和掌握的知识水平、对于对方的认识、对于话题的态度，以及各人成见等决定了倾听者能否虚怀若谷、毫无偏见地倾听，也决定了其能否正确地倾听。

⑤急于反驳对方的论点：有的沟通者在听别人讲话时，随时考虑着如何反驳对方。他总是按自己的想法准备答话，不论别人讲了些什么，不论别人是否讲完，也不论沟通者是否清楚对方的本意，他的精力都花在抓住反驳的话柄上，这也就难以客观地倾听了。

⑥对方的身份与地位：对方的声望、权威、职务等会影响沟通者倾听的态度。

⑦思维定式：沟通者的思维定式主要是其过分依赖自己的经验的结果。有思维定式的人，不管别人讲些什么，他都会立即与自己的经验套在一起，用自己的见解和理解方式去判断和分析。这种人有严重的思维障碍，当他越是急于想了解某种情况时，常常越是听不懂别人稍微复杂一点儿的解释。

⑧沟通者认为某问题是与自己无关的：有时对于沟通者而言，他个人不感

兴趣的谈话并非就是不重要的，因此高明的沟通者往往故意采用对方不感兴趣的话题来表明自己的要求，以这种谈话方式来逃避对方的注意力使其产生错觉。

⑨沟通"专家"的自居心理：当一方对另一方进行吹捧迎合时，有的人常不能正确判断自己，出现倾听障碍。或者，为了维护其"专家"的面子，常对对方的话不屑一顾，结果导致无法分辨对方谈话中的真意。

⑩沟通者在听取意见时以希望代替现实：沟通者虽然在倾听对方的意见，但又常常会依照自己的心意摒弃那些他不喜欢的资料，而尽力让自己的想法合理化。如果他希望参与投标，那么就会对对方谈投标成功的事例极感兴趣，而对失败的例子极其反感。一些沟通对手会利用这一点，如他们对你谈及的都是成功的先例，而避免向你谈失败的教训。这样，导致一方由于受到误导，对一些导致失败的因素把握不当、认识不深，容易落入对方预设的圈套。

⑪极端的自卑引发的极端的自傲：无论是领导者还是管理者，一旦染上这种病症，便难以倾听别人的忠告。

⑫权力显示欲：如果沟通者有权力显示欲，在与人交往中，不是为了倾听意见、领会精神、解决问题，而是为了显示其权力或对上级进行迎合、奉承，就难以理解对方讲话的实质。

⑬过早下结论：在还没有听完并证实对方的谈话之前就匆忙下结论既影响倾听，又容易被对方钻空子。

⑭生理性疲劳：人在疲劳时难以倾听并记住、理解别人的话。

2）有效的倾听可以从以下几方面实现：

①专注：沟通者要保持清醒和精神集中。沟通专家认为一般人听话及思索的速度大约比讲话快四倍。所以，在听取他人讲话时，多余的时间要用在思考上，要努力排除环境及自身因素的干扰。

②注意对方的说话方式：在措辞、表达方式、语气、声调上都能提供线索，去发现对方一言一语背后的隐喻。日常生活中说话方式的变化预示着彼此关系及气氛的变化。

③观察对方表情的变化：察言观色是判断说话者态度及意图的有效的辅助方法。

④证实：对关键性问题，即使听懂了也可以通过恰当的方式进一步证实。

⑤不以一个人的外表或说话技巧来判断他是否能讲出值得你听的话语。

⑥在未弄清对方全部的真实意图之前，不可贸然向讲话者提刁难性的问题或进行反驳。

⑦学会忍耐：对于你不愿意听或触怒你的语言，要努力倾听。

此外，可以利用录音、笔记，不能过分相信自己的理解力、记忆力。

（2）提问。提问是一种非常有用的沟通工具，恰当的提问常能够引导谈话、辩论或作证的方向，驾驭沟通的发展。提问在沟通中最基本的作用表现在以下两方面：一是对对方的谈话作出反应，将信息反馈给对方；二是把自己的意图告诉对方，希望对方作出相应反应。

不同的沟通中，提问作用不同。商业洽谈的提问是探问，了解需求、磋商成交；思想政治工作中的提问是为了了解、诱导、帮助、鼓励对方；听演讲时的提问可能是希望解释、发挥、为难对方；法庭的提问是为了澄清事实、甄别罪犯、依法辩护；会议的提问可能是为了启发思维、避免冷场、打破僵局。

总之，提问是发现对方需求、衡量沟通者沟通能力的重要标志。

1）导致提不出问题的原因如下：

①羞怯心理：怕被人认为观察力太差；怕提出的问题令对方窘迫而影响关系和友谊；怕显露自己的无知，于是少问为佳甚至不问。这样，没有信息反馈的谈话难以持续，在对方陈述之后，你没有反应，对方会认为不投机，致使冷场而使沟通终止。

②表现欲：一个人总想获得别人的注意，喜欢显露自己的各种优势，可能会对于对方问题不想关心，只想说而不愿听。

③缺乏充分准备：许多人对在沟通中应了解什么、怎样表达、哪些关键问题要解决，都事先没有充分的准备。

④面子观念的影响：人格心理学家的研究表明，人们对待某一事物的面子观念越重，提问就越偏远事物的核心，提问的暗示性也就越强。

2）提问方式和时机如下：

①提问的方式。闭合式提问：凡是回答可以控制或与提问者预料结果接近的提问都是闭合式提问。其特点是针对性强、方向可调节、气氛紧张、节奏较快、应答受制。开放式提问：凡是回答不可控制的或无法预料回答结果的提问都是开放式提问。其特点是随意性强、方向难调节、气氛缓和、节奏较慢、应答自由。

②把握提问的时机。沟通专家认为提问的时机包括几方面的要求：一是当对方正在阐述问题时不要提问，"打岔"是不尊重对方的表现。二是在非辩论性场合应以客观的、不带任何偏见的、不具任何限制的、不加暗示的、不表明立场的、暂不承担什么义务的陈述性语言提问。三是在辩论性场合要先利用闭合式提问证实对方的意图或论点，然后再用其他方式提问，否则提问很可能不合时宜或招致对方拒绝。四是有关重要问题要事先准备好（包括提问的条件、措辞、由谁提问等），并设想对方的几种答案，针对答案事先设计方案。

五是新话题的提问不应在对方对某一个问题还兴趣正浓时提出，应诱导其逐渐转向。

3）注意提问的方法。

①一般性提问：所提问的内容、方式是随意性的、开放的、非关键的，用作提实质性问题前的过渡和缓和气氛。

②诱导性提问：诱导性提问是对答案具有强烈暗示性的问句，属于闭合式提问。

③直接性提问：这种提问具有明确的对象或对象范围，属于闭合式提问。

④间接性提问：间接性提问是借第三者意见以影响对方意见的问句。这个第三者应该是对方尊重或熟悉的人。

⑤陈述性提问：陈述性提问是以一种澄清事实、反馈信息、要求对方证实、统一认识为目的的提问。

⑥探索性提问：探索性提问是针对双方所讨论的问题要求进一步引申或说明的问句。

4）讲究提问的技巧。

①当沟通者感到自己的请求难以得到允许时，当你感到想为自己辩解时，当你愤怒地欲与对方吵架时，为了显示出你的修养并使对方易于接受你的态度，可以将话题倒过来说，称为"状态—意图颠倒缓冲效应"。

心理学研究表明，人们难以接受那些对自身带有攻击性的、违背社会规则的、违反伦理道德的行为或事物。如果人们感受到别人对其说话的方式和意图是善意的、和缓的、尊重的就愿意接受。

有一个典型例子，一个神甫问主教："我在祈祷时可以抽烟吗？"主教未同意。另一个神甫问主教："我在抽烟时可以祈祷吗？"主教同意了。

这是一个典型的状态—意图颠倒缓冲效应。将意图（抽烟）与状态（祈祷）颠倒，使语气得到了缓冲，因此被赞许。

这里有一个谓语与前置语掉包的语法游戏。由于这种谓语与前置状语的互换导致语意产生了变化。说话者可以利用语序变化，在自己真实目的不变的情况下改变语意。使听话者产生错觉，在态度上形成积极的呼应，减少对抗、戒备、敌视等不良反应。

因此，状态—意图颠倒缓冲效应可以定义为：在沟通活动中，沟通者为了获得有利的地位或达到某种目的，对沟通语言进行语序及结构的变换，使听者产生语意判断上的错觉，并对之进行积极呼应的一种现象。

②简明扼要的提问：提问太长、太多都有碍对方信息的接收和思考。当问题较多时，每次可问一两个问题，等对方思考完后再问。

③当你不太了解对方的诚实可靠度或想刺探对方的信息掌握情况时，不妨提出一些你已经知道答案的问题。

④由于沟通的需要，有时需要问一些对方敏感的、在公众场合下通常忌讳的问题，最好在提问之前略加说明理由，以免引起尴尬。

（3）回答的技巧。

1）把握回答的要领：回答的最基本要领是思考。在沟通中，回答的难度比提问的难度大，原因在于提问若不准确还可以进一步提问，而回答出现失误，则很难有补救的希望。因此，需要明确，在沟通中针对问题所作出的准确回答未必就是最好的回答，有时回答越准确，就越愚笨，回答的关键在于该说什么，不该说什么，而不必考虑所回答的是否对题。因为这样在任何时候都可以为再次回答时进行解释创造条件。沟通中不需要对方对你阐述问题的准确性进行评价，有些问题不值得回答，有些问题只需要做局部的回答，还有些问题可以答非所问。你的回答越准确、越完美，事实上就堵塞了对方对你进行信息反馈的通道，因为对方不须第二次提问或探究就得到了有用的信息。因此，只有在极其必要并对自己不造成不利的情况下才可以进行准确、完美的回答。

回答前要思考。一是弄清对方提问的真正含意，除非清楚了对方的意图，否则不要随便答复；二是已弄清了对方的意图，应进一步判断对方持该企图的强烈程度；三是决定回答方式和范围；四是对回答的后果进行推测并决定自己的态度。

2）注意回答方法。

①不彻底回答：将问题的范围有意缩小后回答。

②不确切回答：闪烁其词，模棱两可，富有弹性，举类似的例子，可以反问，偏移重心。

③阻碍继续追问的回答：为避免追问，因此回答时要努力减少对方追问的兴趣和机会。

④反问理由的回答：让对方代替你回答，以摸清对方的意图。

3）讲究回答技巧。

①如果你想让对方明确地知道你的回答，其技巧是简洁。如果你不想明确答案，其技巧是尽量把话说多而且说"活"。

②如果你暂不清楚对方意图而又必须回答时，其技巧是回答时加上许多假设条件，而且让这些条件尽量不现实。

③如果在沟通中你的回答出现漏洞，补救的技巧是责备第三方的错误或归咎于双方的政策不同。

④如果对方抓住你回答的弱点，并以此要你作出答复时，其技巧是对这个

弱点进行一次判断。如果它于大局无妨，则可来一个自我欣赏，避免强辩。

⑤如果出现表达的原则性错误，可以运用两种办法来挽回影响：一是中途换将，寻找理由否认前面人的观点；二是由上级出面否定错误表态。

（4）叙述的技巧。叙述与回答的差别在于：叙述并不一定要针对提问而言，即使对方不提问，沟通者也可以根据需要介绍一些情况。沟通者在叙述时应重视注意力的变化，尽量充分利用对方注意力集中的宝贵时间，把重要的问题阐述清楚。叙述与回答的另一个差别是：回答可以不准确，可以留有余地，而叙述则应努力准确、清晰地表述出来，尽量使对方能够听懂你的意思。在叙述时，沟通者无法避免使用专业术语，一般应给予解释，避免对方对专业术语的理解产生差别。叙述时，要准确提出某一数字，不能含糊其辞。叙述语言最好是中性的、客观的、礼貌的，要避免采用偏激、粗俗的语言。叙述时不应受对方情绪的影响，特别当对方中有自己尊敬、崇拜的人时更要注意。

（5）说服的技巧。沟通者说服对方时，是依靠理性和情感的力量去使对方心悦诚服地接受态度。因此，说服的技巧注重的是心灵的呼应，并不是利用强制性手段和欺骗手段来获得对方的服从。

1）创造说服对方的条件：要说服对方改变初衷，首先应当改善与对方的人际关系。当一个人考虑是否接受说服之前，他会先衡量说服者与其熟悉程度和亲善程度，实际上是对你的信任度。如果情绪对立，则不可能接受劝说。在说服时，沟通者要注意把握说服的时机，以下几种情况不宜说服：

①在对方情绪激动或不稳定时。

②在对方喜欢或敬重的人在场时。

③在对方的思维方式极端定式时。

2）说服的一般技巧。

①在沟通中进行说服应努力寻求并强调与对方立场一致的地方，以提高对方接受劝说的可能性。

②心理学研究成果表明，信息的传递顺序对人的情绪影响极为重要，如果有两个信息要传递给对方，其中一个是较悦人的，而另一个是较不悦人的，则应先传递那个悦人的信息，在可能的情况下还应以另一个较好的信息结尾。这也称为"三明治式"的技巧。

③当对方接受你的意见后，为了保住说服的成果、避免再变动，应使各种手续简单易行并尽快履行。

（6）辩论的技巧。当双方在沟通中产生僵持、对立或为了论证自己的立场、观点时，可进行适当的辩论。在辩论中，要综合应用倾听、提问、回答、叙述、说服等技巧。但辩论有自身的规则，它不是无谓的辩解、空泛的议论，而是有其特定的论证和驳述方法。

1）辩论应遵循论证规则：辩论过程中各方所进行的论述与反驳，实际上都是一种论证过程。任何论证过程都是由论题、论据和论证方式三部分构成的。

①关于论题的规则：论题必须清楚明确。论题不明确是无法进行论证的。产生论题不明确的原因有两种：一是怀着预定的某种企图，故意含混不清；二是对所要论证的问题没有考虑成熟，没有形成明确的观点。为了使论题清晰，要了解论题的判断形式是什么，论题中所包含的概念内涵、外延。论题必须首尾一贯、保持同一。避免前后不一、自相矛盾。

②论据规则：

a. 论据应当是以确知为真的判断，来论证论题的真实性，若违反这一规则，论题不成立。

b. 根据的真实性不应依靠论题来证明。例如，有一起凶杀案，某人身上带了一把刀，是不能证明他就是杀人凶手的。因为论据是否为真无法判断。

③关于论证方式的规则：论证方式的基本要求是遵守正确的推理规则，从论据能够正确推出论题，如违反，就会产生逻辑错误。

2）辩论所采用的方法。

①直接论证：用论据的真实性证明论题的真实性。

②间接论证：这是通过证明与原论题相排斥的论题的虚假，来确定原论题的真实性的方法。

3）驳述与反驳的方法：驳述及驳斥对方的辩解或论证。反驳即针对驳述所进行的再辩解或再论证，也包括对于对方的驳述方式与方法的批判。由于论证过程包括论题、论据、论证三要素，因此驳述、反驳是从反驳论题、反驳论据和反驳论证方式入手的。

①反驳论题：反驳论题就是证明对方的论题为谬。有两种反驳论题的方法。一种是直接反驳，可通过摆事实、讲道理直接证明其错误。另一种是间接反驳，证明与反驳论题相矛盾的、相排斥的论题的真实性。

②反驳论据：反驳论据就是证明对方的论据是虚假的、不现实的、站不住脚的。只要证明了对方论据的不真实性、不现实性，就使对方的论题失去了依据。

③反驳论证：反驳论证是指出对方的论据与论题之间缺乏正确的逻辑联系。由论据推不出论题，也就是证明对方的论证违反了推理的规则。

沟通者的辩论水平高低是逐步形成的，它要受到沟通者知识水平、心理状态、口才、素质、修养、思维活动的影响。

4）辩论的技巧。

①反驳对方的错误时，要抓住要害，不能断章取义，否则会失去优势。

②采取技术性措施：对一个含混不清的程序进行讨论，或者让一个不讲理的人去解释一个复杂的问题等。

2. 人际沟通中亲和力的培养

在人际交往中，亲和力具有很好的人际吸引力。让人感到亲切，会缩短你与别人之间的心理距离。如果你是一个让人感到亲切的人，交谈时，别人情感的大门会主动向你敞开；劝说时，别人心中的疙瘩会自动解开；求助时，别人热情的双手会真诚向你伸出……可以说，使人感到你很亲切，对你益处很多。那么，怎样做才能使自己成为一个亲切的人呢？

（1）主动问候。"你好"、"见到你很高兴"之类的问候话语，虽然只有只言片语，但它是通向你与别人深入交谈的一座桥梁，同时它也是你向别人主动示好的一种方式——向别人示好，别人自然会觉得你很亲切，谁不愿意与亲切的人交谈呢？

（2）耐心聆听。如果你以"我愿意洗耳恭听"的态度认真听取别人的谈话，那么对方会愉快地向你敞开心扉。因为无论是谁，都或多或少存在着显示自己，并能得到别人认可的心理。同时，你认真聆听别人的谈话，别人会感到你尊重他，自然也就会尊重你。

（3）缩短距离。如果你想让别人成为自己的朋友，就首先要想办法缩短你与他人之间的距离。距离缩短了，交谈起来才会自然、随和，彼此之间才能尽快熟悉和了解。缩短距离的方式很多，寄张贺卡表示关心、开个"派对"等，都有接近对方的机会。

（4）密切来往。"疏则远、密则亲。"互动频率越高，就越容易认识和了解人，交往的渠道也就越来越畅通。来往的次数与亲密程度往往成正比。有些聪明的推销员，就常常有事无事地到顾客家中坐一坐，说声"路过此地，顺便来看看你"，这很能博得顾客的好感。

（5）取得共识。你要让对方感受你的亲切，就应努力寻找观点的共识，保持话题的一致。因为只有有了共同的观点和话题，彼此之间才能谈得投机，才能取得共鸣。要想做到这一点，就要尽量避免谈有争执的问题。

（6）态度真诚。无论是何种场合的交往、谈话，你都要保持良好的心态，以真诚的态度来待人接物。因为只有付出诚心，才能换得真心。

（7）关注对方。谈话时目视对方，交往中体贴对方，平时多点嘘寒问暖，会使对方感受到你的亲人般的温暖。

（8）常说"我们"。"我们"和"我与你们"虽然指的是同一人群，但是两者给人的感受不一样。使用"我们"一词会让人觉得关系密切，能让人产生同伴意识，而"我与你们"则有不在一条线上的感觉。

（9）注意称呼。在称呼上要注意尊老爱幼，"大爷"、"大娘"、"大叔"、"大妈"，叫得人心里甜蜜；"老李"、"小张"或直呼其名（不要带姓），让人觉得关系非凡。这样，既引起了对方的注意，又叫出了自己的风度和修养。

（10）给予夸奖。交谈时，请不要吝啬你的"美言"，而要善于发现别人的优点并予以称赞。因为夸奖是人际交往中的"亲和剂"，适时而得体地夸赞别人，会激起别人的自信心和荣誉感，别人会因此对你产生好感。

（11）赠送礼物。礼物不一定很贵重，但一定要是对方喜欢的。这样，对方会认为他在你心里很有地位，并且认为你对他很了解。由此对方就会对你产生"知己"的感觉。

（12）制造幽默。幽默是一种智慧，也是一种风度。言谈风趣诙谐，会增强你的人际吸引力。它是增进亲密度的催化剂，也是消除紧张感的一剂良药——引起别人心理上的愉悦，怎能不给人留下深刻的印象？

（13）语气柔和。事实证明，柔和的语气能有效地使谈话顺利进行——它能使开导醍醐灌顶，它能让劝说娓娓动听。办事时事先征求对方的意见，有分歧时以商讨的方式解决，这都可以使自己的语气变得柔和。

（14）出语谦逊。谦逊是一种美德，它会产生让人亲近你的魅力。适时地说"拜托"、"请赐教"、"麻烦你了"等话语，既表现了你对对方的尊重，也体现了你知书达理的美好形象。

（15）注意细节。你与别人在交往时，可以先从一些细节开始。例如，注意对方的爱好，指出对方穿戴上的变化，记住对方有纪念意义的日子等。能这样做，对方会觉得你很在意他、关心他，能引起对方的话题和谈话兴趣，你会因此而受到对方的热情"礼遇"。

第十四章 群体中的心理与行为管理

人作为一个社会成员，总要生活并依附于一个或几个群体，并在群体中度过漫长的一生，群体便成了人们赖以生存的基础。一个人在群体中一方面接受群体的控制和影响；另一方面也在帮助改造着某个群体。本章将介绍这些群体都有哪些类型，群体又是怎样对个人产生影响的。

第一节 群体是人赖以生存的基础

一、群体的概念和特征

1. 个体和群体的概念

个体和群体是相对的。个体既有自然性又有社会性，既有人类的共性又有个性的存在，是以单独形式活动着的人。群体指社会的目标为了一些共同需要，以一定方式在心理上发生联系，组合在一起进行活动，并且相互影响、相互作用的人群。

2. 群体的特征

由概念可以推断，并非任何人群的聚集都可成为群体，只有具备下列特征的人群才可称为群体。每个成员相互依附，在心理上彼此意识到对方；每个成员之间，在行为上相互作用、彼此影响着对方；每个成员都有同属于一群人的感受。

可见，群体的构成是有条件的，不具备一定群体特征的人群聚集，就不能称为群体。过于庞大的人群也不能称为群体，因为许多成员虽有我们同属一个群体的感受，但无法意识到对方的存在，不能发生相互影响、相互作用，群体也就不能构成。

有些学者认为，从群体特征看，构成一个群体需要具备五个条件：各个成员之间有共同的目标和利益；各个成员之间得到密切协作和配合的组织保证；群体要满足每个成员的归属感；群体成员之间需要有工作、信息和思想上的交流；群体成员之间要有感情上的交往。

只有具备了上述五个条件，才可以称为工作中的群体。

3. 群体行为的解释

为什么有些群体比另一些群体更容易成功？这个问题的答案是很复杂的，但它包括许多变量，如群体成员的能力、群体的规模、冲突的水平和群体成员为了遵循群体规范而承受的压力。如图 14-1 所示，列出了决定群体绩效和群体成员满意度的几个主要因素，它可以帮助人们确定关键变量，并明确它们之间的相互关系。

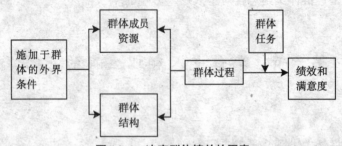

图 14-1　决定群体绩效的因素

工作群体不可能孤立存在，它们是更大的组织的一部分。因此，每个工作群体都要受到来自群体外部各种因素的影响。但工作群体本身蕴藏着由群体成员决定的各种资源，包括群体成员的智慧、才能和工作动机等。群体本身还有一个决定其成员的角色和规范的内部结构。这些因素（群体成员所带来的资源和群体结构）决定着群体内部的相互作用模式和其他过程。群体的相互作用过程与绩效和满意度之间的关系还受群体所承担的任务类型的影响。

二、群体的功能

群体是介于组织和个人之间的人群聚集，个人、群体和组织之间是不可分离的，一个庞大的组织要想达到某一目标，就必须由个人去承担任务并完成任务。群体具有承上启下的作用，相当于一个将个人和组织之间沟通的桥梁。一般来说，群体具有以下功能。

1. 把个体的力量汇合成整体的力量

群体并非个体的简单相加，而是将个体的力量转为新的整体力量的有机组织。群体之所以能够完成各类复杂的任务，是因为群体成员的亲密合作。

2. 完成组织所赋予的基础任务

一个正式群体就是承担和执行组织分配下来的任务，同时非正式群体对于完成组织上所分配的任务也有贡献。上层领导总是利用非正式消息传递路线，了解组织内部的部分实际情况，获得在正式群体内无法获得的小道消息的利益，得到的情报，从而迅速作出决断，利于生产，利于完成应有的任务。

3. 满足个人的需求

群体内个人的需求有的是通过工作满足的，有的则通过群体内人与人之间的情感交流、相互信任、了解和共同奋斗来满足。个人需求的满足主要有以下几方面：

（1）获得安全感。个体只有依附某个群体时，才能消除孤独感、恐惧感，获得心理上的安全感。

（2）满足亲和的需要。只有在群体中，个体才可以和别人保持联系，获得友情、爱情、支持和帮助等。

（3）满足自我确认的需要。参与群体活动使一个人不但可以体会到自己是社会的成员，而且还能确认自己在社会中的地位。

（4）满足自尊的需要。个体可以在群体中获得一定的地位，这个地位有时是职务上的，有时是心理上的，这些都可满足其高高在上的需要。

（5）提高自信心。群体之间的成员可以公开讨论、交换意见、得出一致的结论，这样就可以使个体对社会情景中某些不明确、无把握的看法获得支持，增强其自信心。

（6）提高力量感。当个体面临敌人呐喊时，群体可提高个人的安全感、力量感，使个体不会感到自己软弱、孤独、无法可依。可见，群体的力量可以击败权威的力量。

（7）其他需求的满足。比如，收集资料、情报、消除无聊、获得照顾、获得彼此之间的鼓励、将个人的才能在群体中展示等。

三、个人为什么加入群体

关于个体加入群体的动机，不是列举一两种原因就能解释清楚的，这是因为大多数人同时属于多个群体，对个人来说，不同的群体能够为其成员提供不同的利益，满足个人不同的需要。一般来说，个人加入一个群体的最常见的原因包括以下几方面：

1. 安全的需要

通过加入一个群体，个体能够减小独处时的不安全感。个体加入群体后，会感到自己更有力量了，自我怀疑也会减少，而且在威胁面前会更有韧性。

2. 地位的需要

加入一个被别人认为很重要的群体中，个体能够得到被别人承认的满足感。

3. 自尊的需要

群体能使其成员觉得自己活得很有价值。也就是说，群体成员的身份，除了能够使群体以外的人认识到群体成员的地位之外，还能够使群体成员自己感受到自己存在的价值。

4. 情感的需要

群体可以满足其成员的社交需要。人们往往会在群体成员的相互作用中感受到满足。对许多人来说，这种工作中的人际相互作用是其满足情感需要的最基本的途径。

5. 权力的需要

对权力的需要是个人无法实现的，只有在群体活动中才能实现。

6. 实现目标的需要

有时，为了完成某种特定的目标，需要多个人的共同努力，需要集合众人的智慧和力量。在这种情况下，主管人员就要依赖正式群体来完成目标。

值得注意的是，正式群体主要是执行组织分配的任务，但它也和非正式群体一样，也能满足个体的需要。一旦正式群体满足不了个人的某些需要时，非正式群体就自然而然地产生了。

四、群体的分类

1. 正式群体和非正式群体

群体有正式群体和非正式群体之分。正式群体是指由组织结构确定的、职务分配很明确的群体。在正式群体中，一个人的行为是由组织目标规定的，并且是指向组织目标的。相反，非正式群体是那些既没有正式结构，也不是由组织确定的联盟，它们是人们为了满足社会交往的需要在工作环境中自然形成的。来自不同部门的三个员工定期在一起共进午餐就是非正式群体的一个很好的例子。

2. 群体的细分

1) 按群体规模分为大、中、小型群体。

2) 按联系的程度分为间接接触和直接接触。

3）按完成任务的形式分为正式团体与非正式团体。

①正式群体指团体中的成员一同工作，完成公开的、特定的目标。它是为了达成与组织任务有明确关联的特定目的，以及执行组织的特殊工作而产生的。

②非正式群体指每个成员与他人共事与交流的过程，它对于完成工作任务和个人提高都很重要。它能够满足个人在正式群体中所不能得到的欲望和需求。

研究表明，非正式群体极大地影响着正式群体任务的完成和目标的达到，它是一种社会促进因素。所以，对于一个群体来说，对非正式群体处理得好、积极引导和利用，有利于管理上的顺利进行。

在任何一个组织里，非正式团体的存在都是不以人们的意志为转移的。一般情况下，非正式团体以下面三种形式存在。

水平集团：人员组成基本上同属一个单位、小组、班级，由地位相同的人组成。

垂直集团：由一个部门、不同层次的人员组成。人员有领导与被领导的从属关系，他们走到一起组成非正式集团可能出于私利，可能因为是熟人、同乡、同学、知心朋友、老同学，也可能是出于某种需求。这样的集团在一个部门内容易形成了一个自上而下的关系网，基本上垄断着这个部门。

混合集团：由不同地位、部门、工作地点的成员组成。它一般是一种纵向与横向的联合。通常是以某一部门的垂直集团为中心，形成纵向与横向的关系网。所以要引导好混合集团，并重视其他两种非正式的团体。

4）根据非正式团体中人与人之间相互关系的性质，可以将群体分为四个类型：

①松散群体是不以共同的活动内容、目的为中介的共同体，根本无具体活动内容，极具偶然性。例如，住在同一病房的同伴、火车旅伴等。

②联合群体是以对个人有个别意义的团体活动内容为中介形成的，人与人之间的接触表现在情绪方面，如相互喜爱，并没有共同的活动目的和任务。

③合作群体是以对个人有意义（并非对社会有意义）的团体活动内容为中介形成的。团体内相互喜爱的程度加深了，而且不仅以交往的经验为依据，还以群体中每个共同活动的结果为依据，每个人都会意识到自己和别人同属一个群体，他们的地位是由自己在群体中所做的贡献决定的。

④集体是一个有组织的群体，是以对于整个群体和每个人都有意义的共同价值、共同活动为中介而结合在一起的。

五、群体发展的阶段

近20多年来，人们一直认为大多数群体的发展遵循一种大家可以了解的、特定的顺序。然而，最近的研究表明，群体的发展没有什么标准模式可言。下面将对大家比较熟悉的群体发展的五阶段模型和间断—平衡模型进行评述。

1. 五阶段模型

从 20 世纪 60 年代中期起，人们大多认为群体的发展要经过五个阶段的标准程序，如图 14-2 所示。这五个阶段是：形成、震荡、规范化、有所作为和终止。

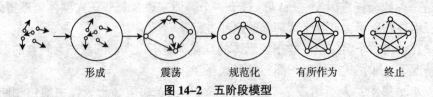

形成　　　　震荡　　　　规范化　　　有所作为　　　　终止
图 14-2　五阶段模型

第一阶段：形成。其特点是：群体的目的、结构、领导都不确定。群体成员各自探索群体可以接受的行为规范。当群体成员开始把自己看做是群体的一员时，这个阶段就结束了。

第二阶段：震荡。它是群体内部的冲突阶段。群体成员接受了群体的存在，但对群体对他们的约束，仍然予以抵制。而且，对于谁可以控制这个群体还存在争执。这个阶段结束时，群体的领导层次就相对明确了。

第三阶段：规范化。在这个阶段中，群体内部成员之间开始形成亲密的关系，群体表现出一定的凝聚力。这时群体成员会产生强烈的群体身份感。当群体结构稳定下来，群体对于什么是正确的成员行为达成共识时，这个阶段就结束了。

第四阶段：有所作为。在这个阶段中，群体结构已经开始充分地发挥作用了，并且被群体成员完全接受了。群体成员的注意力已经从试图相互认识和理解转移到完成手头的任务上了。

对于长期性的工作群体而言，有所作为阶段是最后一个发展阶段；对于暂时性的委员会、团队、任务小组等工作群体而言，因为这类群体要完成的任务是有限的，所以，还有终止阶段。

第五阶段：终止。在这个阶段中，群体开始准备解散，高绩效不再是压倒一切的首要任务，成员的注意力放到了群体的收尾工作上。这个阶段，群体成员的反应差异很大，他们有的很乐观，沉浸于群体的成就中；有的则很悲观，惋惜在共同的工作群体中建立起的友谊关系不能再像以前那样继续下去了。

五阶段模型的许多解释者都带有这样的假设：随着群体从第一阶段发展到第四阶段，群体会变得越来越有效。虽然这种假设在一般意义上可能是成立的，但使群体有效的因素远比这个模型所涉及的因素复杂。在某些条件下，高水平的冲突可能会导致较高的群体绩效。所以，人们也可能会发现存在这样的情况：群体在第二阶段的绩效超过了第三阶段和第四阶段。同样，群体并不总是明确地从一个阶段发展到下一个阶段。实际上，有时会存在几个阶段同时进行的情况。比如震荡和执行任务就可能同时发生。群体甚至可能回归到前一个阶段。因此，即使是这个模型的最强烈的支持者也没有假设所有的群体都严格地按照五个阶段发展或者说第四阶段总是最可取的。

在理解与工作有关的行为时，五阶段模型存在的另一个问题是它忽视了组织环境。例如，一项关于飞机驾驶员的研究发现，三个陌生人被指定同时驾驶一架飞机飞行，他们在首次合作的 10 分钟内就成为了高绩效的群体。促使这个群体高速发展的因素是环绕着飞机领航员的强烈的组织环境。这个环境提供了群体完成任务所需要的规则、任务的定义、信息和资源。他们不需要五阶段模型所预测的那些过程，如形成计划、分配角色、决定和分配资源、解决冲突、建立规范。因为组织中大多数的群体行为发生在强烈的组织环境中。所以，五阶段模型对于人们理解工作群体有时很可能没有多少实用价值。

2. 间断—平衡模型

研究人员在对十多个任务型群体进行了现场和实验室研究之后，认为群体的发展并非都经历相同顺序的发展阶段，但在群体的形成和变革运作方式的时间阶段上是高度一致的。应该特别指出的是，研究发现：群体成员的第一次会议决定群体的发展方向；第一阶段的群体活动依惯性进行；在第一阶段结束时，群体发生一次转变，这个转变正好发生在群体寿命周期的中间阶段；这个转变会激起群体的重大变革；在转变之后，群体的活动又会依惯性进行；群体的最后一次会议的特点是，活动速度明显加快。这些发现如图 14-3 所示。

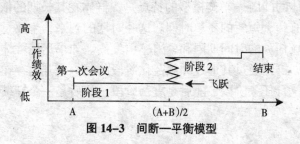

图 14-3　间断—平衡模型

群体成员的第一次会议决定了群体的发展方向。在第一次会议上，群体成员完成其项目所要求的行为模式和假设的基本框架得以形成。这种框架在群体存在的最初几秒钟之内就可能出现。一旦这种框架确定，群体的方向就变成了现实，而且在群体寿命的前半阶段不太可能重新修订。这一阶段是依惯性进行群体活动的阶段，即群体倾向于静止，或者被锁定在一种固定的活动上的阶段。即使获得对初始模式和假设形成挑战的新创意，群体也不可能在第一阶段实施这些创意。

在这些研究中，一个更有趣的发现是，每个群体都在其寿命周期的同一时间点上发生转变——正好在群体的第一次会议和正式结束的中间阶段——尽管有些群体完成一个项目只用一个小时，而有些群体要用6个月。看起来，好像每个群体在其存在的中间阶段都要经历"中年危机"。这个危机点似乎起着警钟的作用，促使群体成员认识到时间是有限的，必须迅速行动。

这个转变标志着第一阶段的结束，其特征是集中于迅速的变革，抛弃旧的模式，采纳新的观点。转变调整了第二阶段的发展方向。

第二阶段是一个新的平衡阶段，或者说又是一个依惯性运行的阶段。在这个阶段中，群体开始实施在其转变时期创造出来的新计划。

群体的最后一次会议以快速完成工作任务为特征。

假如你有过参加学生群体的经历，就可以用这种模型来描绘你的经历。在第一次会议上，基本的时间表就能制订出来。群体成员进行相互了解，并一致同意完成项目的全部时间为9个星期。群体成员对教师的要求进行讨论和辩论。从这时起，群体成员开始定期相聚，以保证活动的顺利进行。但是，大约在项目进行到四五周时，问题出现了。群体开始重视批评意见，讨论变得更加开放，群体重新定位并采取一些积极的行动，试图进行变革。如果群体进行了正确的变革，那么在接下来的四五周中，群体完成项目的水平肯定是一流的。群体的最后一次会议一般在项目将近结束时召开，会议的时间比平时都要长。在这次会议上，群体成员就最后所有的遗留问题进行讨论，并作出决定。

总之，群体的间断—平衡模型的特点是，群体在其长期的依惯性运行的存在过程中，会有一个短暂的变革时期。这一时期的到来，主要是由于群体成员意识到他们完成任务的时间期限和紧迫感引发的。如果运用群体形成的五阶段模型的术语，即群体通过其形成和规范化阶段的结合而开始存在，接着经历一个效率较低的执行任务阶段，随后是震荡阶段，然后是一个高绩效阶段，最后是结束阶段。

第二节　群体行为

　　群体无论是正式或非正式，或多或少地会对所属群体的个人产生一定影响。这个影响表现在个人遵从群体，甚至违反常规进行服从，个人的动机及任务是否完成都与所属群体有关，群体产生了一种情境压力和社会促进作用，使得个人完全失去了个性化从而去服从某一群体。也就是说，在一个群体的保护下，其成员可能会违反他们在社会条件下一直遵守的社会规范。

一、集体行为的性质与特点

　　掌握人类的集体行为的性质与特点对于原则社会运动的发生及其发展、变化的结果，有效地控制集体行为是很有利的。

　　1. 集体行为的类型

　　（1）集体行为的定义。一切团体活动都称为集体行为。因此，集体行为是指个体一起行动的样式，个体的活动有某些吻合，也有不同的行为、不同的分工，但个体的活动是按照一定次序的行为，他们所做的也就是人们所期望的，这种活动就称为集体行为。

　　这种集体行为是按共同愿望指导的行为，通常是受风俗、传统、规则的制度规范下的团体行为。

　　（2）集体行为的类别。按类别分，集体行为可以分为制度化行为和反制度化行为。

　　制度化行为：这种行为是在人类有共同的了解与期望之中发生的，是有规则的团体活动。

　　制度化行为是可以预测的，具有可测性；制度化行为的方向与群体方向一致；和群体为保持道德规范、行为准则一致行动中，人们所扮演的角色及群体中的角色相当；活动时有规定的规则，因此制度化的集体行为是能被人们理解、接受的，人们认为它是理所当然的、应该发生的行为。

　　反制度化行为：这种行为没有建立在互相了解的基础上，没有公认的原则，自然而然地发生，不在人们的预测之内，突然爆发的，并且不按以往确立的规则行为。例如，激烈的暴动、商业的恐慌、社会的不安定等。反制度集体行为是无法预测的，没有一定的模式，本来进行着这种事，可能会突然爆发另外一件事。

2. 集体行为的产生

集体行为的产生有三个阶段，并不是开始就有强大的爆发力。

（1）磨挤阶段。人们彼此之间更敏感和容易产生反应，变得目光狭小，不顾他人，对其他对象的S、R减少，注意力都集中在当时发生的事情上，对平常与之有关的事情不去考虑，处于个性化的人格状态中，一有导火线马上反应。

（2）集体激动。它是磨挤行为的激烈方式，这时人们的注意力非常集中，不能再转移到其他对象上了，情绪出现快，而且不稳定、不负责任。在集体行为的压力下，个人有更好的机会去发泄内心的紧张。

（3）社会传染。它是一种较快、不知不觉、不合理的扩展心境，冲动的行为方式，像瘟疫一般迅速传播。能够吸引旁观者，使他们也会有同样的情绪反应，即使是对团体抱不同观点的人，也不能例外，这时人的自我意识最弱，管不住自己，不知道自己是个什么样的人，因此当他看见别人这样做时，也情不自禁地起来仿效。

3. 集体行为的特点

（1）循环反应的刺激方式。一个人的反应是由他人的S得来的，而这个反应，又形成了对别人的S，这个S比以前强，例如，一个人睁大眼睛大喊"着火了"，而另一个人的面部表情变得恐惧，这种紧急状态中的情绪传递导致了集体行为的产生。如此循环反应使人的行为趋于一致。

（2）去个性化的人格特征。参加集体行为的个体，其原有的个性特征完全淹没于群体之中，成为没有个性的个体。由于集体行为中的去个性化的产生使得群体成员不受任何压力，不受约束，使之完全失去了个性，同时，去个性化的集体对那些没有去个性的人有很强的吸引力。因此，就容易产生社会传染。

去个性化的第一个特点表现为集体成员的匿名。人也可以违反集体准则、规范，因为他觉得自己已经匿名了，便将平时压抑的感情迸发出来了，认为谁也不追究他的责任。

第二个特点是责任的模糊。他对于这种行动的责任是模糊的或分散的，甚至觉得他们的行动是允许的或在道德上是正确的。因为集体作为一个统一体参加了这一行动，人人有份，不止我一个人，不需要我为这种集体行动承担责任。因此，人们愿意参加这种行动。

总之，可以将集体行为归纳为以下特点：

集体行为是从自发行为开始的；由无组织逐渐过渡到一个比较松散的结合体；时间上不持久；成员有高度的参与感；成员间是互为刺激的；相当难以预测的；集体行为（反制度化行为），使社会接受的概率是较低的。

二、集体行为产生的研究

有关集体行为产生的原因，许多社会心理学家们都进行了一些研究，他们站在不同角度提出了产生集体行为的原因。这里主要介绍一种，其他如一致性幻觉理论、苗生理论和紧急理论，是社会心理学家勒邦德弗络尔和社会学家布鲁迈等人提出的。感染理论的实质就是模仿，即在某个人群中情绪或行为从一个参加者传到另一个参加者。

这种感染有两种：情绪的感染和行为的感染。

情绪的感染会在另一个人身上引起同样的情绪，这种情绪又加强了其他人的情绪，这种彼此强化反应直至达到白热化的程度。当参加者具有同一态度、信念和价值时，情绪感染就很有可能发生，从而使个人之间的模仿过程容易进行。当参加者把注意力都集中到一个人或目标上时，这种情绪感染也容易产生。

行为的感染是指动作从一个人传到另一个人，这种感染在朋友、熟悉的人之间比在陌生人之间更容易发生。

无论是情绪的感染还是行为的感染，人们都可将感染的方式归纳为以下几点：

（1）模仿。有先天模仿本能的人，使得人们去模仿别人的行为。

（2）提示。人数很多，产生了众人一致的言行，就形成了一股强大的力量，迫使个别人的行为服从强大的力量。

（3）循环反应。人们之间相互刺激使得反应逐趋强烈。

（4）认同作用。积极和群体去认同。

（5）社会促进与行为感染。每个人都有一种不经常外显的行为模式，平常受到社会规范的约束，当有利于他这种行为表现的环境出现时，就像是一个催化剂促使了其侵犯行为的产生，这些人也就服从集体的要求，被集体行为所感染，以使其压抑行为得以发生。

第三节　群体凝聚力

一、群体凝聚力的来源

1. 群体凝聚力的概念

群体凝聚力是指群体成员之间相互吸引并愿意留在群体中的程度。它是维持群体行为有效性的一种合力。群体凝聚力的高低，在很大程度上决定着群体行为的效率和效果。

2. 影响群体凝聚力的因素

什么因素能决定群体成员之间是否会相互吸引呢？研究表明，群体凝聚力主要受下列因素的影响：群体成员在一起的时间、加入群体的难度、群体的规模、群体成员的性别构成、外部威胁、群体以前的成功经验。

（1）群体成员在一起的时间。如果其人很少有机会看见别人，或没有机会与他们交往，那么他多半不会被别人所吸引。因此，人们在一起的时间长短影响了人们之间的凝聚力。如果人们在一起的时间比较多，他们就会更加友好。他们会自然而然地相互交谈、作出反应、相互打招呼并进行其他交往活动。这些相互作用通常又会使他们发现大家共同的兴趣，增强相互之间的吸引力。

群体成员在一起的机会取决于他们之间的物理距离。人们能够想象得出，与住宅距离较远的群体成员相比，住宅距离较近的群体成员之间的关系会更加密切。住在同一个街区、同在一个停车场停车、共用一个办公室的人更容易形成凝聚力较高的群体，因为他们之间的物理距离最小。例如，研究发现，同一个组织的文秘人员中，任何两个人之间相互交往的多少，完全取决于他们办公桌之间的距离。

（2）加入群体的难度。加入一个群体越困难，这个群体的凝聚力就可能越强。要进入一所一流的医学院，就要经过激烈的竞争，这种竞争就导致了医学院一年级学生班级的凝聚力很强。为了进入医学院，他们具有一些共同的经历，如申请、笔试、面试、等待最后的结果等。正是这些共同的经历增强了他们之间的凝聚力。

（3）群体的规模。如果群体凝聚力随着群体成员在一起的时间的增多而增强，那么群体规模越大，群体凝聚力就应该越小。因为群体规模越大，群体成员之间进行相互作用就越难。各种研究也证实了这一点。随着群体规模的增大，群体成员之间的互动会变得更困难，群体保持共同目标的能力也会相应减弱。随着群体规模的增大，群体内部产生小集团的可能性会相应增大。群体内部再产生小集团通常会降低群体的整体凝聚力。

（4）群体成员的性别构成。最近的研究一致发现，女性的凝聚力高于男性。例如，在一项研究中，全部 6 个成员都是女性的群体和男女混合的群体比 6 个成员都是男性的群体凝聚力高。在另一项研究中发现，女性篮球队的群体凝聚力高于男性篮球队。出现这种情况的原因尚不清楚。但是，一个比较合理的假设是，与男性相比，女性与自己的朋友、同事、伙伴的竞争较少而合作较多，这样就有助于增强女性群体的凝聚力。

（5）外部威胁。大多数研究支持这样一个命题：如果群体受到外部攻击，群体的凝聚力就会增强。管理阶层单方面决定重新设计一项工作或处罚某个员工的做法，通常会成为当地报纸的头条新闻，因为所有的工人都会上街游行来支持那些受害者。这几个例子表明，群体受到外部攻击时，群体内部通常会加强合作。

虽然在受到外部威胁时群体的人凝聚力通常会变得更强，但是这种现象并不是无条件的。如果群体成员认为他们的群体无力应付外部攻击，群体作为安全之源的重要性就会下降，群体凝聚力就很难提高。另外，如果群体成员认为外部攻击仅仅是因为群体的存在引起的，只要群体放弃或解体就能终止外部攻击，群体凝聚力就可能降低。

（6）群体以前的成功经验。如果群体一贯有成功的表现，它就容易建立起群体合作精神，来吸引和团结群体成员。一般来说，成功的企业与不成功的企业相比，更容易吸引和招聘到新员工。对于成功的研究小组、知名的大学和常胜的运动团队，也同样如此。最近很成功的公司，如联想集团、四通集团、华为技术有限公司、美国的微软公司，就很容易招聘到"最好、最出色的员工"。

二、凝聚力对群体生产率的影响

研究表明，一般来说，凝聚力高的群体比凝聚力低的群体更有效，但凝聚力与群体效率的关系比较复杂，不能简单地说凝聚力高就好。首先，凝聚力高既是高生产率的起因，又是其结果。其次，两者的关系受群体绩效规范的影响。

群体凝聚力与群体生产率是相互影响的。群体成员之间的友好关系有助于降低成员的紧张情绪，给成员提供了一个顺利实现群体目标的良好环境。但正如前面所指出的，顺利地实现群体目标，以及群体成员作为成功群体的一分子的感觉，有助于提高群体成员对群体的忠诚感。例如，篮球队教练是有名的喜欢团队工作的人，他们相信如果团队要赢得比赛，成员必须学会合作。教练中流行的口号包括"这个队没有个人"、"我们同生死、共命运"。这种观点同时表明了取胜会强化友谊，提高凝聚力。也就是说，成功的绩效导致成员间吸引力的提高。

更重要的是，现在人们已经认识到了凝聚力与群体生产率的关系取决于群体的绩效规范。群体的凝聚力越强，群体成员就越容易追随其目标。如果群体的绩效规范比较高，那么凝聚力高的群体就比凝聚力低的群体生产率高。如果一个群体的凝聚力很高，但绩效规范却很低，群体生产率通常比较低。如果群体凝聚力低，但绩效规范高，则群体生产率比较高，不过比不上凝聚力和绩效规范都高的群体。如果凝聚力和绩效规范都低，群体生产率肯定低于一般水平。上述结论体现在如图14-4所示的结论中。

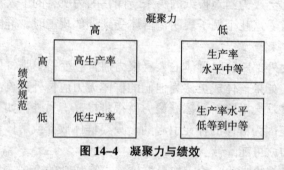

图14-4　凝聚力与绩效

第四节　群体协同效应

协同效应是一个生物学术语。这里可以借用这个概念来更好地理解互动过程。同时，群体促进效应与社会惰化效应又有助于人们加深对协同效应的理解。

一、群体促进效应

一个人的活动由于有别人同时参加或在场旁观，活动效率会提高，这种现象称群体助长或群体促进作用。换言之，群体助长效应是指在别人面前，绩效水平提高或降低的一种倾向。虽然这种效应不完全是一种群体现象，但在群体情境下却更可能提供群体促进效应发生的条件。有关群体助长的研究告诉人们，别人在场时从事简单的、常规性的任务，个体的操作会更快、更精确。但如果从事的是复杂的、需要高度集中注意力的工作，别人的出现可能会对绩效产生消极影响。群体助长效应的研究对于管理群体过程的意义与员工的工作、学习和培训有关。如果一个人对于某项任务非常熟悉，别人在场时他可能会做得更好，反之，对于不太熟悉的任务，别人在场会降低他的操作水平。因此，可以通过集体训练员工完成某项简单任务，单独培训员工完成某项复杂任务，这样群体的相互作用过程会带来最大收益。

群体助长现象很早就引起了人们的注意。一百多年前马克思就指出，一个骑兵营的力量同该营每个骑兵力量的综合是不一样的。因为骑兵营会"生出新的能力"。马克思还说："在大多数生产劳动中，单是社会接触就会引起竞争和特有的精神振奋，从而提高每个人的工作效率。"

对群体助长现象，最早的科学研究是由法国心理学家特里普利特在 1898 年进行的。他发现，一个人同其他人比赛骑自行车，比用秒表计算他一个人最快的骑车速度还要快（车速提高 30%），两个人成组绕线圈也比单独一个人时效率更高（高 5%）。这些发现及后来的研究使人们得出结论：群体的工作效果比个体单独工作效果的总和要好。

二、社会惰化效应

一个与群体规模有关的最重要发现是社会惰化。社会惰化是指一种倾向，个人在群体中工作不如单独一个人工作时更努力。这个发现使下面的逻辑遇到了挑战，即群体作为一个整体的生产力，至少等于群体成员个体生产力的总和。

一般人对群体的刻板印象是，群体精神会激励其成员更加努力地工作，从而提高群体的整体生产力。20 世纪 20 年代末，德国心理学家瑞格尔曼在拉绳实验中，比较了个人绩效和群体绩效。他原来认为，群体绩效会等于个人绩效的总和，即 3 个人一起拉绳的拉力是 1 个人单独拉绳时的 3 倍，8 个人一起拉绳的拉力是 1 个人单独拉绳时的 8 倍。但是，研究结果没有证实他的期望。3 人群体产生的拉力只是 1 个人拉力的 2.5 倍，8 人群体产生的拉力还不到 1 个人拉力的 4 倍。这真是应验了那句老话，"三个和尚没水吃"。其他一些用相似的任务重复瑞格尔曼的研究基本上支持了他的发现。群体规模的增大，与个人绩效是负相关的。就总的生产力来讲，4 人群体的整体生产力大于 1 个人或 2 个人的生产力，但随着群体规模的扩大，群体成员个体的生产力反而降低了。

导致了这种社会惰化效应的一种原因也许是群体成员认为其他人没有尽到应尽的职责。如果你把别人看做是懒惰或无能的，你可能就会降低自己的努力程度，这样你才会觉得公平。

另一种解释是群体责任的扩散。因为群体活动的结果不能归结为具体某个人的作用，个人投入与群体产出之间的关系就很模糊了。在这种情况下，个人就会降低群体的努力。换言之，当个人认为自己的贡献无法衡量时，群体的效率就会降低。

工作群体中这种社会惰化效应对于组织行为学来说，意义是重大的。如果管理人员想借助群体的力量，来强化士气和工作团队，他们就必须提供衡量个人努力程度的手段。否则，管理人员就应该权衡一下群体可能带来的生产率的下降程度，看是否可以接受。

但是，这种结论带有西方的偏见，它与个人主义文化是并行不悖的，如美国和加拿大这样的国家是由个人主义支配、主宰一切，社会惰化现象可能比较突出。在个人主要受群体目标激励的以集体主义价值观为主导的社会里，这种结论就不一定适用了。比如，一项关于美国员工和中国、以色列（两者都是崇尚集体主义价值观的国家）员工的比较研究发现，中国员工和以色列员工没有卷入社会惰化的倾向。实际上，中国员工和以色列员工参与到集体中时，工作绩效比单独工作时绩效要高。

三、协同效应

为什么群体内部互动过程对于理解群体行为非常重要呢？要回答这个问题应回顾一下社会惰化现象。人们已经发现，"1+1+1 不一定等于 3"。在群体任务中，如果每个成员的贡献难以衡量，个体就可能会降低他们的努力程度。换言之，社会惰化现象证实了群体可能带来的损失。但群体互动过程也可能带来积极的结果，即群体整体的产出可能大于群体成员个人产出的总和。如图 14-5 所示，列举了群体互动过程通过哪些途径可以影响群体的实际工作效果。

> 群体的潜在绩效 + 群体互动过程所得 – 群体互动过程损失 = 群体的实际绩效

图 14-5 群体互动过程的影响

协同效应是指由两种以上的物质相互作用所产生的效果，不同于每个物质作用的总和。人们可以借用这个概念来更好地理解群体互动过程。例如，社会惰化现象所代表的是负协同效应。群体互动的结果小于个体努力的累加之和。

但是，在研究实验室里经常使用研究小组来完成工作任务，因为研究小组可以利用小组成员的多种技能，从事研究者个人无法单独从事的一些研究。也就是说，他们的协同效应是正向的。他们相互作用过程的所得大于所失。

第五节 群体压力与从众

一、群体压力与从众

作为群体的一个成员，你肯定渴望被群体接受，这样你就会倾向于按照群体的规范做事。大量事实表明，群体能够给予其成员巨大的压力，使他们改变自己的态度和行为，从而与群体标准保持一致。每个群体成员在群体中都不可能完全按照自己的意志去行动。只有当个体行为符合群体的目标和要求时，群体才能发挥支持个体行为的作用。通常来说，群体总是或多或少地对个体行为产生一定的约束，这种约束使个体感到一种压力。显然，群体压力实际上是个体的一种心理感受，不同的个体在同一群体中所感受到的心理压力是不同的。在群体压力的作用下，个体就会产生与群体行为保持一致的倾向，即表现出某种从众行为。

个体是不是接受他们所在的群体给予他们的从众压力呢？很明显，答案是否定的。因为人们通常会参加多个群体，而这些群体的规范是不相同的。在有些情况下，这些规范还可能互相矛盾。那么，个体该怎么办呢？答案是，他们遵从自己认为很重要的群体的规范，这些群体可能是他们现在已经参与的，也可能是他们希望以后能够参与的。这种个体认为很重要的群体，是参照性群体。其特点是：个体了解群体中的其他人；个体认为自己是这个群体的一员，或者渴望成为这个群体的一员；个体感到群体中的成员对自己很重要。从参照性群体的定义也可以看出，不是所有的群体都能给予其成员相同的从众压力。

群体对于其成员的从众压力，对于群体成员个人判断和态度的影响，在阿希的经典实验中得到了充分证明。阿希让七八个被试组成一个小群体，并让他们都坐在教室里，要求他们比较实验者手中的两张卡片。其中，一张卡片上有一条直线，另一张卡片上有三条直线，这三条直线的长度不同。如图14-6所示，这三条直线中有一条线和第一张卡片上的直线长度相同。线段的长度差异是非常明显的。在通常条件下，被试判断错误的概率小于1%，被试者只要大声说出第一张卡片上的那条直线与另一张卡片上三条直线中的哪一条长度相同就可以了。但是，如果群体成员开始时的回答就是错误的，会发生什么情况呢？群体要求从众的压力，会导致不知情的被试改变自己的答案，以求与群体其他成员一致吗？阿希想知道的就是这一点。为此，他做了这样的安排：让群体其他成员都作错误的回答，而这一点是不知情被试所不知道的。而且，阿希在安排座位时，有意让不知情被试坐在最后，最后作出回答。

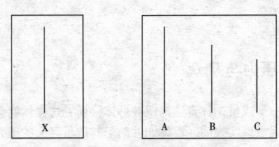

图14-6　阿希的"从众"实验

实验开始后，大家先作了几套类似的练习。在这些练习中，所有被试都作出了正确回答。但在作第三套练习时，第一个被试作出了明显错误的回答。比如，图14-6中的"C"与"X"一样长。下一个被试也作出了同样错误的回答，再下面的人都是如此，直到不知情被试为止。不知情被试知道，"A"与"X"长度相同，但别人都说是"C"。他面临的选择形势是，自己可以公开地说出与群体中其他成员不同的答案吗？或者，为了与群体中其他成员的反应保持一致，而作出一个自己坚信是错误的答案？

阿希所获得的结果表明：在多次实验中，大约有35%的被试选择了与群体中其他成员的回答保持一致。也就是说，他们知道自己的答案是错误的，但这个错误答案与群体其他成员的回答是一致的。

阿希实验的结果表明，群体规范能够给群体成员形成压力，迫使他们的反应趋向一致。人们都渴望成为群体的一员，而不愿意与众不同。这里可以把这个结论进一步展开：如果个体对某件事情的看法与群体中其他人的看法很不一致，他就会感到有很大的压力，驱使他与其他人保持一致。

二、影响从众行为的因素

1. 个人因素

（1）智力因素。一般而言，智力优秀的人具有较强的独立判断能力，不轻易从众。智力水平越低，从众行为越明显。

（2）情绪的稳定性。情绪比较稳定、能够自我控制的人，面临群体压力时能够镇定自若，不太容易从众；情绪不稳定的人表现出两种极端的情况：一是极易从众，二是极端地拒绝从众。同一个人，在不同的情绪状态下，也会表现出不同的从众倾向，一般来说，情绪高涨和情绪低落时都容易表现出从众行为。

（3）自信心。自信心强的人一般不容易从众，自信心差的人则往往以从众来保持自己的利益。

（4）个性特点。一个人的价值观、态度、服从性和受暗示性都会决定其从众的程度。服从性强和受暗示性强的人容易从众。

（5）人际关系。通常人际关系比较好的人容易从众，至少在某些无关紧要的问题上如此。

2. 环境因素

（1）群体的气氛。鼓励和支持群体成员行为一致性的群体，比较容易引发从众行为；鼓励个性和独立性的群体，不容易出现从众行为。

（2）群体的竞争性。群体内部竞争程度越低，群体成员越容易表现出共同的行为；相反，鼓励竞争会对从众行为形成一定的制约作用。

（3）群体凝聚力。群体的凝聚力越高，越容易导致从众行为。

（4）群体成员的共同性。这是一个比较复杂的影响因素，一般而言，成员的共同性越多，越容易出现从众行为。但是，必须是在利益一致的前提下。

（5）群体目标。群体目标越是明确和一致，群体成员越容易表现出从众行为。

（6）群体的规模。群体规模的大小、人数的多少对于个体是否从众，是一个重要的制约因素。当房间里只有甲、乙两个人时，甲说屋里很冷，乙由于觉得有些热就未必会同意甲的意见。但是，当在场的除甲之外还有丙、丁、戊，而且他们四人一致说冷，乙就很难不相信、很难不同意他们的意见了。乙就可能怀疑自己，怀疑自己发烧了。四人形成的压力比一个人的压力大得多。但是，也不能认为团体越大、人数越多，压力就越大。

第六节　群体与个人

个体在群体中虽然受着群体的影响，但并未丧失个人的多种特性。只是由于在群体中受到其他个体的影响，因而总是表现出不同于个人在单独情境下的行为反应。

一、群体对个人行为的影响

群体对个人施加的影响也就是通过个人在群体中受其他个体的相互影响，那么这种影响的作用有哪些表现呢？群体中别人在场和单独在场所表现的言论和行为有哪些不同？这种影响的作用表现在以下三方面：

1. 社会助长作用

社会助长作用是指其他人在场对于行为者来说是一种 S，由这种 S 所引起的是一种普通而未特定化的驱动力，这种驱动力对于人的行为能够产生促进作用。

社会助长最明显的表现是对时尚的追求，这种追求甚至达到了一种狂热程度。大家知道任何时尚的风行、时尚现象的产生，人们都要仿造一些时尚领袖。在他们的带领下，比较一般的人会产生一种不假思索的行动，认为别人都那样，所以我也随从，于是就流行起了特异服装或新式发型。社会的一致，把大多数人都卷入了这个时尚的潮流中，彼此相逐，相互助长。

以完成工作任务来说，其他人在场完成一件共同的任务，工作效率会明显提高，特别是完成更多的工作时效率更高。当然，这是指一种简单而熟练的工作，因为大家在一起有助于消除单调、沉闷的心理状态，从而提高工作动作。但对于较复杂、须集中注意力的思考性工作来说，有他人在场反而会妨碍工作成效。

2. 社会顾虑倾向

个体的行为不只是受到其所属群体成员的相互影响，同时还受到团体外各种各样甚至看不见的大众的影响，在大众面前感到不自在、拘束，就是社会顾虑倾向。

心理学家瓦伯纳（S.Wapner）与阿尔伯（T.Alper）曾以大学生为对象，要他们在不同的观众面前，上台表演。这些观众分三种情况：

第一种情况为表演者看不见观众，但知道有人在观看他们，倾听他们说的话。

第二种情况为请学校的职员与数名学生同在舞台前面当观众。

第三种情况为只有研究者一人当观众。

瓦伯纳与阿尔伯发现，人们在大众面前有各种行为表现，与私下时的表现不尽相同。而且当人们对观众了解得很少时，其行为最容易受到心理上的困扰（被试在第一种情况下，表现出最多的是犹豫不安）。如果对观众有充分的认识，就比较容易适应。

3. 社会标准化倾向

社会标准化倾向指社会规范对个人行为的影响。

心理学家梅奥进行实验（霍桑工厂）发现工人每天工作到一定时间就不干了。当有人想工作时，大家都表面从众，内心拒绝（伪从众，权益性从众）。个人在外表上最与群体保持一致，但在内心却格格不入。这是因为个体最不赞成群体，但由于某些原因无法脱离群体或个体感到脱离群体会给自己带来不利，所以内心处于矛盾状态。

社会标准化倾向有两种表现：

（1）表面不从众，内心接纳（伪不从众）。例如，在公共场合不同意群体行为，但内心却十分赞同群体要求，这是在个人身份地位特殊时作出的表现。

（2）表面不从众，内心拒绝（真不从众）。例如，不与群体妥协，可能是因为个人另有一个与内心关联的群体，因此拒绝它也不感到孤立，另外可能是确信这个群体是错的，所以不与这个群体保持一致。

从众行为有好处，也有害处。每个群体，都不愿意有偏离者，特别是对凝聚力强的群体，这种从众行为是有好处的。但不坚持自己的观点、没有主见，一味地去从众就不能说是好事。

二、社会气氛对个人的影响

一个群体的心理气氛不同，对个人的影响也不同，从而导致了群体成员不同的心理特征。下面是两种不同群体中成员的心理特征。

（1）在专制性群体中。个人以我为中心，攻击性言语较多，表现出对领导服从，面对困难时相互推脱责任、相互攻击。

（2）在民主性群体中。在困难的情况下，各个成员是团结一致的，而且企图解决问题。

三、群体的组织结构对个人的影响

就群体组织状况来说，有严密的，也有松散的（毫无组织群体）。个人所属的组织不同，在行为上会表现出很大的差别。

心理学家做了一个实验，实验有两组被试，第1组是临时招来的不相识的大学生，第2组是校内的社团。

他让被试解决一些问题（类似智力测验的问题），其中有些题目需要群体成员协作才能完成，如果有一个成员不努力，那么任务就完不成。

第1组被试在解决问题的过程中，一旦遇到困难，就中断了。所以需要尝试的次数多，而且每个成员都感到受了很大挫折。这说明无组织的群体，一旦尝试失败，则更多表现出缺乏兴趣，并分解成几个人的小集体，不能坚持到底。

第2组被试在遇到困难时是有组织的群体，虽然也中断了尝试，但是他们能够继续努力，坚持到底。

试验说明：无组织的成员遇到困难时容易产生挫折感，因为他们求胜心切，致使尝试中断，表现出较多的埋怨；在有组织群体中，大家都有一种共同完成任务的群体意识，同时成员还想显示一下他们的力量，因此能够坚持下去并取得成功。

第七节　群体动力

动力有两层含义：首先在事物中，各种有关因素相互制约、相互影响、相互作用；其次这种相互影响、相互作用可以引起事物的活动，导致活动的变化，推动事物的发展。

群体动力是指个人与他人在群体中相互作用时，所特有的或者一致的方式，凡群体研究就是研究群体的动力问题。

一、群体决策

群体决策指群体成员对所面临的问题出谋划策，人人出主意、想办法，以便找出解决问题的方法与策略。

群体决策是实现群体目标的有效手段，恰当地运用这一手段，将大大提高群体的效率。

下面介绍群体决策的参与度、内容和范围。

（1）群体成员参与决策的程度从很少到充分参与。

（2）群体决策的内容包括管理、日常人事、工作体力和工作条件四方面。

（3）群体决策的范围有大有小，例如，人代会和小组讨论都属于群体决策。

二、群体决策与个人决策的比较

俗话说："三个臭皮匠，顶过一个诸葛亮"，这句话是指群体决策优于个人决策，事实果真是这样吗？下面将在各方面对群体决策和个人决策进行比较。

1. 在准确性、创造性和效率方面的比较

（1）准确性。群体决策解决问题的准确性高于个人决策，因为通过群体决策，成员间可相互讨论，更正判断的误差，但往往速度较慢。

（2）创造性。个人决策优于群体决策，因为群体中意见的发起要受到每个人的衡量。

（3）效率。个人决策优于群体决策，群体决策费时，但代价较低。

2. 在精确性和速度方面的比较

（1）研究证明，群体决策的精确性高于个人决策。因为，群体成员间的相互提示和启发促进了信息交流，提供了许多选择方案。同时，成员间还能彼此检查对方的意见存在的不足。个人决策却是单独进行的，不能交流信息，也无法检查自己的意见是否正确，所以难免失职。

（2）群体决策的速度低于个人决策。群体决策是成员间相互交流信息、相互磋商和相互补充，容易造成时间上的延长，所以在速度上不如个人决策快。另外，群体决策虽然具有精确性，但它不适宜在紧急情况下进行。同时，这种精确性也不是绝对的。因为群体中存在着地位效应，每个成员受地位角色的影响。有时会出现由于权威人物的话使成员产生统一性，群体的成员都同意他的看法，而导致决策性失误的情况。

3. 在决策方法和创造性方面的比较

泰勒做过这样一个实验：随意指定五个人为一组，并给小组提出一个问题，让他们想办法在 20 天内完成。问题是这样的：每年有许多美国旅游者到欧洲去旅行，现在希望有更多的旅游者来美国旅行，你能想出什么建议来？他要求被试尽可能提出具体的创造性建议。另外，再找五个人，让他们单独想办法完成。

结果表明：五人单独完成的建议数量，高于五人小组完成的数量。单个人平均 68.1 条意见，而小组平均 37.5 条意见。这是因为单独工作的人比小组活动的人更集中精力且不受他人影响。显然共同工作的干扰大，精力宜分散，因此群体决策在解决问题的方法和创造性建议上，低于个人的决策。

但也有人提出了不同的观点：认为小组决策未必优于个人决策，因为该小组是临时组成的，成员间相处时间很短，可能还不熟悉，不能相互配合、协调工作，因此会引起社会干扰。但当被试经过特殊选择，能够和谐一致地配合并受到集体工作训练时，小组提出的建议就会优于个人，会具有更多的创造力和较高的效率。因此可以说：群体形成初期的决策水平低于个人，而工作一段时间后，就会高于个人。

4. 在解决逻辑性问题方面的比较

研究表明：用逻辑方法解决问题并且只有一种答案时，群体决策水平低于个人决策水平。因为群体成员间会相互刺激，经常打断对方的逻辑思维，从而分散了成员的注意力，产生了强烈的社会干扰，使成员不能集中精力进行逻辑推理，从而妨碍了成员的工作。个人决策由于无人干扰，思维连贯，因此优于群体决策。

但是对于较复杂的问题，如涉及生物学、数学、化学研究、罪犯的犯罪原因、心理学、社会学等知识还是群体决策好。如果让一个人去完成，显然在知识结构上有一定的困难。所以让具备了以上知识的几个人去解决，显然比一个人解决要好。

三、异质群体和同质群体决策的比较

异质群体指成员人格各不相同。同质群体指成员有着相同的心理和相似的人格。一般来说，异质群体的决策要高于同质群体。由于异质群体在知识结构、性格特征和才能方面各不相同，从而提供了更多的解决问题的方法和意见，使偏见能及时得到调节和中和，而同质群体因为在知识、才能、性格特征方面的相同，所以考虑问题的思路也容易相同，这样虽然使成员间减少了矛盾，但很容易出现相同的偏见。霍夫曼和梅尔做了一个实验，让同质群体、异质群体分别解决一个问题，即想一个办法在布满地雷的区域寻找通道。结果发现，异质群体很快就找到了通道。

四、群体决策中的地位效应

群体决策中的地位效应是指地位较高的人的意见对群体有较大的影响，他说了算，而其他成员的意见则不为人所重视。那么这个地位较高的人就是领导者，他在群体中的地位、威信最高，具有的影响力比一般成员要大得多。因此，他的意见具有很重的分量，容易使人服从、顺从。在群体决策时会引导群体盲目跟从。

第十五章　领导心理与行为管理

领导行为不同，会造成群体气氛不同，造成不同的心理影响。

第一节　群体领导者和群体领导

一、领导者和领导的概念

领导者指在群体当中，某些人由于他所扮演的角色地位高于其他成员，或由于他能够满足成员的某种需求，因此对成员有较大的影响力，成为了群体中的特殊人物，因此他能够带动群体、控制群体。群体中这样的人物就叫做领导者。

领导就是有效的影响。为了施加有效的影响，领导者须对自己的影响进行实地了解。

领导者和领导是两个不同的概念。领导是领导者的行为，是一个动态的过程。领导又是一种行为的过程，起主导作用的因素则是领导者。

二、领导者的功能

群体的领导要在群体中起关键作用，是群体中举足轻重的人物，其主要功能如下：

1）领导群体成员采取一定的手段以实现群体的目标。

2）协调群体内各个成员之间的关系，促使各成员之间保持和谐。

领导者要实现这两个功能，必须有以下两个先决条件。第一，领导者要有决定权，即对群体的组织结构及实现团体目标所使用的手段要有决定权。第二，领导者要能够得到群体成员的拥护，群体成员对领导者发出的号召能够积极响应。只有具备了这两个条件，领导者才能发挥功能，实现有效的领导。

三、领导者的影响力

作为一个领导者，必须有影响力，这样才能号召并激励群体去执行和完成任务。

1. 影响力的定义

影响力指一个人在与他人交往中，影响和改变他人心理和行为的能力，可以说任何人都具有影响力，只是每个人的影响力强度不同。群体领导者的影响力必须大于普通人的影响力。

这种影响力一般分为以下两种：

（1）强制性的影响力。它也可以称权力性影响力，是由社会赋予个人的职位、地位和权力等条件构成的。正因为如此，这种影响力不是人人都有的，只有群体中的领导者才具有这种影响力。领导者对被领导者的强制影响，在一个正式的群体中往往表现为行政命令，而被领导者往往表现为被动的顺从和服从。一般来说，强制性影响表现为两种形式。

1）奖励：采用不同范围与不同程度的奖励手段对于被领导者来说具有影响力。这个影响力足以改变被领导者的行为和心理状态。

2）惩罚：一个正式群体的领导者当然也具有实施惩罚的手段，被领导者为了避免接受痛苦的惩罚，就必须接受领导者的影响。

（2）自然性的影响力。它也称非权力性影响力，这种影响力是任何人都可以有的，由人们本身的特点构成。作为群体的领导者，除了具有强制性影响力以外，更应具有自然的号召力。领导者内在号召力出自他本身的业务水平、个性特征及道德品质，自然性影响力不同于强制性影响力，对于被领导者所产生的心理影响是自然的，是被领导者自觉自愿接受的，其效力远大于强制性影响力。

2. 领导者影响力的心理效果

领导者影响力对于被领导者会产生以下几种心理效果：

（1）服从感。被领导者对领导者的服从，是社会传统观念作用的结果。长期的生活使人们形成了一种传统的观念，认为领导不同于一般人，他们有权、有才干，比普通人强。这种传统观念渗透到了每个人的头脑中，因此每个人都认为被领导是天经地义的。

（2）敬畏感。由于社会给予居于领导地位的人一定的职位和权力，使他可以发布命令、实行奖励和惩罚等手段，因此领导者在一定程度上就可以左右被领导者的行为，因此被领导者对领导者会产生敬畏感。

（3）敬重感。被领导者对领导者总是尊敬的，这除了受传统的观念影响以外，还与领导者过去的经历、资历、感应和才能有关。

（4）信赖感。领导者容易取得人们的信任，使人们对他产生信赖。

（5）亲密感。一个好的领导者平时待人接物和蔼可亲、平易近人，表现出民主作风，同时又能关心成员的疾苦，成员会感觉到领导者是自己人，愿意与他说知心话。

四、领导方式及其效果

领导者行使权力、发挥领导力的方式不同，会使他所属的群体产生不同的气氛，进而影响到群体成员的行为和群体的工作效率。

领导方式分为以下两类：

1. 以执行任务（P型）和维持群体关系（M型）为主的领导方式

P型领导者的行为特征是把成员的注意力引向目标，把问题明确化，制定工作程序，运用专门知识评定工作的成果。

M型领导者的行为特征是维持快乐的人际关系，调解成员之间的矛盾，激励大家，给少数以提供可以发言的机会，促进成员的自主性，增强成员的交互作用。

作为一个群体领导者，要达到目的就必须采取不同的领导方式，由此将P型和M型领导者扩展开，分为以下三种类型：任务完成型（P型）、群体维持型（M型）和两者兼备型（PM型）。

对于这三种方式的效果，日本学者（三隅二不二）研究认为，PM型领导者的领导方式生产效率高，工人对工厂的信赖程度高，P型或M型属于中间状态。

2. 专利、民主和自由放任的领导方式

属于一个工作小组的成员，明显受领导者作风的影响，在民主的领导方式下，小组成员能很好地团结、协作，生产质量好。放任和专制的领导方式在产量和质量方面都不如民主领导方式，专制的领导方式比放任的领导方式要稍微好一些。

第二节　领导理论的变迁

一、有关领导理论的研究

1. 特质理论

研究发现：领导者有六项特质不同于非领导者，即进取心、领导意愿、正直与诚实、自信、智慧和工作相关的知识（作为领导者必须有这六项特质）。

最近一项研究表明：一个人是否是高度自我监控者（在调解自己行为以适应不同环境方面具有很高的灵活性）也是成为领导者的一项重要因素。也就是说，高度自我监控者比低度自我监控者更容易成为群体中的领导者。这些特点只是可以提高领导者成功的可能性，但不是有了这些特点就一定能取得成功。原因包括：不确定每种特点和下属的需要是否相关；每种特点之间的相对重要性是模糊的；这些特点没有对原因和结果进行区分（如是领导者的自信导致了成功，还是领导者的成功建立了自信）；这些特点与情况是相脱离的。由于存在这些缺陷，因此关于领导者特质理论的研究逐渐被其他理论代替了。

2. 领导行为理论

领导行为理论主要研究领导者所表现出的行为是否有独特之处。比如，严厉、强硬、专制。如果行为理论非常具有实际意义，那么这种领导是可以培训的。通过培训使他具备一些具体的行为，即把有效的领导者所具备的行为模式植入个体身上，这样领导者的队伍就可以不断壮大，从而可以拥有无数的领导者。

由对行为的研究可以得出领导风格和领导方式。领导风格不同导致了工作绩效有差异。

布莱克和莫顿在 1964 年提出了"管理方格理论"。这一理论抓住了两个要素：对生产的关心，即领导者对于生产任务，如质量、产量、生产效率的重视；对人的关心，即领导者对下级的尊重、关心、评价与奖励及人际关系的关注。管理方格共有 81 个方格，每个方格代表一种管理方式。对生产的关心和对人的关心在图上的交叉点就是领导类型。9.9 风格的领导者工作效果最佳，9.9 型是最理想的管理方式，它对任务和人都十分关心，采用这种风格的领导者总是努力帮助下级争取自我实现。这种方式实行自治管理，满足成员自尊心的需要、上下关系的和谐。

3. 权变理论

1964 年费德勒发表了权变理论。他认为领导是一种过程，在此过程中，一个领导者所能施加影响的能力，取决于群体承担任务的环境因素和领导者的作风、性格、工作方法及与该群体的适应程度。

费德勒模型是：有效的群体绩效取决于两个因素的合理匹配。这两个因素是：与下属相互作用的领导者的风格、情境对领导者的控制和影响程度。

（1）对领导者风格的确定。费德勒认为一个人的领导风格是固定不变的，这与他的个人特点有关。领导者的两种领导风格分别是：关系取向型和任务取向型。这种风格是与生俱来的，个人不可能改变自己的风格去适应变化的情境。

（2）对情境的确定。如果情境要求任务取向型的领导者，而领导者却是关系取向型，要想达到最佳效果，要么改变环境，要么替换领导者。

（3）领导者与情境的匹配。领导者的风格与情境相互匹配时，会达到最佳的领导效果。由于领导者的风格是稳定不变的，因此提高领导者的有效性有两条途径：第一，替换领导者以适应情境；第二，改变情境以适应领导者。通过重新建构任务，可以提高或降低领导者的职位，从而控制权力因素，使领导者与情境匹配恰当。

4. 领导者—成员交换理论

由于时间压力，领导者与下属中的少部分人建立了特殊关系。这些个体成为了圈内人士，他们受到了信任，得到了领导更多的关照，也更有可能享有特权。其他下属则成为圈外人士，他们占用领导的时间较少，获得满意的奖励机会也较少，他们的领导—下属关系是在区域的权力系统基础上形成的。

该理论认为：当领导者与某一下属进行相互作用的初期，领导者就暗自将其划入圈内或圈外，并且这种关系是相对稳固不变的。领导者倾向于将具有下列特点的人选入圈内：个人特点（年龄、性别、态度）与领导者相似、有能力、具有外向的个性特点。

圈内人士的地位较高，满意度也较高，绩效评价等级更高，离职率更低。

5. 路径—目标理论

这是当今最受人们关注的领导观点。该观点的核心是：领导者的工作是帮助下属达到他们的目标，并提供必要的指导和支持，以确保他们各自的目标与群体或组织的总体目标相一致。

这一概念要达到的目的是：有效的领导者通过明确指明实现工作目标来帮助下属，并为下属清理过程中的各种路障和危险，从而使下属的"旅行"更顺利。

领导者如何领导下属呢？那就是领导者的行为是否能被下属看做是满足需要的手段。如果能看做是满足需要的手段，则领导者领导成功。

领导者必须具备四种领导行为：指导型领导、支持型领导、参与型领导和成就取向型领导。

二、有关领导者当前的研究

1. 不同性别的领导者

在当今的组织中，灵活性、团体工作、信任和信息共享等特点取代了僵化的结构、竞争的个体主义、控制和保密等特点。一个好的管理者应该认真聆听下属的意见，充分激励和支持下属，实行鼓励和影响而不是控制。很多女性做这些事情似乎比男性更为出色，因此男性领导与女性领导相比，女性会做得更好并更可能成功。

通过大量研究，得出了关于两个结论：第一，男性与女性领导者的相似性多于差异性；第二，在差异性方面，女性似乎采用更为民主的领导风格，男性则对指导型风格感到恰当。

2. 通过授权而领导

一个有效的领导者应与下属共享权力和责任。只有授权才能表现信任，展示前景，清除阻碍员工绩效提高的障碍。

3. 追随者

有人说过，成为优秀的领导者的条件是有"一流的追随者"，成功的组织除了要有能够统领员工的领导者，还需要有能够追随领导者的追随者。实际上，任何组织中下属的数目远远多于领导者。因此可以说，无效的追随者比无效的领导者会对组织造成更大的障碍。有效的追随者应具备下列品质。

1) 能够很好地管理自己，能自我思考，独立工作，不需要具体领导。

2) 能够有意识地培养自己的能力，并为达到最佳效果而付出努力。

3) 诚实、有勇气、值得信赖，有效的追随者是独立而批判性的思考者，他们的知识和评价都值得信赖，他们有很高的道德标准，信誉良好，敢于对自己的错误承担责任。

三、民族文化如何影响领导风格的选择

从权变理论得知，有效的领导者并不仅仅使用单一的风格，他们会根据情境调整自己的风格。因此国籍不同，一个领导者采用的领导风格会有差异。一

般来说，操纵或专制风格适合高权力距离的国家（如参与型领导在北欧最适合）。一个领导者的风格要受到下属员工期望的文化条件所制约。例如，日本的管理人员在印度绝不能采用他的民主参与式的管理方式。

四、领导者的生物学基础

一个成功的领导者是有其生物学根源的。有研究指出：最优秀的领导者不一定是群体中最聪明、最强壮或最有进取心的人，而是有能力处理社会关系的人。拥有优秀的、能处理社会关系的领导者所拥有的独特的荷尔蒙和脑化学物质的生化混合物，能帮助人们建构社会交往关系和处理压力。

这些化学物质包括5—羟色胺和睾丸甾酮。

前者成分越高，越表现出较强的社会交往力和控制攻击能力；后者成分越高，越表现出竞争能力。

以猴子进行研究得出：占统治地位的猴子——领导者比其他猴子的5—羟色胺水平要高；当群体中更换领导时，新当选的领导者的5—羟色胺水平显著增加。研究人员认为：高水平的5—羟色胺可以控制攻击性和反社会性冲动，并可以控制对无关或次要压力的过度反应，从而提高了领导地位。

这里存在一个问题，即是高水平的5—羟色胺能够激发领导者还是领导者由于地位的变化导致了5—羟色胺水平的提高。

睾丸甾酮似乎也在领导中有重要作用。对狒狒的研究发现：当领导者的合法地位受到威胁时，其睾丸甾酮水平会突然升高，对于非领导者来说，当危机来临时，其睾丸甾酮水平会下降。

以上是对动物的研究。在对一个大学生联谊会的研究中发现，处在最高领导地位的男性的5—羟色胺水平也是高的。对网球运动员的研究发现，在竞争性比赛之前睾丸甾酮水平会升高，这种高水平使运动员更具有攻击性，更有动机去争取成功。另外，当一个人获得了地位和提高成就后，睾丸甾酮水平也提高了。当女性获得了成功尤其是职业女性，其荷尔蒙水平会提高。

5—羟色胺是神经介质的一种，通过使大脑神经细胞中的化学物质重复使用，可以放松心情、缓解紧张。有一种抗抑郁药叫做 Prozac 可以使服用者的5—羟色胺水平提高，社会交往能力提高。因此，人们也许可以考虑尝试通过药物手段增加成为领导者的机会。

第三节　领导者与权力

一、权力的概念

权力指一个人用以影响另一个人的能力，这种影响使 A 和 B 做了在其他情况下不可能做的事情。

首先，权力是一种能力或潜力，一个人可以拥有权力，但不一定运用权力。权力是否被运用在于它是依赖的函数。B 对 A 的依赖性越强，在他的关系中 A 的权力就越大。这种依赖感建立在 B 感知到的可选择范围，以及他对 A 的控制的这些选择范围的重要性的评价上。也就是说，只有当一个人控制了你所期望拥有的事物时，他才拥有对你的权力。例如，上大学，学习统计学，只有一个老师讲课，则他拥有对你的权力。又如，上学时由于依赖父母的经济支持，你的选择有限，并且这种经济支持对你至关重要，所以父母对你拥有权力。当步入社会后，父母对你的权力就明显减弱了。

其次，A 和 B 做他不愿意做的事。B 的工作行为已经事先规范好了，他被局限于做他力所能及的事，而不是他要做什么。B 做得怎样，做与不做都会影响到 A 是否雇用他。因此，B 必须对 A 绝对服从，这也体现了 A 的权力。

二、领导者与权力的关系

领导者将权力作为实现群体目标的手段。没有权力，则不可能达到一定的目的。领导者与权力的区别有以下几方面。在目标的相容性方面：权力不要求构成权力关系的双方有一致的目标，只需要依赖性，但是领导则要求领导者和被领导者双方的目标有相当的一致性。在影响的方面：领导的权力一般侧重于向下属施加影响，而尽量减少横向的和纵向的影响，而权力对任何一个人、任何一个方向都可以应用。在研究重点方面：领导者的研究着重强调领导方式，而权力的研究包括更宽泛的领域，集中关注赢得服从的权力技术。

三、权力的特性

（1）强制性。通过权力可以为难他人，他人为了避免遭到为难而服从。

（2）奖赏性。通过权力能够给他人以特殊的利益或奖赏，因此可以使他人与自己保持亲密关系。

（3）法定性。通过权力可以支配或掌握职位、地位，并且可以使对方服从法规。

（4）专家性。通过权力可以实现自己的技能，使他人服从于你的判断（如医生的医嘱）。

（5）参照性。参照性权力是由于对他人的崇拜以及希望自己成为那样的人而形成的。他人对自己具有超凡的魅力。如果你敬仰一个人并到了要模仿他的行为和态度的地步，那么这个人对你就拥有了参照性权力。它使人们理解为什么厂家要花几百万美元去请名人作产品广告。在一个组织中，如果一个人能言善辩、极富主见、形象良好、极具魅力，也就具备了个人特点，能够影响他人去做他想做的事情，他的参照性权力也就形成了。

四、影响权力的因素

权力最重要的就是它是依赖的函数。因此理解依赖就理解了权力。

古语说："在失明者的国度里，独眼者就是国王。"也就是说，当你拥有了别人不曾拥有的资源，能通过控制信息、尊严或其他别人渴望的东西而形成垄断，使别人依赖于你，你就因此而获得了对他们的权力。如果某种资源十分充足，而你拥有这种资源，是不会增加你的权力。比如，智慧，如果每个人都拥有它，那么智慧也就没有什么特殊价值了。一个人手中掌握的资源越多，别人手中的权力就越小。因此，人们就可以理解为什么一个厂家要与多个供应商保持联系，这是为了避免垄断。一个人渴望在金钱上保持独立，就是因为金钱上的独立能减少他人支配自己的权力。

五、依赖如何产生

依赖的产生主要有以下几方面原因：

（1）重要性。如果你掌握的资源最重要，人们对你的依赖将会增加。因此，要想产生依赖，必须使他们感觉到你掌握的资源很重要。例如，对于保险公司来说，市场就是一切。因此公司对市场人员的依赖性很强，市场人员是拥有权力的职业群体。

（2）稀缺性。一个人不但要拥有资源而且还必须是稀缺的，这样别人才能信赖你，你才可以拥有权力。比如，会英语的人才很容易找到，目前已经不是稀缺的人力资源了，所以公司会对某一英语人才不是很依赖。但工程技术人员稀缺，因此一个受聘于某学院的工程技术教师就有更高的要求并要求给予满足。

（3）不可替代性。一种资源越是没有替物，越需要更大的权力去实行对它的控制，人们称之为"权力弹性"①。权力弹性是对于可供选择的资源的变化使权力发生了相对的变化。也就是说，一个人影响他人的能力取决于他人对于自己可选择范围的判断。在组织内可供选择的范围越小，表明在组织外部有大量可供选择的机会，组织对他的权力控制就越小，而在组织内可供选择范围越大，表明在组织外部寻找其他工作的机会有限（比如，年龄、受教育程度、薪水、消息的闭塞等都会给他再带来限制），组织的控制就越大，如图 15-1 所示。

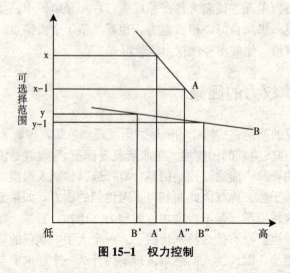

图 15-1　权力控制

上图假设了两个人 A、B，对 B 来说，最重要的事是让老板觉得他的选择余地比实际上要大得多。A 除了目前的工作外，在组织外部还有大量的就业机会可供选择。担心被解雇的想法对 A 影响很小，A 的老板对 A 的威胁微乎其微。如果 A 的选择范围缩小，那么 A 在公司的权力会稍有提高。

B 由于年龄、受教育程度、薪金、消息闭塞等因素给他的再谋职形成了极大的限制。因此，B 依赖组织。如果 B 失去此项工作，他的选择范围会更小，

①斯蒂芬·P.罗宾斯著：《组织行为学》，孙健敏等译，北京：中国人民大学出版社，1997。

面临无限期的失业，他的上司对他的权力会明显增加。

对于 B 来讲，一定要让老板觉得他的选择余地比实际要大得多。否则，B 的命运就会掌握在上司的手中，而且他将不得不任老板随意驱使。

例如，一个大学老师，为了扩大知名度而发表著作，学校对他的权力控制就小。如果一个老师，年长、教学负担重，只在本单位工作，在外无影响，则领导对他的权力控制就大。

六、确认权力

人们要考虑资源的拥有和依赖是由于权力的变化发生的。判断一个组织的实权究竟在哪里，要从部门的水平和部门经理的水平来看。

从部门的水平看，某部门的领导者拥有多大权力与下列问题有关：这个组织的高层管理者中有多少比例是从这个部门提拔上去的；这个部门在重要的跨部门团体或委员会中有代表吗；这个部门资深经理的薪水与和他同级别的其他人比较如何；这个部门的办公地点是在总部大楼里吗；与其他部门的办公室相比，这个部门的工作人员的办公室平均面积多大；这个部门的员工人数与其他部门相比是否有所增加；这个部门人员的晋升比率与其他部门相比是否更大；这个部门分配所得的预算资金与其他部门相比是多少。

从部门经理的水平看，下面一些标志能象征权力的因素是否存在：组织中某人遇到麻烦，这位经理能为这个人求情开脱；超出预算的开支可以获得批准；在重要的会议上他的发言要作为一定的议程；可以快捷地按组织的最高决策层。

七、群体中的权力

要拥有权力，必须要形成联盟，即两个或更多的人的联盟，通过结合。他们可以把资源集中起来，以建立权力基础，从而成为权力的执掌者，以获得影响力。在政治学理论中，联盟并非是人越多越好，而是联盟的人努力减小规模，这个规模只要能施加权力以达成自己的目标即可。另外，如果组织中的工作任务繁重、资源相互依赖，那么组织中联盟的数量也会相应较多。联盟的形成还受到员工所从事的实际任务的影响。群体任务的常规性越强，联盟的可能性就越大，因为它们相互可以替换，可以依赖。

当人们集结成群体时，权力就可发挥作用，这种作用称为政治行为。

1. 政治行为的概念

政治行为不是由组织的正式角色所要求的，但又影响或试图影响组织中利害分配的活动。它分为合法与非法两种。

合法的政治行为指符合规模的日常政治行为，如通过正常的程序向上级提意见，组织联盟，通过消极怠工或过度坚持原则来阻碍组织的政策或决策，通过个人的专业活动与组织外部建立关系。

非法的政治行为指运用权力来抗议。由于使用极端的非法政治行为的人，会承受失掉组织成员身份的严峻风险或受到严厉的制度惩罚，从而使权力难以奏效，因此大多数情况下成员都使用合法的政治行为。

一个组织可以避免政治行为，但不容易避免。因为组织是由具有不同价值观、目标和利益的个人群体组成的，组织成员在分配上可能存在冲突。组织的资源又是有限的，如果资源充足，就不存在问题了。因此，一个人或群体获得的利益往往是以牺牲其他人的利益为代价的。所以，政治行为就无法避免了。

对一个领导者有什么样的行为被称为政治行为，有什么样的行为被称为有效的管理，不同的人有不同的认识，如表 15-1 所示。

表 15-1　有效管理与政治行为比较

有效的管理	政治行为
富有责任感	责备他人
建立工作关系	套近乎
表现忠诚	溜须拍马
预先计划安排	早有预谋
事业心理	有心计
老练稳健	奸诈狡猾
胸有成竹	妄自尊大

2. 引发政治行为的因素

(1) 个人因素。从个人特点看，有效的自我监控、具有内控型控制点和权力需要较强烈的人更易卷入政治行为。

其原因是：自我监控能力强的人对社会线索较敏感，并表现出较强的社会从众倾向。比起自我监控能力较差的人，他们更擅长有手腕的政治行为。对不同类型人的具体解释如下：

1) 内控的人相信自己能控制环境。

2) 高权力、愿望强烈的人为实现个人利益也容易产生政治行为。

(2) 组织因素。当组织要提高效率时，必须要相应地减少资源。组织因素主要有以下几方面：

1) 由于担心丧失资源而采取政治行为。

2）晋升决策：晋升和发展的机会促使成员开展竞争，从而采取政治行为。

3）绩效考评的不完美：采用主观因素多、客观因素少，从而采取政治行为。

4）员工压力感也使其采取政治行为。

5）当员工看到上层人物致力于政治行为，特别是这些人又获得了成功并有一定回报时，组织中就会形成支持政治行为的氛围。这样，领导者的政治行为会被下属接受，并把下属同化在一起。

一个有效的管理者要能接受组织的政治特性，通过运用政治的观点来评价组织中的各种行为，并运用这些信息来形成其政治策略，从而为自己和工作部门带来好处。

研究表明：高明的政治技巧必然能给领导者带来良好的绩效评价，从而实现加薪和晋升。对于员工来讲，一些低等级的员工没有一定的权力基础和影响别人的手段，因此政治行为越多，他们的满意度就越低，这将成为他们挫折的来源。对等级位置较高的员工来讲，他们能够处理政治行为，一般不会表现出消极的态度。

在一个组织中，一些人的政治敏感性确实比别人高，懂得如何利用这一手段获利，而对另一些对政治一无所知或者手段低劣的人来说，他们对工作会感到不满。

3. 对政治行为回避的表现

组织中的政治行为更多的是自我利益的保护及晋升。对政治行为回避的具体表现如下：

1）回避行为。避免任何行为，但他人又要求你表现出正在做事的样子。它包括服从（有关规定的指示历来如此）、推卸责任、装聋作哑、物化人格、拖延和掩饰、耍花招等。

2）避免责备。避免因为实际的或将要产生的消极结果而招致责备。

3）避免变革。抵制变革，保卫领地。

对于个人来说，防卫性行为的后果如下。从短期看来，使用防卫性行为可以很好地增进个人利益；从长远看来，这种行为往往随着时间的推移演变为一种长期的甚至是病态的行为，久而久之，将失去同事、上司、下属和客户的信任与支持。

对于组织来说，防卫性行为往往会降低组织的有效性。从短期来看，这种行为会拖延决策，增加个人与群体之间的紧张气氛，减少冒险的成分，降低贡献和评估的可靠性，妨碍组织的变革；从长期来看，防卫性行为会导致组织停滞不前，与组织的环境割裂开来，形成政治倾向浓烈、员工士气低下的组织文化。

4. 行为政治化的道德问题

判断政治化行为道德与否的标准如下：

1）政治行为是否符合组织的目标，如果符合则是道德的。例如，如果有人散布谣言说，新推出的产品安全性值得怀疑，这样会使这一产品滞销，这便是不道德的。

2）政治行为是否尊重所要影响的人的权力。作为领导要影响他人，因此偷看他人信件就是不道德的。

3）政治行为是否符合公正或者不公正的原则。例如，部门领导对自己喜欢的员工夸大其绩效，对不喜欢的员工则贬低其绩效，然后用这些绩效考核的结果作为理由给喜欢的人大幅度提薪，而不喜欢的人什么也得不到。这种行为就是典型的不公正行为。

有权力的人经常对以上三个问题进行掩饰，把为自我服务的行为解释成为组织的利益。如果更多地运用不道德的行为而平安无事，久而久之便容易导致腐败。

权力是人际交往关系的一部分。试想一下，每个人每天都在各种条件下影响或试图影响别人。权力就像一把"双刃剑"，一面是积极的，一面是消极的。消极的往往与滥用权力有关（如掌权者剥削了他人或使用手中的权力只是为了积攒地位），而积极的作用往往是拥有权力后过多地对组织目标的关注，帮助组织形成目标，给群体成员提供达到组织目标所需要的帮助。

练习：

你的政治性如何？（用"是"与"否"来回答）

1）你应该通过公开地赞许他人的建议或者工作使他人感到自己的重要性。

2）人们总在第一次与你见面时就对你进行判断，因此应该努力给别人留下良好的第一印象。

3）尽量让别人多说话，对他们的问题表示同情，而不是告诉他们，他们完全错了。

4）对你所遇到的人要赞扬他的优点。无论在什么情况下，如果别人做错了或者犯了错误，一定要给别人机会保全面子。

5）为了对付敌人，虽然不太愉快，也必须采用散布谣言、编造误导信息或者在背后踹他一脚的办法。

6）有时候有必要做一些你明知不会或者不可能遵守的承诺。

7）和每一个人搞好关系是很重要的，即使他是公认的爱啰唆、讨人嫌或是牢骚满腹的人。

8）给别人好处非常重要，这样你可以有机会利用他们。

9）要善于妥协，特别是对于那些对你来说无关紧要而对别人至关重要的交情。

10）如果可能，尽量拖延或者避免卷入那些有争议的问题。

评分标准：

1）十足的组织政治家将对所有问题都答"是"。

2）具有最基本的道德标准的组织政治家对第5、6题回答"否"。

3）另有一些人认为操纵他人、揭发他人、为他人服务这些行为无法接受，则将所有问题回答"否"。

第四篇

组织心理篇

第十六章　组织心理与行为管理

现代管理中人是管理活动的主体，要调动人的主观能动性，最大限度地发挥人的潜力，不仅要用科学技术、经济手段，更为重要的是要用文化的手段。本章从组织文化软约束制度的视角，阐述对员工心理和行为的管理。

第一节　基于员工心理与行为管理的组织文化

一、组织文化的概念

文化是指知识、信仰、艺术、道德、法律、风俗以及人类在社会中所获得的一切能力与习惯。它是无形的、隐含的、不可捉摸的而又理所当然的东西。组织文化是指组织的信念理想、最高目标、行为准则、传统风气，是一个组织中全体成员共同具有的价值观体系和基本精神。西方学者希恩在 1984 年曾经给组织文化下过一个定义，他认为："组织文化是特定组织在处理适当外部环境和内部整合过程中出现的种种问题时，所发明、发现或发展起来的基本假说的规范。这些规范运行良好，相当有效，因此被用作教导新成员观察、思考和感受有关问题的正确方式。"组织文化也带有文化的特点，是一种无形的力量。它一经形成，就以观念的形式潜移默化地规范着每一个成员的日常行为、工作态度和工作方式。任何人都不能违背它，否则就会招致组织内对他的指责和惩罚。组织文化可以从每个成员的态度、行为和整个组织的素质中体现出来。如果一个新的成员加入某组织，就迫使他必须学习该组织的规则，了解组织提倡什么，应该遵守什么，应该如何向上流动，奖酬的条件如何规定等。总之，一个人只要隶属某个组织就一定要受到该组织文化的规范、管理、控制，受到该组织心理文化气氛的熏陶，在优秀的文化氛围里发挥才能，实现自我价值，直到工作生涯结束。

二、组织文化的形成过程

组织文化最初源于组织创始人的经营理念。组织创始人的形象、个性特点、价值观念奠定了组织的早期文化。这种早期组织文化又决定了该组织的甄选过程，确定了招聘、选拔、录用成员的甄选标准。通过甄选过程，首先产生高级管理人员，然后高级管理人员根据甄选标准对成员进行选拔组合。入选的成员必须在管理人员的要求下进行社会化行动，逐步掌握为组织所提倡的态度观点、行为方式，逐渐将组织规范、价值观念植根于内心深处，形成组织特有的文化。如图 16-1 所示表示了组织文化的形成过程。

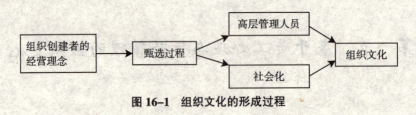

图 16-1 组织文化的形成过程

1. 组织创建者

组织创始者的经营理念对某种组织文化的建立、保持有着巨大影响。组织有了创始人以后，组织文化就开始了。创始人的品质、个性决定了组织的基本类型与特征。组织创始人可以完全摆脱传统习惯的做法，以一种全新的个人思想意识去塑造组织，勾画组织未来发展的蓝图，制定组织的宏观管理制度。一个组织是否富有竞争精神，是冒险还是保守，很大程度上取决于组织创建者的个性倾向和个性心理特点，组织创建者对组织文化的形成起到了奠基作用。

2. 甄选过程

这一过程包括第一阶段的识别和筛选，以及第二阶段的面试。在第一阶段，一方面，求职者对由组织的代表人提供的组织工作需求等相关信息进行权衡，如果自己有能力做好组织工作，就自动进入候选人之列；另一方面，组织对那些能满足工作需要的求职者也进行识别、判断。因此，甄选过程的第一阶段是由组织与成员共同参与的双向选择过程。经选择后组织筛掉对组织价值观构成威胁的人，然后进入第二阶段的面试。此阶段的主要方式是与候选人进行深入面谈，以保证每个进入面试的人能适应组织步调一致的管理风格，保证所聘的成员与组织价值观基本一致或部分一致。甄选过程是维系组织文化的基础。

3. 高层管理人员

高层管理人员是组织中举足轻重的人物，介于总裁与组织之间，他的言行会影响组织文化的模式，体现了一个组织的领导方式、领导结构和领导制度，对组织文化的塑造起着核心作用。一个组织是冒险还是保守，应该怎样奖励人、管理人、控制人，组织的心理气氛如何，都由高层管理人员决定。可以说，高层管理者在组织与个人之间架起了一座桥梁，一方面使组织更好地规范着每个成员，另一方面成员通过管理者的领导体制去更深入地领会组织文化。所以，高层管理人员是组织文化得以一脉相承的关键人物。

4. 社会化

从社会心理学角度来看，社会化是人在社会互动中，履行社会行为规范和社会角色、形成个性，从而不断适应和参与社会生活的过程。组织文化的社会化与个人在成长过程中的社会化异曲同工。它是指经过筛选而录用的人员，为适应新的环境，学习组织的行为准则，满足组织内各级人员的角色期望，扮演组织要求的角色的过程。这种社会化也简称为组织化或企业化，其进行方式如同数学上收敛发散数列一样，使进入组织的人员将爱好、偏好、精神追求自觉收敛，从心理上为他们进行认知、行为、利益三方面的整合，以达成群体成员之间有一致的价值准则、行为规范，并对许多问题产生相同或基本看法的群体共识。此过程的初始状态最为重要，正如弗洛伊德认为的那样："人生最初阶段是人格发展的关键期，它会影响其一生人格特征的发展。"成员在组织中早期社会化发展阶段也是他一生中工作生涯的关键期，每个成员经社会化初始阶段所形成的角色、地位及与组织的相容是工作的驱力和对组织忠诚的前提条件。组织对其成员的社会化是分阶段、有步骤完成的。如图 16-2 所示，表示了组织的社会化过程。

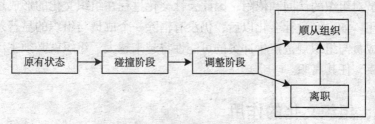

图 16-2　组织的社会化过程

（1）原有状态阶段。每个人虽已受聘于某组织，但还带有自己的价值观体系、态度和期望，这是由他的就业前培训和教育等前期社会化带来的。前期社会化的差异导致了态度期望差异，它们会对成员的归属和相互容纳形成阻力。

因此，在组织社会化的初始阶段，管理者应尽可能消除差异的存在，弄清成员原有的价值体系，密切注意新成员的工作动机、工作态度，使每个成员的价值体系与组织的价值体系之间的差别缩小。总之，此阶段的目的是使前期社会化的影响减至最小。

（2）碰撞阶段。由于新聘用的成员存在原有价值观体系，所以会产生来自于工作、同事、上级，以及组织整体的期望与个人期望相碰撞的情况。这时，新成员必须使自己从以前的假设中摆脱出来，代之以另一套期望。经过碰撞，在甄选过程中所聘用的与组织差别不大的成员，可能改变原有的价值观体系，积极地将组织行为内化，很快地适应工作现状。

（3）调整阶段。这一阶段，组织管理人员起核心作用。为有效调整新成员的价值观、态度和期望，管理人员应采取以下措施：第一，重视新成员的正规化训练，强调与工作环境有关的行为规范。第二，注重训练新成员的集体感。第三，设定组织内的标准化转变时期，即从完成临时试用期转为正式员工的时间。此时间的设定可以促使成员为了得到组织的认可，必须在试用阶段努力与组织认同，将组织文化内化。第四，进行有顺序的角色训练和鼓励，对于能良好遵从组织规范的人员进行提升或加薪，以此为新成员树立榜样，使新成员产生依附于组织并积极服从组织各种约束的习惯。组织经过这样的调整，使每个成员原有的差异基本消除了，增加了成员行为的标准化程度。每个成员能感到自己已经被同事作为一个可信任的、有价值的人接受下来，理解了整个组织系统的规章制度、工作程序、非正式的做法，了解到组织的评估体系、组织的期望是什么，认同了组织规范。这样，他离开组织的概率就几乎为零，成为了组织可预测的成员。

社会化过程经过了这三个阶段以后，使组织完成了对成员的导向活动，增强了成员对组织的认同和依附，因此，社会化过程在组织文化的形成过程中起决定作用。如果经过社会化以后，仍没有消除一个成员与组织的显著差异，则导致该成员与组织规范产生冲突的可能性将越来越大，组织就必须主动放弃对他的约束，任其离职。

三、组织文化的作用

组织文化可以提高成员行为的一致性和可预测性，减少模糊性。强劲的组织文化比硬性规章制度更具有渗透力，可以使成员自觉约束行为，有助于提高组织的承诺、树立形象，对组织来讲不无裨益。

1. 组织文化的积极作用

1）组织文化遵循宏观的社会文化的要求，按照本组织的行为准则，有目的地引导、塑造成员的行为，增强成员行为的一贯性。

2）文化本身就是一种黏合剂，可以将不同阶层、背景的人组合在一起，成为一个群体，共享一种文化。同样地，组织文化给不同的组织成员提供了共有的言行举止的标准，将组织内成员联合起来，使组织产生了凝聚力，对组织成员是有效的组织控制。同时，也增强了社会系统的稳定性，是有效的社会控制。

3）可以将组织与组织区别开来。每个组织所拥有的文化不同，甚至同一组织的各部门文化也有差别。因此，组织文化起到了一个分界线的作用。

4）组织文化迫使每个成员将组织的价值观纳入自己的态度体系中，使成员从态度上对组织文化进行服从、认同、内化、增强，使成员对组织产生认同感。

5）组织文化使成员认识到，只有组织发展了，个人的经济才有保障。因此，组织成员愿意将组织视为自己生活的一部分，当自我利益与组织利益发生冲突的时候，他会更多地考虑组织的利益。

但是，尺有所短，组织文化在一定程度上仍存在着潜在的负面影响，这种影响尤其在社会经济转型时期表现得极为明显。

2. 组织文化的消极作用

1）组织文化容易造成组织变革的障碍。一些组织过去有着强劲的组织文化，当组织面对稳定环境时，这种文化对组织的发展、生存极为有利。当社会发生了变革，需要其并轨、转型、进一步提高效率时，原有的文化将难以适应环境，束缚组织的发展，成为变革的阻力。因此，要求组织的管理者必须审时度势，不能用过去曾导致成功的措施，来对待现实变幻莫测的环境的挑战。

2）从文化上来讲，每个来自不同文化背景的成员有着本地区、本民族的价值观念、性格特征、意志品质，他们可以为追求个人与组织利益而发挥其本土化优势，使组织在多变的市场竞争中处于有利地位。但是，成员一旦进入了某个组织就会积极寻求个人——组织的适合度。这个"适合度"是指，成员的态度与行为是否与组织文化相容。比如，组织中谁的绩效评估最高，谁将会得到晋升机会，其原因是什么，成员以此找到一种参照体系与组织适合。所以，组织文化过滤了成员文化的多元性，不利于组织成为一个多文化、异质的群体。

3）从成员个性品质上来讲，每个人带到组织中独特的思维方式、情感特征、能力品质会促使组织技术得到创新，管理模式尽快地适应竞争环境。但是，处于强劲组织文化的成员容易被塑造成同一的、失去个人优势的统一体，不利于组织集思广益和在决策上创造优势，容易使组织失去活力。

4）组织文化容易造成兼并、收购的障碍。随着社会经济的发展，一些组织需要拓展领域，实施多样化经营战略。从经济学角度出发，进行兼并时应更多地考虑融资优势和产品协同性。但从现代管理角度出发，更应考虑文化的相容性，它可以使兼并后的组织成员能更好地服从管理，建立良好的职业道德。如果文化不相容，被兼并后的组织成员将难以适应新文化的约束，容易产生心理挫折，削弱组织内部的凝聚力量，甚至会拖垮兼并者。因此，在实施兼并时，如果组织文化相差太大，建议兼并者最好极早终止联姻。

四、组织文化的理论

组织在 20 世纪 70 年代以前被简单地看做是协调和控制一群人的理性工具，它们仅以垂直的层次结构、多个部门、权力关系存在。从 20 世纪 90 年代末开始，西方社会在反思了日本经济如何能在短期内飞速发展的原因之后，认为一个组织不仅以结构、部门、关系存在，而且具有个性，具有区别于其他组织的独特的价值体系和行为模式，它们还像人一样，这便构成了组织文化。

组织文化理论的前奏是组织制度化。组织制度化早在 20 世纪 50 年代就已经开始了，当一个组织开始制度化以后，这个组织就有了共同的、可接受的行为模式。组织的制度化的运作不是偶然的、一时的，而是带有持久性的。由于组织自身运作过程中，产生了持久的、连续一贯的行为模式、共同目标、价值观念、准则，就形成了与组织结构相适应的组织独特的个性、风格。

组织文化更多地在组织行为学领域内被用来探讨群体及结构对行为的影响，它与企业文化有一定关系。企业文化包括软文化和硬文化两部分。企业的软文化是指企业在历史的发展过程中形成的具有本企业特色的思想意识、观念、行为模式以及与之相适应的制度和组织机构；企业的硬文化是指企业的物质形态、技术水平和效益水平等。从这两方面来看，企业软文化与组织文化内容一致。根据国内专家研究，企业文化还有广义与狭义之分。从狭义上说，企业文化是指企业在实践中形成的基本精神和凝聚力，以及全体职工共同具有的价值观念和行为准则，这与组织文化概念完全一致。从广义上说，企业文化还应包括企业领导人的文化结构、文化素质职工的文化心态和文化行为，企业文化建设的措施、组织、制度。这样来看，企业文化的研究范围远远超出了组织文化的内容。因此，企业文化来源于组织文化，由于企业在自身运行过程中出现的特殊问题，使得组织文化企业化了，构成了企业文化的特殊性。组织文化又与企业文化的内隐部分完全一致。企业文化的内隐部分是指企业的无形文化或精神文化，是企业内部成员长期以来形成的价值标准、道德规范、工作态度、行为准则、企业精神。不难看出，企业文化的内隐部分是企业的灵魂、核心。因此，组织文化也可以理解为企业文化的核心。

　　企业文化就是企业这样一个组织的文化，企业文化以组织文化为中心呈辐射状，带有功能性地弥漫于企业的各部门、行业、系统，而企业的灵魂最终是由企业这样一个组织的文化所决定的。

　　由此可见，组织文化与企业文化不是矛盾的、互不相干的。组织文化泛指各级、各类组织的文化，企业文化只是组织文化的一部分，是组织文化中的一个具体领域，组织文化介于个体文化与民族、社会文化之间，属于社会文化框架中的一个中间层次。

　　现代管理的实践表明，组织文化是一种利用文化手段建立的全新管理模式，是一种非经济因素，它可以发挥经济手段聚力，培养集团精神，引导成员走向一个共同的目标。组织文化管理理论昭示着现代管理中以人为本的管理理念的凸显及管理中如何以精神力量对待人的价值、人的尊严，诚如美国的两位管理学家托马斯·彼得斯和小罗伯特·H.沃尔曼在《寻求优势》一书中所指出的："一个伟大组织能够长久生存下来，最主要的条件并非结构形式或管理技能，而是我们称信念的那种精神力量以及这种信念对组织的全体成员所具有的感召力。"

第二节　学习型组织

　　企业寿命是企业生命力强弱的最终体现。据数据统计，全球500强企业的平均寿命是40~50年，跨国公司是12年左右，全球约80%的企业只有3年的寿命。统计研究的结果表明，美国中小企业的平均寿命不到7年，大企业的平均寿命不超过40年。欧洲和日本企业的平均寿命为12.5年。

　　在我国，国有企业的平均寿命在5年左右，民营企业则平均只有2.9年，高科技企业寿命更短。企业的平均寿命远比人们想象得要短，很多企业在诞生后10年内就夭折了。在创业经营的旅途中，差不多有50%的企业英年早逝、壮志未酬。

　　日本的一项研究表明，企业在本行业处于主导地位的时间不超过30年，很快便从鼎盛滑向衰败，不再对竞争者构成威胁。可以说，在市场经济的环境中，企业时时刻刻都在演绎着生与死的角色。企业的生生死死是正常现象，只生不死不符合市场经济的发展规律。在残酷的生存与发展的竞争中，效率、创新能力、管理能力等处于劣势的企业消亡是优胜劣汰的必然结果。在持续竞争中，连续胜出的优势企业将成为发展经济的中坚力量。利用市场机制淘汰劣势企业，优化社会资源配置，为优势企业提供发展空间和可利用的资源是促进经济健康发展的重要途径。生存是发展的基础，只有在竞争中生存下来的企业，才有机会成长、壮大。

现代管理理论认为，企业是有生命的，生存与发展是企业生命体的终极目标。企业的领导者要树立为长寿而管理的理念，不断提高企业的生存能力，促进企业的健康成长。

美国兰德公司的调查显示，世界500强企业胜过其他企业的根本原因，就在于这些企业有自己独特的、先进的企业文化并充满活力。例如，美国通用电气公司在增强员工从属观念上动足了脑筋，保持了员工的思想统一和对企业的忠诚度。长寿企业的企业文化的目的就是达到这样一种结果，即在企业内部，高层领导有强烈的事业心，有打造百年企业的雄心壮志，中层领导有强烈的责任心和兢兢业业奉献于企业的精神，一般的员工有危机意识和视企业为家的工作积极性。在企业外部，则要兼顾社会效益，不能把利润作为企业的唯一目标，从而树立起良好的信誉和形象，让消费者信赖企业的产品和服务，培植忠实的消费群体。同样是企业，有的能长命百岁，而有的只能是白驹过隙。下面将介绍影响企业寿命的主要内部因素。

一、学习型组织的学习内容

学习型组织的学习内容就是圣吉提出的五项修炼。

1. 圣吉的基本观点

圣吉在《第五项修炼》中采用了带有东方文化色彩的"修炼"一词。修炼一般作为宗教用语，含有教规、戒律、修行之意，意即要有锻炼的决心与信心，才会有成就。圣吉将此词应用于管理培训之中，实际上是将东西方文化结合的一种尝试。

圣吉继承了以人为本的管理思想，认为人类的工作观因物质丰足而逐渐改变。工具性的工作观（工作是为工人达到目的的手段）已经转变为精神面的工作观（寻求工作的内在价值），管理中以人为本的思想要得到全面的贯彻。但是，在新世纪中，贯彻以人为本的管理思想更要注重以下几个新理念的转变：

1）企业家要从过去偏重知识理念与理解的"学"，向以培养能力为主的"习"转变。

2）人力资源开发中更要强调人才创造力与企业凝聚力的发掘。企业家不仅要重视科技产品的开发，更要重视人才创造力与企业凝聚力的发掘。

3）注重多元化时代中多元化的管理模式。要实现以上观念的转变，就要学习。圣吉认为，应变的根本之道是学习，它是竞争与求生的基本法则。学习是企业成功的应变之道。为此，组织的领导者（企业家、经理）应该制订一生的学习与实践计划。

2. 五项修炼实际上就是五项技能

组织要学习与实践的计划内容包括以下几方面：

（1）建立共同愿景。这是指针对人们想创造的未来，以及希望据此达到目标的原则和实践方法，发展出共同愿景，并且激起大家对共同愿景的承诺的奉献精神。

（2）自我超越。这是指学习如何扩展个人的能力，创造出人们想要的结果，并且塑造出一种组织环境，鼓励所有的成员自我发展，实现自己选择的目标和愿景。

（3）改善心智模式。这是指要持续不断地澄清、反省以及改进人们内在的世界图像，检视内在图像如何影响行动与决策。

（4）团队学习。这是指转换对话及集体思考的技巧，让群体发展出超乎个人才华总和的伟大知识和能力。

（5）系统思考。这是指思考及形容、了解行为系统之间相互关系的方式，帮助人们看清如何才能更有效地改变系统，以及如何与自然及流程相调和。

3. 组织对五项技能的操作

（1）共同愿景的操作。下面将从愿景的概念、个人愿景与共同愿景的协调与认同及建立共同愿景的策略、方法和技巧等方面进行说明。

1）愿景包含两层意思，即愿望与远景。愿景一词在英语中为 vision，等同于拉丁文 videre。愿景是指人们想要的未来图像、价值观、为何到达目的地、目的和使命、组织存在的理由等。愿景可以定义为体现组织未来发展的远大目标和组织成员的共同愿望。愿景与目标是有联系的，但也存在着差别，因为目标是短期内达到的里程碑，而愿景的内涵包含着以下三项特征。

第一，组织存在的使命或组织的目标。对组织使命的正确理解是构造组织发展规划和建立共同愿景的前提。人们经常要问，组织为什么要存在于这个社会中，组织的价值观完全不同，不同组织会对此作出完全不同的回答。比如，有的组织的价值观是最大利润管理法，即一切为了利润；有的个人的价值观是为了获取个人收入的最大化；有的组织的价值观是生活质量管理法，即既为了利润，同时也关心职工的生活福利；有的个人的价值观是为了事业上的成功，为了个人的自我实现。

第二，组织未来发展的规划。愿景一词蕴涵着看见、激发组织成员的"深层的热望"，即具有对组织成员的激励作用。愿景要具有高层次的价值观念，如果层次较低，缺乏崇高理想，仅是单纯追求利润实现个人利益最大化，这样就会丧失自我超越的能力，在一个组织未来发展的规划中要有共同愿景的明确表述，即一个组织需要写出"愿景宣言"的组织宗旨。

第三，组织达到目标的手段。组织的愿景宣言上写些什么，即表示组织将通过什么样的手段来达到目标。"松下精神"、"惠普精神"等具体的实现手段则是较高价值观的反映。

2) 个人愿景与共同愿景的协调与认同。学习型组织要求其成员对于共同愿景的认同，并要求个人愿景与共同愿景的协调。实际上，员工对组织的共同愿景的认同程度是有很大差别的，圣吉区分为有七个层级的态度，从最强烈的奉献到最不关心的冷漠，其中间还有投入、真正遵从、适度遵从、勉强遵从和不遵从五个层级（见图 16-3）。

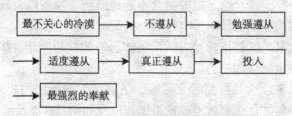

图 16-3　员工在组织中态度的逐级变化

心理学家弗洛伊德认为，"认同"是群体内聚力的一种最根本的机制，"一个群体成员之间的相互情结，其本质就是这种认同，它是以情感上的某些重要的共同品质为基础的"。"认同"表示一种特殊的情结，有利于增强群体内聚力。总之，组织成员要有共同目标，并且要认同目标，这是建立共同愿景的根本前提。

3) 建立共同愿景的策略、方法和技巧。建立共同愿景可选择的实施策略可以描述为五个阶段：告知、推销、测试、咨商和共同创造。

告知阶段，告诉员工组织的愿景是什么，传达信息的方式要直接、清晰和一致，对公司的现状要说实话。

推销阶段，帮助员工自发地投入愿景之中，而不要操纵他们。

测试阶段，了解员工对愿景的真实反应、想法，要用问卷和面对面的交谈方法测试员工对组织效益和能力的看法和希望。

咨商阶段，邀请整个组织当顾问，塑造共同愿景。

共同创造阶段，使每个人开始为他们想塑造的愿景而工作。

随着阶段的推移，员工积极参与的程度会越来越高。

具体实施共同愿景的方法与技巧有以下几种：

①以个人愿景为组织共同愿景的基础。

②平等对待每一个人并彼此尊重。

③寻求相互合作、休戚与共，而不是意见一致。

④每个人的意见只代表自己。

⑤避免"抽样"。

⑥用过渡的愿景鼓舞士气——愿景具体化与阶段化，见到可行性与前景。

⑦以团队学习为基本形式，提炼组织的愿景宣言。

（2）自我超越的操作。下面将介绍自我超越的意义和方法：

1）自我超越的意义。人有惰性和对事物的消极态度，对生命抱无所谓的态度，得过且过，无所用心。对此，一些公司的高层领导有不同的见解。赫米勒公司的总裁赛蒙认为："为什么工作不能是人们生命中美好的事情？为什么人们把工作看做是一件不得不做的事情，而未能珍惜和赞美它？为什么工作不能是人们终其一生发展道德与价值观、表现人文关怀与艺术的基石？为什么人们不能从工作中去体会事物设计的美，感受过程的美，并试着欣赏可持之恒久的价值之美？我们相信这些都是工作本身具有的，这无疑是一种崇高的境界、理想的境界。"

2）自我超越的方法。自我超越涉及人的价值观和人生哲学。建立个人愿景是自我超越的前提，它为自我超越设置最"上层目标"，这使人生哲学与生命价值获得了具体化的体现。

自我超越修炼的重要方式是保持创造性张力。创造性张力是愿景与现状之间的差距，从而产生了一种力量——促使你努力去实现愿景的力量。愿景应有动态性，那就是根据情况不断调整，建立新的、更高的愿景。

对组织而言，领导者要身体力行，走在其他员工的前列。自我超越需要组织投入时间、精力、智慧，设计新的组织架构。只有在新型的组织架构下，员工才有可能实现自我超越。终身学习是自我超越的修炼所必须具备的条件。活到老学到老，要想保持不断的自我超越，就必须要终身学习，学习新的理念、新的知识。当前，不学习者不仅不能自我超越，连赶上潮流都很困难。迎合潮流者也已经不算超越者了，只有那些走在时代前面的人，才能算真正的自我超越者。

（3）团队学习的操作。团队学习的操作包括组织中的学习内容。

1）组织中的学习包括以下四方面的内容：

①帮助管理者了解学习的过程和学习的障碍。

②帮助管理者理解他们自己所偏好的学习方式。

③支持管理者用他们现有的学习选择权或强化优势克服障碍。

④帮助管理者将他们对于学习的理解从他们的非职务领域带入职务领域。

2）根据团队的特征开展学习。团队具有共同性和交互性两种特征。共同性是指共同的目的高于成员的个人目的，共同愿景高于个人愿景。交互性是指团队成员间建立承诺、相互信任、相互承担义务的关系。

同样，团队学习就是利用组织成员的交互作用，相互影响，为此团队学习可以比个人学习具有强化学习动机的作用。

（4）心智模式的操作。心智模式的操作包括心智模式的概念和检验。

1）苏格兰心理学家克雷克首先应用了"心智模式"一词，之后它成为了认知心理学家所使用、企业经理人员所惯用的名词。

在认知科学中，心智模式是指人们在长期记忆中隐含的关于世界的心灵地图。心智模式是深植于人们心灵的各种图像、假设和故事。在日常推理的过程中，一些短暂的理解、日常生活中的短暂的心智模式变化日积月累后，会逐渐影响长期形成的根深蒂固的信念。

心智模式，即每一个人理解与看待周围事物的思维模式。这是在长期的生活、工作、学习中形成的，并以价值观和世界观为基础。此外，也可以定义组织的心智模式是由组织领导层的心智模式及组织成员的心智模式组成的。

心智模式在心理学上讲就是人的思维定式。思维定式不易改变，因而心智模式具有顽固性，这是隐在暗处的一块顽石。它像一块玻璃微妙地扭曲了人们的视野，影响着人们对世界的看法。

改善心智模式本身就是一种学习，是学习的学习、怎样学习的学习。心智模式得到改善时，学习能力就能获得提高。尽管我国的各级组织都有学习制度，组织领导与成员定时进行学习，但学习中不触及心智模式的完善，因而形式主义的学习其效果甚差。

2）心智模式检验的核心任务，就是要让心智模式浮出台面，让人们在不自我防卫的情况下，探讨心智模式，帮助人们看见挡在眼前的玻璃，认清心智模式对人们的影响，并且找到改造玻璃镜片的方式，创造出更适合自己的新心智模式。具体操作时首先要了解、反思自己的心智模式，其中包括反思与探询两个阶段。反思是指对于个人思考过程的仔细考察，也就是"放慢思考过程"，用慢镜头仔细审视自己的结论、决策是如何形成的，以及心智模式如何影响自己的决策与行动。探询是指如何同别人进行面对面的讨论，探究人们的思维方式，发掘那些隐含的心智模式和原有的思维定式。

人们在日常工作与生活中往往会根据自己的信念、可以观察到的原始资料和经验决定采取某种行动，而中间的推论过程则会被飞快地跳跃过去（无所意识，被忽略掉）。这样就会引起误导，产生不良后果。这一现象被称为人的习惯性思维、跳跃式思维或推论。未来是变化的，只有变化才是不变的。学习型组织就是一个能对变化作出正确反应的组织。要想对变化作出正确的反应，组织要不断加强学习，从而提升组织的内在能力，这正是学习型组织建设的正确途径。

检验心智模式的程序可归纳为以下几步：

①自己的推论过程进行反思，让推论过程"透明化"，并仔细加以分析。

②在团队学习或一般讨论中，说明自己的推论过程。

③探询别人的推论过程。

（5）系统思考的操作。系统思考的操作包括系统思考的基本观点和动态观。

1）对于系统思考的基本观点，管理组织理论中的系统学派早已指出，研究组织必须采用系统的方法，把组织看做是一个开放的社会系统，强调组织的整体系统观。

圣吉进一步认为，系统思想修炼的精义在于心灵的转换，人们思考事物的因果关系时，要观察环状因果的互动关系，而不是线段式的因果关系；要观察一连串的变化过程，而不是片段的、一个一个的个别事件。

学习型组织特别强调系统的结构性，其中包括事件层次、行为变化形态层次、系统结构层次三方面。事件层次为最浅显的层次，其中只关注事件本身，不探究背后的原因。站在事件层次的立场上，所采用的观点为只要采取反应式的行为即可。行为变化形态层次则要求探讨长期变化趋势，注重考察行为规律，重视事件背后的原因。站在行为变化形态层次的立场上，所采取的观点为要能顺应变动中的趋势。系统结构层次为最深的层次，深层结构决定了行为的变化。站在系统结构层次的立场上，所采取的观点为要改造行为的变化形态。

上述系统结构决定了系统的运行机制，重新设计人们作决策的方式，等于重新设计系统结构。

2）系统思考的动态观包括时间延滞、正反馈和负反馈三部分。

①时间延滞是动态系统的基本特征。

②正反馈的影响。正反馈的含义是指不断增强的回馈。

③负反馈的影响。负反馈的含义是指反复调节的回馈。

二、学习型组织是一种新型的组织

新型组织中强调横向联系与沟通，强调授权。这种新型组织中强调授权管理，以提高对外部环境的适应性。位于较高等级职位的管理者不再扮演监督与控制的角色，而是转为支持、协调和激励的角色。

新型组织中应以成员的自主管理为导向，成员自主计划、决策与协调。在此，员工决策的范围远比参与民主管理的员工的决策范围广泛得多。

新型组织应具备较强的自我学习能力，它是组织在动态、复杂环境中维持生存、求得发展的必要条件。

新型组织富有弹性，反应灵活。知识、技术与信息在新组织中占主导地位，强调时间与速度的竞争。

三、从组织微观环境改变入手，创建学习型组织

作为一项系统工程，学习型组织的建设需要具备很多条件，这些条件有些是内在的，有些是外在的。学习型组织建设就是要提升内在条件，控制外在条件，从而顺应学习型组织的自然本性。学习型组织的意义如下：

（1）加深了对人性实质的看法。管理理论与实践偏重于考察与加深对人性实质的看法，如五项修炼中提出的"活出生命的意义"、"自我超越"等都是强调人的主动创造，而不是人对环境的机械反应。学习型组织使人的需要的最高层——自我实现得以具体化和实现。

（2）强调组织内部人际关系的协调发展。在学习型组织中强调在个人愿景的基础上建立共同愿景。管理者与被管理者站在同一条战线上，是平等而非对立关系。组织内部的各类人员都应该协调发展，具有较高境界和实现自我超越的现实可能性。

（3）强调组织内部价值观的重要作用。学习型组织中要在共同愿景基础上形成相当一致的价值观。价值观一致才会使组织成员的认知、情感、行为达到一致。

（4）强调思维方式要有系统观与系统动力学的应用。人们的思维方式习惯于线性因果关系的直觉思维，而学习型组织强调系统的结构——环状系统基模，以及系统运行中的时间延滞——行为与结果间的时间差距。在系统思维中要注意正负反馈的不同调节方式。

（5）强调只有通过修炼才能延长组织的生命周期。管理理论与实践在21世纪更加强调以人为本的管理，而以人为本的管理将更加深入到管理层及其组织成员的微观心理层面——共同愿景、自我超越、完善心智模式、系统思维、团队学习等。只有解决了这些问题才能延长组织的生命周期。

学习型组织的真谛，就是组织是否具有学习的欲望、机制、环境、方法和能力。如果有，组织就是学习型的；如果没有，组织就不是学习型的。

参考文献

[1] 俞文钊. 管理心理学 [M]. 兰州：甘肃人民出版社，1985.

[2] 俞文钊. 管理心理学 [M]. 台北：台湾五南书局，1994.

[3] 俞文钊. 管理心理学 [M]. 大连：东北财经大学出版社，2000.

[4] 俞文钊. 领导心理学 [M]. 上海：上海人民出版社，1987.

[5] 俞文钊. 领导心理学导论 [M]. 北京：人民教育出版社，1993.

[6] 俞文钊. 中国的激励理论及其模式 [M]. 上海：华东师范大学出版社，1993.

[7] 张德. 人力资源开发与管理 [M]. 北京：清华大学出版社，2004.

[8] 俞文钊. 人事心理学 [M]. 大连：东北财经大学出版社，2000.

[9] 俞文钊. 职业心理与职业指导 [M]. 北京：人民教育出版社，1996.

[10] 俞文钊. 职业心理学 [M]. 大连：东北财经大学出版社，2000.

[11] 俞文钊. 管理的革命：创建学习型组织的理论与方法 [M]. 上海：上海教育出版社，2003.

[12] Paul R., Timm & Brent D. Peterson. 人的行为与组织管理 [M]. 钟谷兰译. 北京：中国轻工业出版社，2004.

[13] D. 赫尔雷格尔等. 组织行为学 [M]. 9版. 上海：华东师范大学出版社，2001.

[14] 弗雷德·鲁森斯. 组织行为学 [M]. 王磊等译. 北京：人民邮电出版社，2003.

[15] Dail L. Fields. 工作评价：组织诊断与研究实用量表 [M]. 阳志平等译. 北京：中国轻工业出版社，2004.

[16] 陈国海等. 组织行为学 [M]. 北京：清华大学出版社，2003.

[17] 李晔等. 组织公平感的研究进展 [J]. 心理科学进展，2003 (4).

[18] 时蓉华. 现代社会心理学 [M]. 上海：华东师范大学出版社，1989.

[19] 俞文钊. 共同管理文化的新模式及其应用 [J]. 应用心理学，1997(3).

[20] 俞文钊，严文华. 整合同化理论与跨国公司的跨文化管理 [J]. 人类工

效学杂志，2000（4）.

[21] 俞文钊，陆剑清，宋继文. 关于健康带菌者社会性格分类的实证研究 [J]. 心理科学，2000（2）.

[22] 麦格雷戈. 企业的人性面 [M]. 纽约：麦格劳—希尔出版公司，1960.

[23] 罗伯特·R. 布莱克等. 新管理方格 [M]. 孔令济等译. 北京：中国社会科学出版社，1986.

[24] 唐·赫尔雷格尔等. 组织行为学 [M]. 2版. 余凯成等译. 北京：中国社会科学出版社，1988.

[25] 唐·赫尔雷格尔等. 组织行为学 [M]. 9版. 俞文钊等译，上海：华东师范大学出版社，2001.

[26] 彼得·圣吉. 第五项修炼 [M]. 上海：三联书店，1994.

[27] Adams, J.S. Toward an Understanding of Inequity [J]. Journal of Abnonnsl and Social Psychology，1963.221

[28] Alderfer C. P. An Empirical Test of a New Theory of Human Needs[J]. Organizational Behavior and Human Performance，May，1969.278

[29] 沙莲香. 社会心理学 [M]. 北京：中国人民大学出版社，1988.

[30] 董建林. 组织行为与组织人格 [J]. 组织与人格，2006（1）：6-7.

[31] 欧阳峰等. 信息时代的企业组织变革 [M]. 北京：经济管理出版社，2005.

[32] 齐明山. 浅谈国家公务员的组织人格与个人人格 [J]. 新视野，2001（1）：44-46.

[33] 吴光炳. 民营企业家的人格障碍及克服 [J]. 福建论坛，2001（1）：30-31.

[34] 许锋. 关于人的适应性培养的社会心理分析 [J]. 教育研究与实验，2000（6）.

[35] 魏爱琴. 体验工作意义，激发工作动机 [J]. 江西社会科学，2003（5）：234-236.

[36] 葛玉辉等. 有效激发员工工作动机的新思路：工作再设计 [J]. 企业经济，2002（8）：19-20.

[37] 巩倩倩等. 组织变革中的员工关系管理 [J]. 商场现代化，2005（18）：181-182.

[38] 袁贵礼. 自我情绪控制的方法 [J]. 中国青年研究，2003（8）：53-56.

[39] 罗双平. 增强自信与坚定目标的步骤与方法 [J]. 中国青年研究，2003（8）：29-32.

[40] 张剑等. 企业员工工作动机的结构研究 [J]. 应用心理学，2003，9（1）：3-8.

[41] 张西超等. 组织变革中的员工心理压力分析与应对 [J]. 经济导刊，2006（1-2）：68-70.

[42] 王雪莉等. 高科技企业组织变革中的员工心理成本问题初探 [J]. 中外企业文化，2001（10）：8-10.

[43] 衣新发. 自我检测：你是否自信 [J]. 中国青年研究，2004（10）：153-155.

[44] 曹彩虹. 论市场开发中的创造性营销 [J]. 经济问题，2005（6）：47-48.

[45] 董妙玲. 公关能力与领导效能 [J]. 领导科学，1999（9）：21.

[46] 范德才. 实施团队建设的有效方法 [J]. 人才资源开发，2005（8）：81-82.

[47] 房启珍. 公关能力测验 [J]. 经营管理者，2001（10）.

[48] 高梨花等. 创造性营销浅议 [J]. 商场现代化，2005（7）：112.

[49] 黄钟仪. 走出团队建设的误区 [J]. 中国人力资源开发，2003(1)：28-30，40.

[50] 徐永其. 团队建设如何为企业带来竞争优势 [J]. 商场现代化，2004（14）：73-74.

[51] 程正方. 现代管理心理学 [M]. 北京：北京师范大学出版社，2005.

[52] 孙健敏. 管理中的沟通 [M]. 北京：企业管理出版社，2004.

[53] 彭贵川. 论人际沟通中的隐性冲突与控制 [J]. 西南民族大学学报，2003（11）：266-269.

[54] 果瑞. 浅谈管理者的沟通风格 [J]. 沈阳干部学刊，2005（3）：49-50.

[55] 陈亮等. 管理沟通理论发展阶段略述 [J]. 中南大学学报，2003(6)：812-815.

[56] 张淑华. 人际沟通能力研究进展 [J]. 心理科学，2002(4)：503-505.

[57] 谷向东等. 员工援助计划：解决组织中心理健康问题的途径 [J]. 中国心理卫生，2004(4).

[58] 斯蒂芬·P. 罗宾斯. 组织行为学 [M]. 孙健敏，李原译. 北京：中国人民大学出版社，1997.

[59] 孔祥勇. 管理心理学 [M]. 北京：高等教育出版社，2001.

[60] 孙彤. 组织行为学 [M]. 北京：高等教育出版社，2000.

[61] 刘燕华. 浅析企业变革中员工态度转化 [J]. 西北民族大学学报，2005（3）：85.

[62] 刘燕华. 组织管理中心理契约探析 [J]. 西北民族大学学报，2004（2）：77.

[63] 夏国新，张培德. 新编实用管理心理学 [M]. 北京：中央民族大学出版社，1999.

[64] 赵西萍，等. 组织与人力资源管理 [M]. 西安：西安交通大学出版社，1999.